煤炭高等教育“十四五”规划教材

管理统计方法与应用

陈　烜　主编

中国矿业大学出版社

·徐州·

内 容 提 要

本书以经济管理应用案例为基础，将统计学理论与方法融入经济管理的实际问题中，从管理统计的基础知识入手，由浅入深，全面、系统地介绍了管理统计的基础知识、原理和方法，重点强调统计学在经济管理学中的应用，详细阐述了应用 SPSS 软件解决实际问题的方法、程序和技巧。

本书可用于高等院校经济类、管理类相关专业的本科教学，也可以作为管理人员、相关技术人员的自学、参考用书。

图书在版编目(CIP)数据

管理统计方法与应用/陈烜主编. —徐州：中国矿业大学出版社，2023.4

ISBN 978-7-5646-5786-4

Ⅰ. ①管… Ⅱ. ①陈… Ⅲ. ①经济统计学—统计方法 Ⅳ. ①F222-32

中国国家版本馆 CIP 数据核字(2023)第 069784 号

书　　名 管理统计方法与应用
主　　编 陈　烜
责任编辑 齐　畅
出版发行 中国矿业大学出版社有限责任公司
(江苏省徐州市解放南路　邮编 221008)
营销热线 (0516)83884103　83885105
出版服务 (0516)83995789　83884920
网　　址 http://www.cumtp.com　**E-mail**:cumtpvip@cumtp.com
印　　刷 徐州中矿大印发科技有限公司
开　　本 787 mm×1092 mm　1/16　**印张** 10.25　**字数** 243 千字
版次印次 2023 年 4 月第 1 版　2023 年 4 月第 1 次印刷
定　　价 36.00 元
(图书出现印装质量问题，本社负责调换)

前　言

管理统计是一门以一般统计学为工具研究社会和经济管理的应用学科。现在，管理统计方法已被广泛地应用于市场调查、证券市场分析、风险分析、产品抽样调查和质量控制、投资效益评估、人力资源分析和评估、经济指标分析和预测、公共管理部门决策等方面，为管理者进行正确的决策提供科学依据。作为一名管理工作者，其统计素质是个人综合素质中很重要的组成部分。健全的政策和制度的制定要依靠准确可靠的信息，而对信息的归纳利用有赖于统计知识。统计知识有助于我们了解自然界和人类活动中的不确定性问题，有助于我们把决策的风险降至最低。

管理统计是一种技术，也是一门艺术。对于同一组数据，站在不同的立场，用不同的统计方法及不同的置信水平，可能会得出不同的结论。因此，如何正确使用统计方法依赖于使用者的统计技巧和经验。管理统计的原理和方法恰恰能够为我们提供寻求真理的有效途径。

本书可供普通高等院校会计学、行政管理、信息管理与信息系统、工商管理、金融学等专业学生使用，以便学生了解和学习管理统计方法与应用相关知识。本书旨在使读者对管理统计有一个整体、本质的认识，掌握具有重要实用价值的统计学原理、工具和方法，提高解决实际问题的能力。

本书的特色在于应用，强调学习统计分析方法及对 SPSS 软件的透彻理解和正确应用。实际工作中，管理者可以依托统计学知识进行全面管理，制定调查方案，分析统计数据，获取对决策有用的信息，进而做出科学的决定并解决实际问题。本书内容覆盖常用的统计分析方法及 SPSS 软件应用，共 7 章，包括绪论、样本数据的描述与分析、参数估计、参数假设检验、方差分析、相关分析、线性回归分析。本书内容全面、完整且有新意，逻辑严密，注重培养学习者实际操作和准确决策的能力。

在编写过程中，我们做了大量的探索、提炼和总结工作，得出许多 SPSS 软件的使用经验，并将其应用于管理统计。但由于个人能力水平所限，本书难免存在疏漏和需要改进之处，恳请同行和读者批评指正，以便日后修改和完善。

作　者

2023 年 5 月

目 录

第一章 绪 论

第一节 统计学与管理统计学

一、统计学的含义

统计学又称统计方法，是研究如何收集、整理、分析和解释涉及社会、经济、管理问题的数据，并对研究对象进行统计推断的一门方法论科学。

在自然界里，在生产、管理实践中，人们观察到的现象可以大体归结为两种类型：一种是确定性现象；另一种是不确定现象，也称随机现象。随机现象是指在相同条件下重复进行试验，每次结果未必相同的现象；或是知道它过去的状况，但未来的发展事前不能完全确定的现象。例如，某种新产品投放市场后消费者对其欢迎程度，某个房地产项目投资后的获利情况，顾客在某服务系统接受服务的等待时间等，都是不确定现象，即随机现象。

实际上，所谓不确定，只是对一次或少数几次观察或实践而言的，当在相同条件下进行大量观察时，随机现象都会呈现某种规律，这被称为随机现象的统计规律性。例如，通过大量的统计发现，某些服务系统对顾客的服务时间是服从指数分布规律的，人的身高是服从正态分布规律的，等等。因而，人们便可以根据所发现的规律，对所研究的问题进行科学决策。统计学研究的是随机现象统计规律性，即在确定性和不确定性的资料中探讨事物发展的规律，为科学决策提供一套系统而有效的方法。统计学目前已是一门非常重要的方法论科学。统计学家高尔登认为，统计方法可应用于各个学科。

二、统计学的研究意义

在日常的学习和工作中，人们会经常碰到对具有不确定性的事项做决策的问题。如填报大学志愿问题，我们虽然不能断定是否会被录取，但是可以根据自己的成绩与该校以往年度的录取分数标准进行比较，从而决定是否填报该校志愿。统计学可以教会我们在这种不确定、不充分的信息背景下，以具体的经验数据作为依据，尽可能地少犯错误，且能获得较为正确决策的方法。

在企业管理中，为了使现有的人力、物力和财力做到有效配置，提高企业的整体效率，需要用各种有效的统计方法为企业的管理者提供决策的依据。决策的基本知识来自经验的总结，将统计调查中所获得的信息，以数量方法加以整理，并基于这种信息做出的决策称为统计推论；以统计推论来决定行动的方案称为统计决策。

三、统计学的内容和特点

统计工作需要有统计理论的指导，有关统计方面的理论就是统计学。人们通常误解统计学为数据资料的收集，以及对这些数据做一些简单的均值、百分比等运算，或用图和表等形式加以表示。其实，这些仅是统计学工作的一小部分。统计学还包括假设检验、回归分析、时间序列分析、独立性分析等许多工作。统计学的内容一般包括：统计调查、统计描述、统计推断、非参数统计等。

一般来说，统计学的研究对象具有以下特点：

(1) 随机性。随机性包含两个方面的解释，一是事件发生的结果不确定，二是不同的个体存在差异。

(2) 群体性。群体性是指研究对象应包含不止一个个体。换句话讲，单个个体不需要统计分析。

(3) 数量性。事件的发生情况应由数量来表示，以便于进行统计分析。这在大部分情况下是可以做到的。如果事件的发生是以定性的方式表述的，则应该将其转换为数量表述。例如，某产品的销售可能有好、中、差三种情况，可以将三种情况分别记为1、2、3；再例如，将某种突发事件的发生记为1，不发生记为0；等等。

四、统计学在管理中的应用

统计学的应用领域非常广，几乎所有的研究领域都要用到统计方法。例如，经济学、管理学、气象学、医学、遗传学、地质学、历史学、语言学、教育学、金融学等。当数理统计方法广泛应用于管理领域以及经营管理活动的各个方面和环节时，如管理预测和决策、资金管理和成本控制、费用预算和盈亏分析、质量控制和检验、市场调查和需求顶测、劳力分配和人员调度等，便产生一些与管理有密切关系的新兴边缘学科，如管理科学（运筹学）的各学科或分支、管理系统工程、经济计量学等。总之，统计学已经成为管理者必备的基本知识和有力工具。当统计学应用于企业管理时，统计方法与管理的思想和理论便会结合起来，以处理各种管理问题，从而形成一门研究行动的理论和方法的新兴学科——管理统计学。本书主要从管理统计学的角度进行论述。

统计学在管理中的应用包括以下几个方面。

(1) 存货库存的确定。企业经理应根据对存货需求和存货库存状态的分析，确定存货的进货量（需要用到统计方法，分析需求量变化的分布规律）。

(2) 生产控制。企业生产部门负责人应根据样本产品的质量检验情况，确定是否对企业生产过程进行调整（需要用到统计学中的抽样选取样本产品及假设检验方法）。

(3) 市场分析。企业市场部门负责人应根据某种新产品在样本消费者中试销情况的调查结果，确定该产品可能的销售量（需要用到统计学中的参数估计方法，进行销售量预测）。

(4) 客户管理。企业市场部门负责人应通过调查对企业客户的类别进行细分，根据不同类别客户的特点选择不同的服务策略（需要用到统计学中的聚类分析方法）。

(5) 风险投资。企业投资部门负责人应通过对各种项目投资回报率及其风险的分析，并根据企业的情况，确定是否对某项目进行风险投资（需要用到统计学中的参数估计等方法）。

(6) 审计查账。审计员抽样检查公司的账目（需要用到统计调查方法）时，应根据抽样检查的结果确定公司的账目是否有问题(需要用到统计学中的参数检验方法)。

(7) 考核标准。例如,企业总部希望了解设立在全国多个城市中的子公司的经营业绩是否与其所在城市的地区生产总值有关。如果有关,企业总部准备以子公司所在城市的地区生产总值作为考核标准,对各个子公司进行绩效考核(需要用到统计学中的回归分析方法)。

五、管理统计学的研究对象

管理统计学以经济管理为理论基础,采用描述和推断的方法,对社会经济现象一定统计总体的数量特征、数量关系、发展变化趋势及其规律性进行研究,从而实施统计决策、解决经济管理问题。管理统计学是一门应用性的方法论学科,它以理论统计学的理论和方法为核心,不断吸收现代管理科学,尤其是信息论、系统论、控制论和决策论等方面的研究成果,使统计的职能从反映和监督拓展到推断、预测和决策,是统计与管理的结合。管理统计学是认识社会经济现象的有力武器,是工商企业管理和服务的工具。管理统计学是国内外工商管理硕士(MBA)研究生必修的核心课程。

六、管理统计学的研究范围

管理统计学是研究统计学原理和统计方法在经济管理中应用的一门学科。具体地说,它研究的是如何收集、加工、整理、分析和解释社会及经济管理问题的数据,以便认识其规律性及内在的社会与经济含义。近几十年来,管理统计学已被人们广泛地应用于解决经济管理中出现的重要问题,如宏观经济的计划与预测、市场调查与分析、证券市场技术分析、产品抽样调查和质量控制等。管理统计学为管理者进行正确的决策提供了科学的依据。正因如此,管理统计学的研究范围相当广泛,如概率论、概率分布、抽样理论、抽样调查、假设检验、统计推断、差异分析、时间数序分析、统计指数等。

七、管理统计学的研究内容

社会经济现象的数量表征是多方面的,其相互联系的变量关系具有确定性或随机性。因而,管理统计学研究的内容也相应分为描述统计和推断统计,其核心是统计推断的基本理论和方法。从现象总体数量特征和数量关系角度出发,管理统计学研究的主要内容包括以下几个方面。

(1) 以社会经济现象静态统计信息为依据,运用统计分组和变量数列,采用绝对数、相对数、平均数等变量,对现象总体数据的基本特征、位置特征、综合特征和分布特征等进行描述。

(2) 根据社会经济现象变量的概率分布、大数定律和极限定理,运用抽样推断原理,按照一定的精度和概率,用样本统计量去推算统计总体参数。

(3) 根据社会经济现象过去和现在的统计信息,对其未来的数量特征进行假设检验、方差分析和非参数估计。

(4) 基于社会经济现象大量随机变量相互之间的统计信息,采用相关回归分析,表征现象变量与变量之间的相关方向、相关程度,并建立回归数学模型进行统计预测;采用投入产出分析,揭示部门之间的数量联系,综合反映平衡状态。

第二节 管理统计学的基本术语

一、总体

总体是指同时满足同质性、大量性和差异性全部元素的集合体。组成总体的每个元素称为个体或总体单位。例如,某专业同一年的所有考生;一条生产线上生产出来的所有零件,一条生产线上10月份生产出来的所有零件;所有的中国工人、所有的中国农民、所有18岁的人;空气中的氧气分子含量;等等。

按照所包含个体的多少,总体又可分为有限总体和无限总体。如果总体中所包含的个体个数是无限的,则称该总体为无限总体;如果总体中所包含的个体个数是有限的,则称该总体为有限总体。

总体和个体不是固定不变的,随着研究问题的内容不同,二者可以相互转化,即在某种情况下的总体在另一场合可能被看作个体。

二、样本

为了对总体的分布规律进行各种研究,需要对总体进行抽样观察。观察总体中某一个体所得到的结果,称为数据。人们从某一总体中取出部分个体,研究其数据的特征,并以所得的观察结论去推断总体特征的方法,在管理统计学中称为抽样。抽样分为重复抽样和不重复抽样。在抽样中,被抽取的部分个体组成的集合体称为样本;样本中所包含的个体数称为样本容量,记为 n。样本容量是 n 次随机抽样的结果($x_1, x_2, \cdots, x_n$)的次数表现,也是随机向量的维度,即 $X_1, X_2, \cdots, X_n$ 的维度,又称为自由度。

由于样本是用来对总体的分布特征进行推断的,因而从总体中抽样进行观察时必须是随机的,即每个个体具有同等的可能性被抽到。只有这样,才能经过多次观察比较全面地了解总体。

例 1-1 现准备调查某批产品的质量,假设质量分为合格和不合格,分别用数字1、0表示。该批产品共有 N 件,用重复抽取方法,从这些产品中任意抽取 $n=20$ 件进行检查。每抽一件产品,经检查,记录下质量情况后,放回去;再抽下一件。从抽得的20件产品检查中得到的质量数据用 x_i 表示,那么 $x_1, x_2, \cdots, x_{20}$ 就构成一个样本容量 $n=20$ 的样本。

样本包括随机样本和非随机样本,其中,随机样本又包括简单随机样本和非简单随机样本。

三、变量(指标)

变量(指标)是指表征对象特征(信息)的量。这里的对象既可以是总体,也可以是个体。例如,如果要了解某专业同一年级所有考生的成绩情况,则该专业同一年级所有考生的人数、平均成绩、性别比例等是反映总体特征信息的变量(指标),而每一名考生的性别、学历、年龄等是反映个体特征信息的变量(指标)。

变量(指标)的种类可以从不同的角度进行划分。按性质不同,可以把变量(指标)分为定性型、定量型、半定量型等类别。按测度级别不同,可以把变量(指标)分为刻度级、顺序级和名义级等类别。按具体表现不同,可以把变量(指标)分为连续变量和离散变量。按反映的对象不同，可以把变量(指标)分为数量指标、质量指标和品质指标。数量指标既可以反映总体，也可以反映个体；质量指标只能反映总体；品质指标只能反映个体。数量指标可以细分为时期指标和时点指标。质量指标可以细分为平均指标和相对指标，平均指标包括算术平均数、调和平均数、几何平均数、中位数和众数，相对指标包括计划完成程度相对指标、结构相对指标、比例相对指标、比较相对指标、强度相对指标和动态相对指标。

四、变量值(指标值)或数据

变量(指标)的具体表现称为变量值(指标值)或数据。例如，要了解某专业同一年级所有考生的成绩情况如何，经调查得知该专业同一年级所有考生为 3 000 人、平均成绩为 80 分、男女性别比例为 1∶5，则 3 000 人、80 分、1∶5 等是反映总体特征信息的变量值(指标值)或数据，而每一名考生的性别、学历、年龄等都是反映个体特征信息的变量(指标)。

变量值(指标值)或数据的种类可以从不同的角度进行划分，基本与变量(指标)的划分方法相同。即按性质不同，可以把变量值(指标值)或数据分为定性型、定量型、半定量型等类别；按测度级别不同，可以把变量值(指标值)或数据分为刻度级、顺序级和名义级等类别；按具体表现不同，可以把变量值(指标值)或数据分为连续变量值和离散变量值。另外，还可以按获得数据的角度不同，把变量值(指标值)或数据分为观察数据、试验数据和询问数据。

第三节 获得数据的调查方法

获得数据的调查方法主要分为抽样调查和统计报表两种。抽样调查有非随机抽样和随机抽样之分。非随机抽样主要包括普查、重点调查和典型调查。随机抽样主要包括简单随机抽样和综合随机抽样，其中，综合随机抽样又有分层(分类)抽样、整群抽样、等距抽样和多阶段抽样之分。

一、统计报表制度

统计报表制度是我国统计调查方法体系中的一种重要的组织方式；是根据国家的统一规定，按统一的表格形式、统一的指标内容、统一的报送时间，自上而下统一布置、自下而上逐级提供统计资料的统计报告制度。统计报表制度具有统一性、时效性、全面性、可靠性的特点，可以满足各级管理层次的需要。

二、普查

普查是指一个国家(或地区)为全面、准确地了解某项重大国情国力状况，针对某类统计总体的全体单位，按照统一的普查方案和工作流程，在统一的标准时点，组织开展的大规模、一次性的全面调查。按照普查的组织实施主体，我国普查的种类既包括政府统计的周期性普查，也包括部门根据需要定期或不定期开展的专项普查。我国三项重大国情国力周期性普查分别是经济普查、农业普查和人口普查。

三、抽样调查

抽样调查是非全面调查的一种主要组织形式；是按照随机原则从总体中抽取部分单位作为样本进行观察，并用观察结果推断总体数量特征的一种调查方式。抽样调查与其他非全面调查相比，具有两个特点：一是按照随机原则抽取调查单位；二是以推断总体为目的，并能够对推断结果的可靠性做出数学上的说明。

四、重点调查

重点调查是一种非全面调查，是在调查对象中只选择少数重点单位所进行的调查。重点调查的特点是省时、省力，能反映总体的基本情况。能否开展重点调查是由调查任务和调查对象的特点所决定的。当调查任务只要求掌握基本情况，而且调查对象中又确实存在重点单位时，方可进行重点调查。

五、典型调查

典型调查是一种非全面调查；是根据调查目的，在对研究对象进行全面分析的基础上，有意识地选出少数有代表性的单位，进行深入细致调查的一种调查方法。典型调查可以弥补其他调查方法的不足，为数字资料补充丰富的典型情况。在有些情况下，可用典型调查估算总体数字或验证全面调查数字的真实性。

第二章　样本数据的描述与分析

样本数据特征的初步分析即管理统计的预分析，分析内容包括基本特征、位置特征、分布特征和综合特征。样本数据的基本特征，要求掌握反映基本特征的指标有几个及基本特征指标的表示方法；样本数据的位置特征及分布特征，只要求掌握反映特征的指标有几个；样本数据的综合特征要求掌握反映特征的图形及指标。

第一节　样本数据的基本特征

反映样本数据基本特征的指标有频次与频率、累计频次与累计频率，要求掌握指标的计算及表示方法。

一、频次与频率、累计频次与累计频率的含义

(一) 频次

频次(f)又称为频数、次数，是指样本数据重复出现的次数。例如，表 2-1 为某商品单价的抽样调查情况。

表 2-1　某商品单价的抽样调查情况　　单位：元

9.93	10.02	10.00	10.04	10.01	9.99	10.05	10.04	10.06	10.01
10.03	9.99	9.97	9.93	10.01	10.03	10.03	10.02	10.05	9.99
9.95	9.96	9.96	10.00	9.97	10.01	10.00	9.96	9.98	10.00

由表 2-1 可知，该商品的单价资料未分组，单价为 9.99 元的商品重复出现了 3 次，则数据 9.99 的频次为 3。

又如，某单位职工的学历情况如表 2-2 所示。

表 2-2　某单位职工的学历情况

学历	小学	初中	高中	大学	研究生	合计
各学历的频次	1	2	2	9	2	16
各学历的频率	6.25%	12.5%	12.5%	56.25%	12.5%	100%

由表 2-2 可知，该单位学历为大学的职工共有 9 人，则数据大学的频次为 9。

再如，某商场家具的颜色情况如表 2-3 所示。

表 2-3　某商场家具的颜色情况

家具的颜色	绿色	橙色	红色	白色	黄色	合计
各颜色的频次	1	6	8	5	10	30
各颜色的频率	3.33%	20.00%	26.67%	16.67%	33.33%	100%

由表 2-3 可知，该商场颜色为黄色的家具共有 10 种，则数据黄色的频次为 10。

（二）频率

频率是指某数据的频次与总频次的比值，如表 2-2、表 2-3 所示。数据按测度级别不同，可以分为刻度级、顺序级和名义级等类别，所以，频次与频率也有刻度级数据的频次与频率、顺序级数据的频次与频率和名义级数据的频次与频率之分。

（三）累计频次

累计频次（$\sum f$）分为刻度级数据的累计频次、顺序级数据的累计频次和名义级数据的累计频次。各级别数据的累计频次又可分为向上累计频次和向下累计频次两种。向上累计频次是指以某一组的频次为基准，向上或向前累加频次而得到的数；向下累计频次是指以某一组的频次为基准，向下或向后累加频次而得到的数。例如，某商品单价的累计频次情况如表 2-4 所示。

表 2-4　某商品单价的累计频次情况

价格/元	个数/个	向上累计频次	向下累计频次
9.93	2	2	30
9.95	1	3	28
9.96	3	6	27
…	…	…	…
10.06	1	30	1
合计	30	—	—

又如，某单位职工学历的累计频次情况如表 2-5 所示。

表 2-5　某单位职工学历的累计频次情况

学历	小学	初中	高中	大学	研究生	合计
各学历的频次	1	2	2	9	2	16
各学历的向上累计频次	1	3	5	14	16	—
各学历的向下累计频次	16	15	13	11	2	—

再如,某商场家具颜色的累计频次情况如表2-6所示。

表2-6 某商场家具颜色的累计频次情况

家具的颜色	绿色	橙色	红色	白色	黄色	合计
各颜色的频次	1	6	8	5	10	30
各颜色的向上累计频次	1	7	15	20	30	—
各颜色的向下累计频次	30	29	23	15	10	—

(四) 累计频率

累计频率分为刻度级数据的累计频率、顺序级数据的累计频率和名义级数据的累计频率。各级别数据的累计频率分为向上累计频率和向下累计频率两种。向上累计频率是指以某一组的频率为基准,向上或向前累加频率而得到的数;向下累计频率是指以某一组的频率为基准,向下或向后累加频率而得到的数。

二、频率、频次的表示方法

频率、频次的表示方法有表格表示法和图形表示法两种。

(一) 频率、频次的表格表示法

以表格的形式将某数据的频次表示出来,这样的表称为频数分布表或次数分布表;以表格的形式将某数据的频次和频率都表示出来,这样的表称为频率分布表。

1. 次数分布表的种类

次数分布表的种类如图2-1所示。

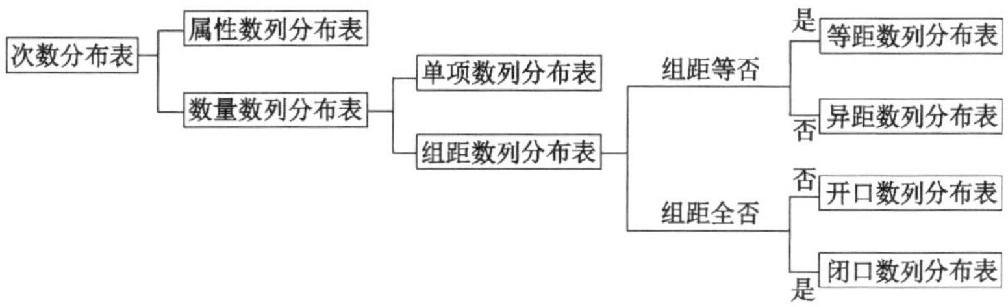

图2-1 次数分布表的种类

例如,某单位职工情况如表2-7所示。

表2-7 某单位职工情况

性别	人数/人	比率(频率)
男	40	40%
女	60	60%
合计	100	100%

可以看出,表2-7属于次数分布表中的属性数列分布表。

再如，某企业产品的价格及职工的月产量情况分别如表 2-8 至表 2-12 所示。

表 2-8 某企业产品价格频率情况

价格/元	个数/个	比率(频率)
9.93	2	6.67%
9.95	1	3.33%
9.96	3	10%
…	…	…
10.06	1	3.33%
合计	30	100%

表 2-9 某企业职工的月产量情况(1)

产量/件	人数/人	比率(频率)
50～<60	2	6.67%
60～<70	10	33.33%
70～<80	12	40%
80～<90	6	20%
合计	30	100%

表 2-10 某企业职工的月产量情况(2)

产量/件	人数/人	比率(频率)
50～<60	2	6.67%
60～<80	10	33.33%
80～<90	12	40%
90～<100	6	20%
合计	30	100%

表 2-11 某企业职工的月产量情况(3)

产量/件	人数/人	比率(频率)
60 以下	2	6.67%
60～<70	10	33.33%
70～<80	12	40%
80 及以上	6	20%
合计	30	100%

表 2-12　某企业职工的月产量情况(4)

产量/件	人数/人	比率(频率)
60 以下	2	6.67%
60～<80	10	33.33%
80～<90	12	40%
90 及以上	6	20%
合计	30	100%

可以看出，表 2-8 属于次数分布表中的单项数列分布表，表 2-9 属于次数分布表中的闭口等距数列分布表，表 2-10 属于次数分布表中的闭口异距数列分布表，表 2-11 属于次数分布表中的开口等距数列分布表，表 2-12 属于次数分布表中的开口异距数列分布表。

2. 次数分布表的指标计算

(1) 各组中值。

各组中值是指组距数列中每一组的组限之间位于中间的那个数据，其计算公式如下：

① 闭口组的组中值＝(上限＋下限)/2。

② 开口组的组中值＝上限－邻近组组距/2(缺下限)，或开口组的组中值＝下限＋邻近组组距/2(缺上限)。

(2) 组平均数。

在分组数列中，若每一组包含的具体数据已知，则该组具体数据的平均数称为该组的组平均数。

各组中值是该组数据平均值的近似反映，各组的组平均数是该组数据平均值的精确反映。例如，某班组男职工的身高数据情况如表 2-13 所示。

表 2-13　某班组男职工的身高数据情况　　单位：cm

组别	第一组	第二组	第三组	第四组	第五组	第六组	第七组
组界	162.5 以下	[162.5,167.5)	[167.5,172.5)	[172.5,177.5)	[177.5,182.5)	[182.5,187.5)	187.5 及以上
身高	160	163,165	168,170,171,172	175,176,177	178,180,181,182	183,185,186	190
频次	1	2	4	6	5	3	1

则：第一组的组中值$=162.5-\dfrac{167.5-162.5}{2}=160(\text{cm})$，

第三组的组平均数$=(168+170+171+172)\div 4=170.25(\text{cm})$，

第三组的组中值$=(167.5+172.5)\div 2=170(\text{cm})$，

第七组的组中值$=187.5+\dfrac{187.5-182.5}{2}=190(\text{cm})$。

(二) 频率、频次的图形表示法

表示频率、频次的图形有饼图、条形图、直方图、茎叶图和折线图五种。

1. 饼图

饼图是统计中常用的一种特殊的图形。独立变量沿着一个圆以顺时针或逆时针方向作图，因变量（一般是百分数）以弧形被着色来表示相对总数的比例。每段圆弧的两端都被线段和圆心连接，形成一个契形的圆片。

饼图适用于所有测度级别的数据。通常用统计产品与服务解决方案软件（Statistical Product and Service Solutions，SPSS）绘制频率、频次的各种图形。SPSS 相关界面如图 2-2 和图 2-3 所示。

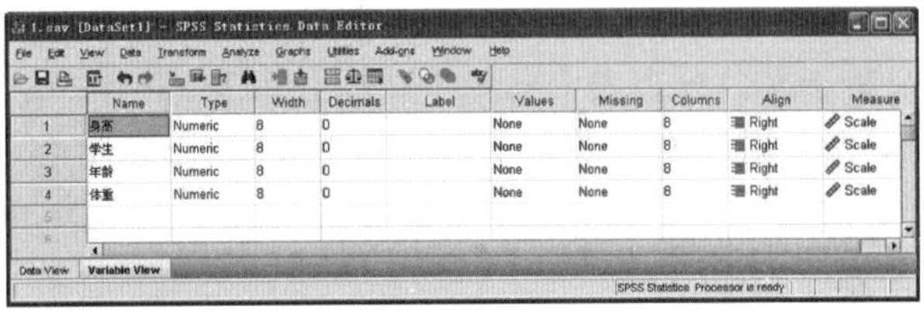

图 2-2　SPSS 定义变量界面

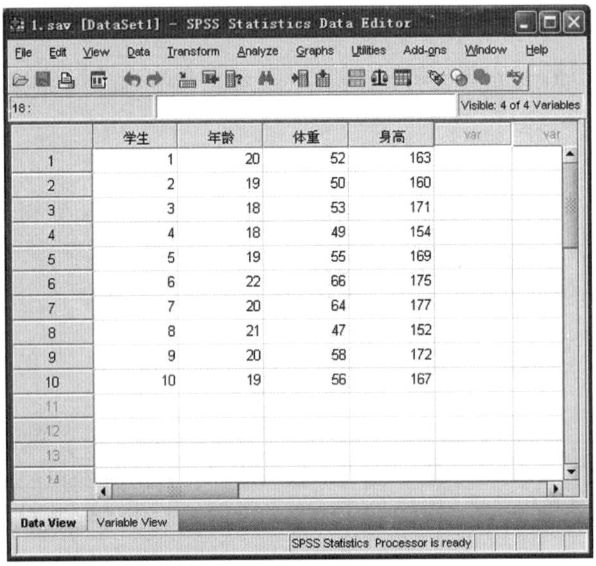

图 2-3　SPSS 录入数据界面

(1) SPSS 定义变量界面工具栏的相关解释。

① 定义变量名 Name。变量名必须以字母、汉字或字符@开头，其他字符可以是任何字母、数字或“_”“@”“#”“$”等符号，但最后一个字符不能是句号。变量命名必须唯一，不能有两个相同的变量名。在 SPSS 中不区分大小写，如 HXH 与 hxh、Hxh 均为同一变量名。变量名不能使用空白字符或其他特殊字符（如“!”“?”等）。SPSS 的保留字也不能作为变量的名称，如 ALL、AND、WITH、OR 等。

② 定义变量类型 Type。SPSS 变量类型界面如图 2-4 所示。

ⅰ. Numeric：数值型。定义变量的宽度（Width），即整数部分＋小数点＋小数部分的

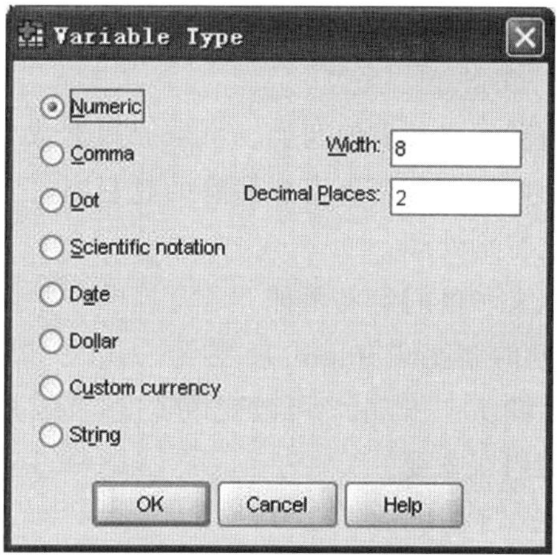

图 2-4　SPSS 变量类型界面

位数，默认为 8 位；定义小数位数，默认为 2 位。

ⅱ. Comma：带逗号的数值型。整数部分每 3 位数加一个逗号，其余定义方式同数值型，也需要定义数值的宽度和小数位数。

ⅲ. Dot：圆点数值型。整数部分从右向左每 3 位数加一个"·"(居中圆点，不是小数点)，对小数位的分割用逗号。

ⅳ. Scientific notation：科学记数型。同时定义数值的宽度和小数位数，在数据编辑窗口中以指数形式显示。如，定义数值的宽度为 9 位，小数位数为 2 位，则 345.678 显示为 3.46E+02、3.46E02、3.46D+02、3.46D02 等。

ⅴ. Date：日期型。用户可以选择自己需要的多种日期显示形式。如 mm/dd/yy 或 dd-mm-yy等。

ⅵ. Dollar：货币型。用户可以选择自己需要的多种货币显示形式，并定义数值的宽度和小数位数，显示形式为数值前加 $ 符号。

ⅶ. Custom currency：用户自定义型。如果没有定义，则默认显示为整数部分每 3 位加一个逗号，用户定义数值的宽度和小数位数。

ⅷ. String：字符型。用户可以定义字符的长度(Characters)，以便输入字符。

③ 变量的宽度(Width)。

设置变量的长度，当变量为日期型时无效。

④ 变量的小数位数(Decimal)。

设置变量的小数位数，当变量为日期型时无效。

⑤ 变量名标签(Label)。

变量名有时不足以表示变量的含义，需要借助变量名标签加以辅助说明，变量名标签可长达 120 个字符。

⑥ 变量值标签(Values)。

当变量是定性变量或定序变量时，变量值标签将非常有用，如 1 代表 male，2 代表

female等。

⑦ 缺失值的定义方式(Missing)。

缺失值分为系统缺失值和用户缺失值两类。特殊原因造成的信息缺失值,称为用户缺失值。如统计中需要区别一些被调查者不愿意回答的题目时,需要将这些题目标为用户缺失值。带有缺失值的观测被特别处理。

缺失值定义分为离散定义和区间定义两种。

⑧ 变量在数据视图中列的宽度(Columns)。

屏幕上变量的显示宽度默认 8 位,用户可改变该宽度,范围是 1～255。这里的宽度,不是指前文所说的定义变量的内在宽度。

⑨ 变量值显示的对齐方式(Align)。

变量值显示的对齐方式分为左对齐(Left)、右对齐(Right)和居中(Center)三种,默认为右对齐。

⑩ 变量的测度级别(Measure)。

(2) SPSS 定义变量界面菜单栏的相关解释。

① File:有关文件的调入、存储、显示和打印等。

② Edit:编辑菜单,有关文本内容的选择、拷贝、剪切、寻找和替换等。

③ Data:数据管理菜单,有关数据的变量定义、格式选定,观察对象的选择、排序、加权,数据文件的转换、连接、汇总等。

④ Transform:数据转换处理菜单,有关数值的计算、重新赋值、缺失值替代等。

⑤ Statistics:统计菜单,有关统计方法的应用。

⑥ Graphs:作图菜单,有关统计图的制作。

⑦ Utilities:用户选项菜单,有关命令解释、字体选择、文件信息、定义输出标题、窗口设计等。

⑧ Windows:有关窗口的排列、选择、显示等。

⑨ Help:有关帮助文件的调用、查询、显示等。

⑩ Analyze 菜单。

用 SPSS 绘制饼图的步骤如下。

ⅰ. 选择 Analyze 下拉菜单中的 Descriptive Statistics 子菜单,选择 Frequencies 模块,如图 2-5 所示。

ⅱ. 选择 Frequencies 模块后,会出现频率、频次界面,将要绘制饼图的变量从左边框选中移入右边框,如图 2-6 所示。

ⅲ. 点击 Charts 按钮,Charts 界面如图 2-7 所示。

ⅳ. 在 Charts 界面选择 Pie charts,点击 Continue 返回主界面,点击 OK,饼图绘制完毕,如图 2-8 所示。

2. 条形图

条形图又称带形图或柱形图,它是利用相同宽度的条形的长短或高低来表现统计数据大小或变动的统计图。

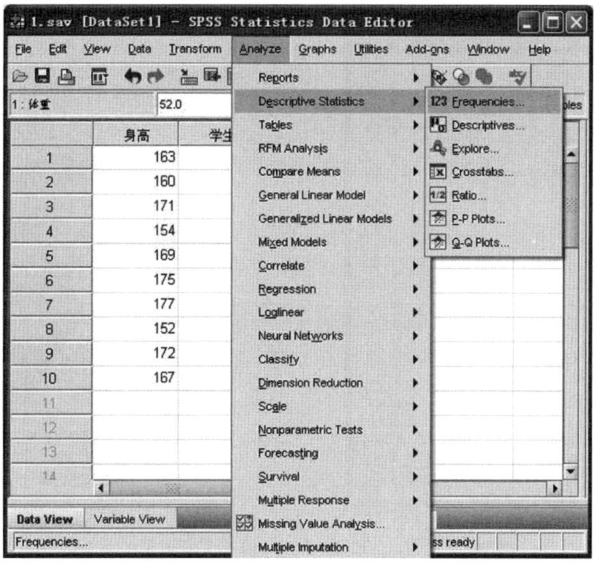

图 2-5　SPSS 中 Frequencies 模块绘制饼图界面

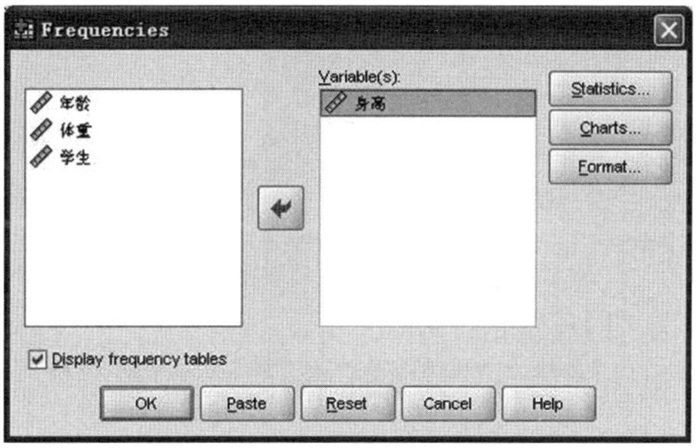

图 2-6　SPSS 中 Frequencies 模块的频率、频次界面

条形图适用于顺序级以上的数据，也可以“强行”用于名义级。

用 SPSS 绘制条形图的步骤与绘制饼图基本相同，只是最后一步需要在 Charts 界面选择 Bar charts，点击 Continue 返回主界面，点击 OK，条形图绘制完毕，如图 2-9 所示。

3. 直方图

对某一变量在相同条件下做 n 次重复测量，得到一系列测量值，找出它的最大值和最小值；确定一个区间，使其包含全部测量数据；将区间分成若干小区间，统计测量结果出现在各小区间的频次；以测量数据为横坐标，以频次或频率值为纵坐标，画出各小区间及其对应的频次或频率高度，则可得到一个矩形图，即直方图。该图简单直观，适用于初步分析数据的分布与规律。

直方图适用于顺序级以上的数据。

用 SPSS 绘制直方图的方法有两种。第一种绘制方法是用 Frequencies 模块绘制，步骤

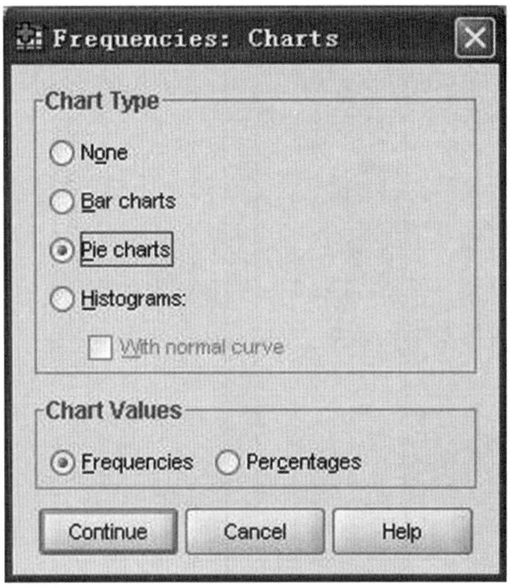

图 2-7　SPSS 中 Frequencies 模块的 Charts 界面

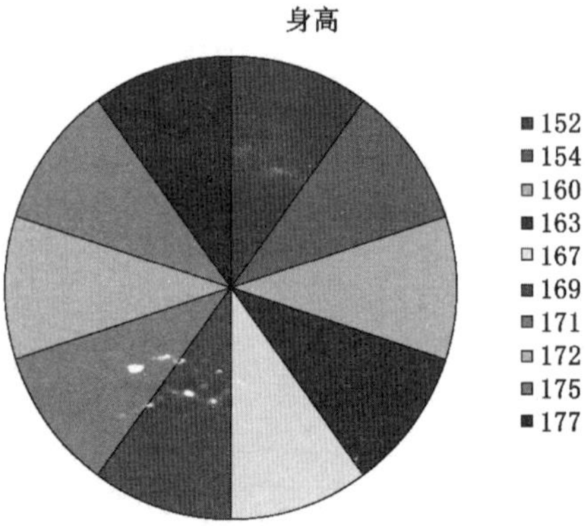

图 2-8　SPSS 中 Frequencies 模块绘制的饼图

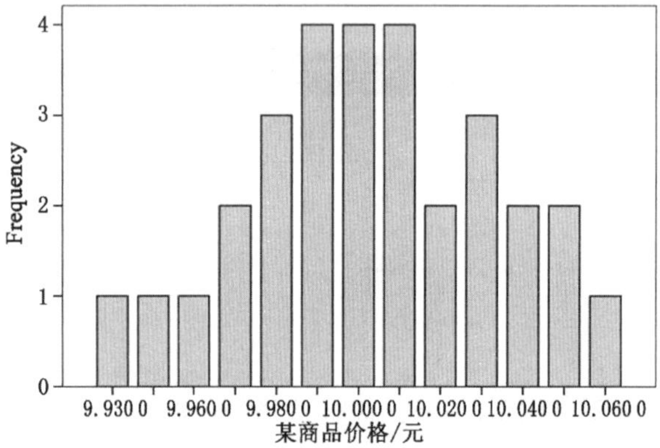

图 2-9　SPSS 中 Frequencies 模块绘制的条形图

与绘制饼图基本相同，只是最后一步需要在 Charts 界面选择 Histograms，点击 Continue 返回主界面，点击 OK，直方图绘制完毕，如图 2-10 所示。

用 SPSS 绘制直方图的第二种方法是用 Explore 模块绘制，步骤如下。

(1) 选择 Analyze 下拉菜单中的 Descriptive Statistics 子菜单，选择 Explore 模块，如图 2-11 所示。

(2) 选择 Explore 模块后，出现探索分析界面，将要绘制直方图的变量从左边框选中移入右边框，如图 2-12 所示。

(3) 点击 Plots 按钮，Plots 界面如图 2-13 所示。

(4) 在 Plots 界面选择 Histogram，点击 Continue 返回主界面，点击 OK，直方图绘制完毕，如图 2-14 所示。

Frequencies 模块与 Explore 模块绘制的直方图的区别是：Frequencies 模块绘制直方图时可以选择是否同时附带正态分布曲线，而 Explore 模块绘制直方图时没有这个选择。

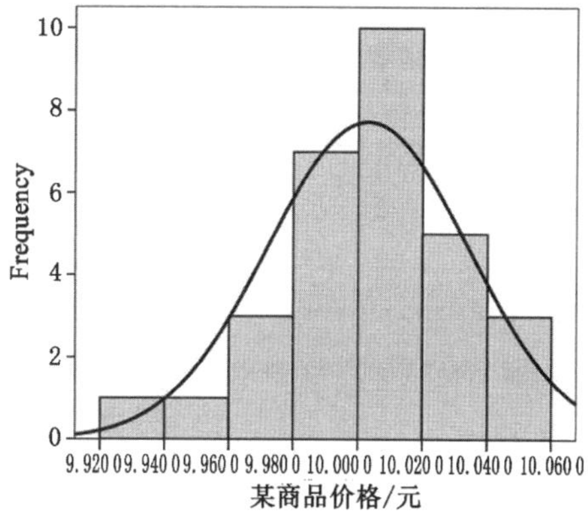

图 2-10　SPSS 中 Frequencies 模块绘制的直方图

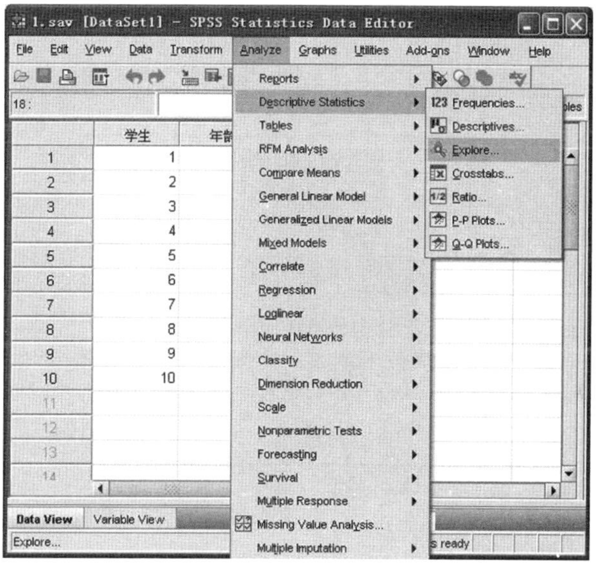

图 2-11　SPSS 中 Explore 模块绘制直方图界面

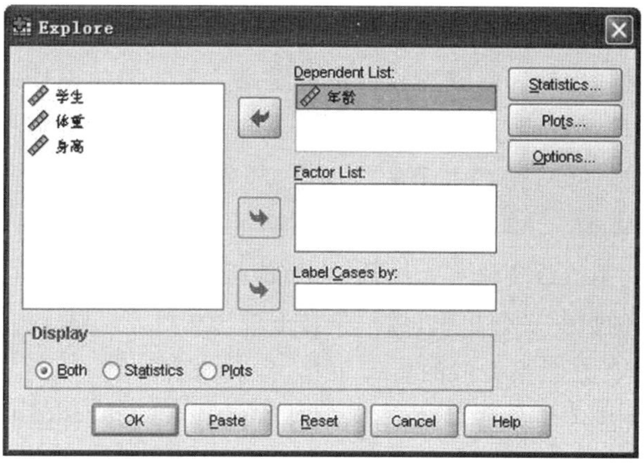

图 2-12　SPSS 中 Explore 模块的探索分析界面

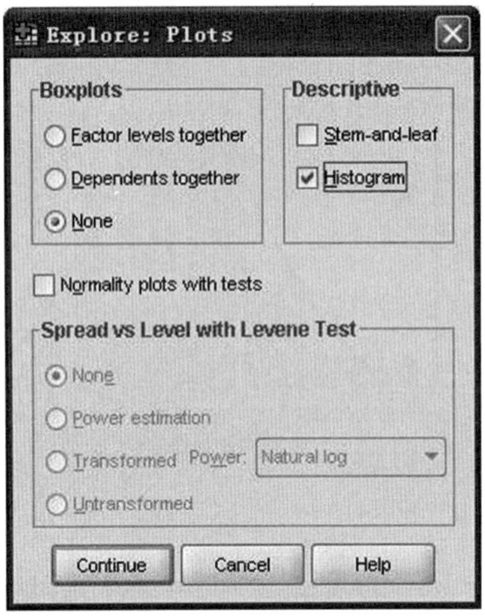

图 2-13　SPSS 中 Explore 模块的 Plots 界面

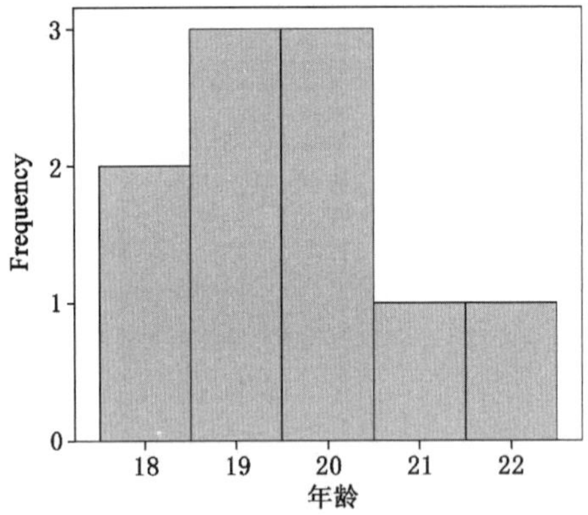

图 2-14　SPSS 中 Explore 模块绘制的直方图

注意直方图与条形图的关系是：条形图是直方图的特例。

4. 茎叶图

茎叶图又称枝叶图，由统计学家约翰·托奇设计。茎叶图的设计思路是根据位数不同对数组中的数进行比较，将位数的大小基本不变或变化不大的数作为一个主干（茎）；将位数变化大的数作为分枝（叶），列在主干的后面，这样就可以清楚地看到每个主干后面的几个数及每个数具体是多少。茎叶图有三列数：左边的一列数给出每根茎上叶子的频次；中间的一列表示茎，也就是位数变化不大的数；右边的是数组中的变化位，它按照一定的间隔将数组中的每个变化的数一一列出来，像一条枝上抽出的叶子一样。

茎叶图是一个与直方图相类似的特殊工具，但又与直方图不同，茎叶图保留了原始资料的信息，直方图则失去了原始资料的信息。将茎叶图的茎和叶按逆时针方向旋转 90°，实际上就是一个直方图，我们可以从中统计出次数、计算出各数据段的频率或百分比，从而可以看出数据分布是否与正态分布或单峰偏态分布逼近。

用茎叶图表示数据有两个优点：一是统计图上没有原始数据信息的损失，所有数据信息都可以从茎叶图中得到；二是茎叶图中的数据可以随时记录、随时添加，方便记录与表示。但是，茎叶图只便于表示有两位有效数字的数据，而且只方便记录两组数据，对于两组以上的数据，茎叶图虽然能够记录，但是不够直观、清晰。

茎叶图适用于顺序级以上的数据。

绘制茎叶图时要用到茎节宽度和茎节长度两个基本概念。

当某样本值以小数与10的倍数相乘积的形式表示时，10的倍数就称为茎节的宽度，即

$$样本值=茎叶图表达式\times茎节的宽度$$

确定茎节宽度的原则是茎节必须有变化。

茎节的长度是指，在茎叶图中，每个茎节所允许覆盖的叶的数字代表的数值，其计算公式为：

$$茎节长度=允许的最大叶值-允许的最小叶值+1$$

用SPSS绘制茎叶图的步骤与用Explore模块绘制直方图基本相同，只是最后一步需要在Plots界面选择Stem-and-leaf，如图2-15所示。随后点击Continue返回主界面，点击OK，茎叶图绘制完毕，如图2-16所示。

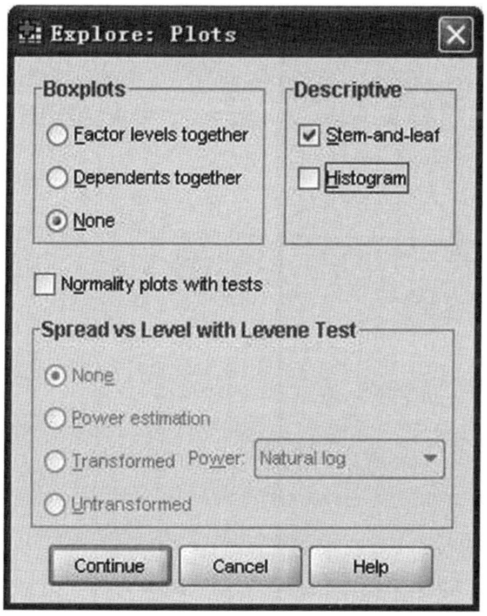

图2-15 SPSS中Explore模块的Plots界面图

```
年龄 Stem-and-Leaf Plot

Frequency   Stem &  Leaf
    2.00       18 .  00
    3.00       19 .  000
    3.00       20 .  000
    1.00       21 .  0
    1.00 Extremes    (>=22.0)
Stem width:          1
Each leaf:           1 case (s)
```

图2-16 SPSS中Explore模块绘制的茎叶图

5．折线图

用SPSS绘制折线图的步骤如下。

（1）选择Graphs下拉菜单中的Legacy Dialogs子菜单，选择Line模块，如图2-17所示。

（2）选择Line模块后，出现Line Charts界面，如图2-18所示。

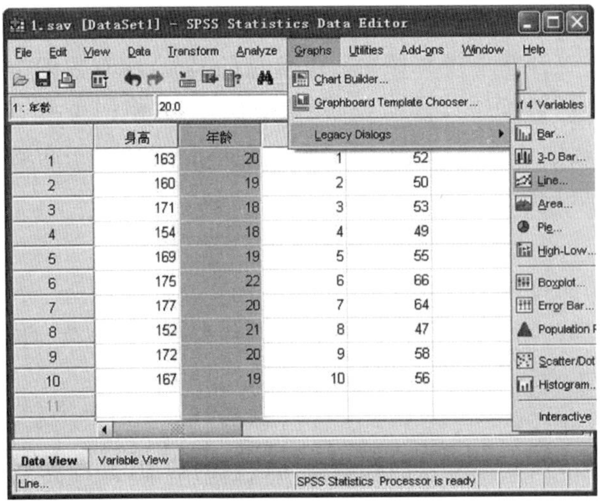

图 2-17　SPSS 中 Line 模块绘制折线图界面

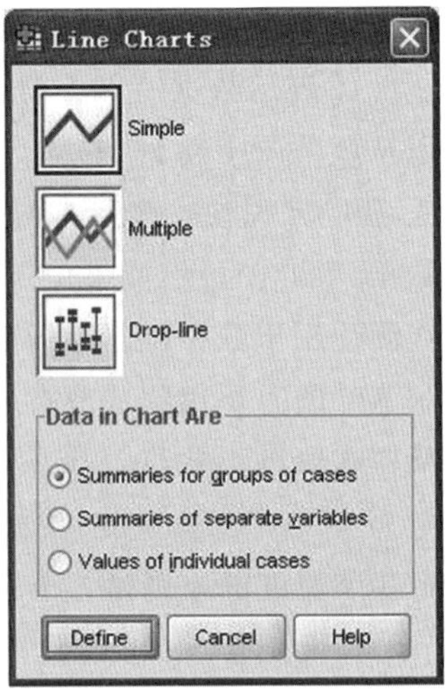

图 2-18　SPSS 中 Line 模块的 Line Charts 界面

(3) 在 Line Charts 界面选择 Simple，点击 Define，进入 Define Simple Line 界面，如图 2-19 所示。

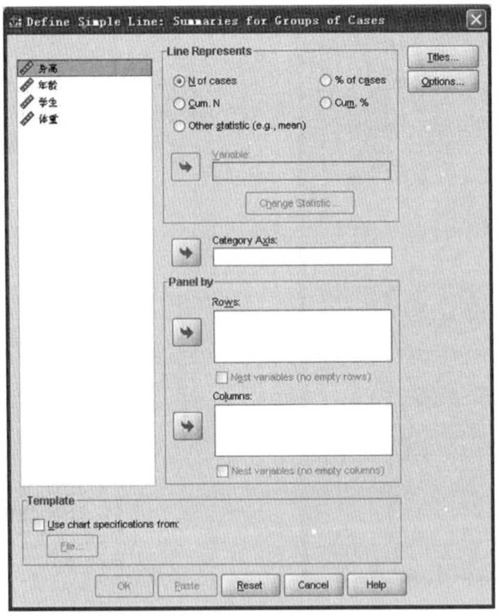

图 2-19　SPSS 中 Line 模块的 Define Simple Line 界面

(4) 把需要绘制折线图的变量从左边框选中移入 Category Axis 框内，点击 OK，折线图绘制完毕，如图 2-20 所示。

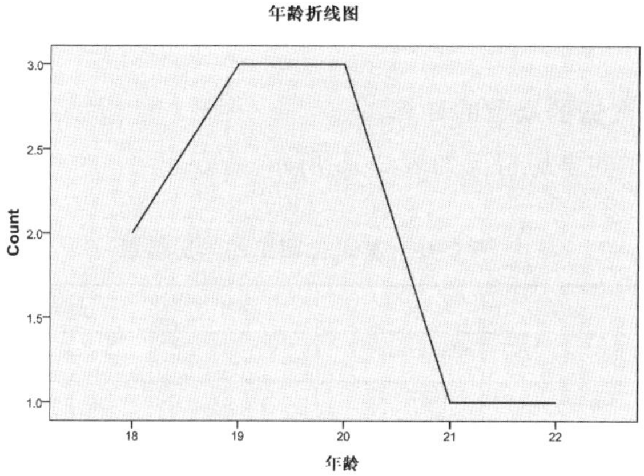

图 2-20 SPSS 中 Line 模块绘制的折线图

第二节 样本数据的位置特征

样本数据的位置特征包括集中趋势特征和离散趋势特征。集中趋势特征指标主要包括众数、中位数和均值;离散趋势特征指标主要包括极差(全距)、标准差和方差、离散系数和四分位距。

一、样本数据的集中趋势特征指标

(一) 众数

1. 众数的定义

众数是指在统计分布上具有明显集中趋势点的数值。众数是一组数据中出现次数最多的数值,即,它是一组数据中占比例最多的那个数,用 M_o 表示。众数主要应用于大面积普查研究。

众数代表数据的一般水平,可以不存在,也可以多于一个。众数不受极端数据的影响,并且求法简便。但是,用众数代表一组数据的平均水平,可靠性较差。在一组数据中,如果个别数据有很大的变动,选择众数表示这组数据的集中趋势就比较适合。而且,当数值或被观察者没有明显次序(常发生于非数值性资料)时,众数就能较好地代表数据的一般水平,因为此时可能无法良好定义算术平均数和中位数。

2. 众数的计算

(1) 名义级的样本数据众数的计算。

例如,某商场家具颜色的情况如表 2-14 所示。

表 2-14 某商场家具颜色的情况

家具的颜色	绿色	橙色	红色	白色	黄色	合计
各颜色的频次	1	6	8	5	10	30
各颜色的频率	3.33%	20.00%	26.67%	16.67%	33.33%	100%

由表 2-14 可知，该商场颜色为黄色的家具共有 10 种，则数据黄色为众数，且为单一众数。

(2) 顺序级样本数据的众数的计算。

例如，某单位职工的学历情况如表 2-15 所示。

表 2-15　某单位职工的学历情况

学历	小学	初中	高中	大学	研究生	合计
各学历的频次	1	2	2	9	2	16
各学历的频率	6.25%	12.5%	12.5%	56.25%	12.5%	100%

由表 2-15 可知，该单位学历为大学的职工共有 9 人，则数据大学为众数，且为单一众数。

(3) 刻度级样本数据的众数的计算。

① 数据不分组时，刻度级样本数据的计算。

例如，某商品单价的抽样调查情况如表 2-16 所示。

表 2-16　某商品单价的抽样调查情况　　单位：元

9.93	10.02	10.00	10.04	10.01	9.99	10.05	10.04	10.06	10.01
10.03	9.99	9.97	9.93	10.01	10.03	10.03	10.02	10.05	9.99
9.95	9.96	9.96	10.00	9.97	10.01	10.00	9.96	9.98	10.00

由表 2-16 可知，该商品的单价资料未分组，单价为 10.00 元和 10.01 元的商品重复出现了 4 次，则数据 10.00 和 10.01 为众数，且为复众数。

② 数据分组时，刻度级样本数据的计算。

ⅰ. 单项数列的计算

根据单项数列求众数，不需要任何计算，可以直接从分配数列中根据频次最大原则找出众数在哪一组，众数所在组的数据就是所求的众数。例如，某商品的价格情况如表 2-17 所示。

表 2-17　某商品的价格情况

价格/元	9.93	9.95	9.96	9.97	9.98	9.99	10.00	10.01	10.02	10.03	10.04	10.05	10.06
次数	1	1	1	2	3	4	4	4	2	3	2	2	1
频率	3.33	3.33	3.33	6.67	10.0	13.33	13.33	13.33	6.67	10.0	6.67	6.67	3.33

由表 2-17 可知，第六、七、八组的频次最大，为 4，所以众数为 9.99、10.00 和 10.01，且为复众数。

ⅱ. 组距数列的计算。

根据组距数列求众数，众数的计算有下限和上限两种公式。

下限的计算公式为：

$$M_o = L + \frac{\Delta_1}{\Delta_1 + \Delta_2} \times d$$

式中　Δ_1——众数组次数与前一组次数之差；

Δ_2——众数组次数与后一组次数之差；

L——众数组的下限；

d——众数组的组距。

上限的计算公式为：

$$M_o = U - \frac{\Delta_2}{\Delta_1 + \Delta_2} \times d$$

式中　U——众数组的上限。

例如，某企业有职工 10 000 人，其中工人 8 000 人，干部 2 000 人，为了解职工家庭收入状况，在工人和干部两个组均以 5% 的比例抽选职工进行调查，结果如表 2-18 所示。

表 2-18　某企业职工家庭人均月收入情况

家庭人均月收入/元	职工人数/人		干部人数向上累计频次	干部人数向下累计频次
	工人	干部		
2 000 以下	20	5	5	100
2 000～<3 000	60	13	18	95
3 000～<4 000	200	60	78	82
4 000～<6 000	80	17	95	22
6 000 及以上	40	5	100	5
合计	400	100	—	—

用下限公式求干部的众数时，首先根据干部人数判断众数在哪一组，方法是最大频次所在的组即为众数组；然后利用下限公式求出众数的数值。

由表 2-18 可知，第三组的频次最大，为 60，所以众数在第三组，利用下限公式计算的众数为：

$$M_o = L + \frac{\Delta_1}{\Delta_1 + \Delta_2} \times d = 3\ 000 + \frac{60 - 13}{(60 - 13) + (60 - 17)} \times 1\ 000 = 3\ 522.22(\text{元})$$

用上限公式求干部的众数时，首先根据干部人数判断众数在哪一组，方法同上；然后利用上限公式求出众数的数值。

由表 2-18 可知，第三组的频次最大，为 60，所以众数在第三组，利用上限公式计算的众数为：

$$M_o = U - \frac{\Delta_2}{\Delta_1 + \Delta_2} \times d = 4\ 000 - \frac{60 - 17}{(60 - 13) + (60 - 17)} \times 1\ 000 = 3\ 522.22(\text{元})$$

（二）中位数

1. 中位数的定义

中位数是指将数据按大小顺序排列起来，形成一个数列，居于数列中间位置的那个数据，用 M_e 表示。从中位数的定义可知，有一半数据小于中位数，有一半数据大于中位数。中位数的作用与算术平均数相近，也是作为所研究数据的代表值使用。在一个等差数列或一个正态分布数列中，中位数等于算术平均数。在数列中出现极端变量值的情况下，用中位数作为代表值要比用算术平均数更好，因为中位数不受极端变量值的影响。如果研究目的是反映中间水平，也应该用中位数。在统计数据的处理和分析时，可结合使用中位数。

2. 样本中位数的计算

若数据未分组，当样本数据的个数（样本容量）为奇数时，样本中位数适用于顺序级以上的样本数据集合；当样本数据的个数（样本容量）为偶数时，样本中位数仅适用于刻度级的样本数据集合（因为顺序级的数据不能做加减运算）。若数据已经分组，样本中位数适用于顺序级以上的样本数据集合。

（1）顺序级样本数据中位数的计算。

若数据未分组，需要先将样本数据从低到高排序，然后再计算中位数。例如，某单位5名职工的学历分别为：高中、高中、大学、大学、研究生，则该单位职工学历的中位数是“大学”。若数据未分组，需要先求累计频次，然后找出大于或等于 $\frac{\sum f}{2}$ 的向上累计频次或向下累计频次，该累计频次所在组的数据就是中位数。例如，某单位职工的学历情况如表2-19所示。

表2-19　某单位职工的学历情况

学历	小学	初中	高中	大学	研究生	合计
各学历的频次	1	2	2	9	2	16
各学历的向上累计频次	1	3	5	14	16	—
各学历的向下累计频次	16	15	13	11	2	—

由表2-19可知，该单位职工学历大于或等于 $\frac{\sum f}{2}$ 的向上累计频次为14，向下累计频次为11，都在第四组，所以，该单位职工学历的中位数是“大学”。

（2）刻度级样本数据中位数的计算。

① 数据不分组时，刻度级样本数据中位数的计算。

若数据未分组，需要先将样本数据从小到大排序，然后利用 $\frac{n+1}{2}$ 找出中位数的位置，若数据是奇数，则 $\frac{n+1}{2}$ 对应的数是中位数；若数据是偶数，则 $\frac{n+1}{2}$ 两边数据的平均数是中位数。如，某商品单价的抽样调查情况如表2-20所示。

表2-20　某商品单价的抽样调查情况　　单位：元

9.93	10.02	10.02	10.04	10.01	9.99	10.05	10.04	10.06	10.01
10.03	9.99	9.97	9.93	10.01	10.03	10.03	10.02	10.05	9.99
9.95	9.96	9.96	10.00	9.97	10.01	10.03	9.96	9.98	10.00

由表 2-20 可知，该商品的单价资料是刻度级的样本数据，未分组且为偶数，应首先将单价从小到大排序（略），然后计算中位数。由于中位数的位置$=\frac{n+1}{2}=\frac{30+1}{2}=15.5$，由排序可知，15 号位上的数是 10.01 元，16 号位上的数是 10.01 元，所以该商品单价的中位数是$\frac{10.01+10.01}{2}=10.01$（元）。

② 数据分组时，刻度级样本数据中位数的计算。

ⅰ. 单项数列的计算。

根据单项数列求中位数，需要先求该单项数列的累计频次，然后找出大于或等于$\frac{\sum f}{2}$的向上累计频次或向下累计频次，该累计数所在组的数据就是中位数。如，某商品的价格情况如表 2-21 所示。

表 2-21　某商品的价格情况

价格/元	9.98	9.99	10.00	10.01	10.02	10.03	10.04	10.05	10.06
次数	3	4	4	4	2	3	2	2	1
向上累计频次	3	7	11	15	17	20	22	24	25
向下累计频次	25	22	18	14	10	8	5	3	1

由表 2-21 可知，该商品价格大于或等于$\frac{\sum f}{2}$的向上累计频次为 15，大于或等于$\frac{\sum f}{2}$的向下累计频次为 14，都在第四组，所以，该商品价格的中位数是 10.01 元。

ⅱ. 组距数列的计算。

根据组距数列求中位数，中位数的计算有下限和上限两种公式。

下限的计算公式为：

$$M_e = L_2 + \frac{\frac{\sum f}{2} - s_2}{f_2} \times d_2$$

式中　f_2 ——中位数组的次数；

s_2 ——中位数组前一组的频次向上累计频次；

d_2 ——中位数组的组距。

上限的计算公式为：

$$M_e = U_2 - \frac{\frac{\sum f}{2} - s_2}{f_2} \times d_2$$

式中　U_2 ——中位数组的上限；

s_2 ——中位数组后一组的频次向下累计频次。

例如，某企业有职工 10 000 人，其中工人 8 000 人，干部 2 000 人，为了解职工家庭收入状况，在工人和干部两个组均以 5%的比例抽选职工进行调查，结果如表 2-22 所示。

表 2-22　某企业职工家庭人均月收入情况

家庭人均月收入/元	职工人数		干部人数向上累计频次	干部人数向下累计频次
	工人	干部		
2 000 以下	20	5	5	100
2 000～<3 000	60	13	18	95
3 000～<4 000	200	60	78	82
4 000～<6 000	80	17	95	22
6 000 及以上	40	5	100	5
合计	400	100	—	—

用下限公式求干部的中位数时，首先根据干部人数向上累计频次判断中位数在哪一组，方法是大于等于 $\frac{\sum f_{干部}}{2}$ 的向上累计频次所在的组即为中位数组；然后利用下限公式求出中位数的数值。

由表 2-22 可知，$\frac{\sum f_{干部}}{2}=\frac{100}{2}=50$，第三组的向上累计频次为 78，大于 50，所以中位数在第三组，利用下限公式计算的中位数为：

$$M_e=L_2+\frac{\frac{\sum f}{2}-s_2}{f_2}\times d_2=3\ 000+\frac{\frac{100}{2}-18}{60}\times 1\ 000=3\ 533.33(\text{元})$$

用上限公式求干部的中位数时，首先根据干部人数向下累计频次判断中位数在哪一组，方法是大于等于 $\frac{\sum f_{干部}}{2}$ 的向下累计频次所在的组即为中位数组；然后利用上限公式求出中位数的数值。

由表 2-22 可知，$\frac{\sum f_{干部}}{2}=\frac{100}{2}=50$，第三组的向下累计频次为 82，大于 50，所以中位数在第三组，利用上限公式计算的中位数为：

$$M_e=U_2-\frac{\frac{\sum f}{2}-s_2}{f_2}\times d_2=4\ 000-\frac{\frac{100}{2}-22}{60}\times 1\ 000=3\ 533.33(\text{元})$$

（三）样本均值

1. 样本均值的定义

样本均值又称样本平均数或期望，表示一系列数据或统计总体的平均特征，仅适用于刻度级的数据。

2. 样本均值的种类

样本均值分为算术平均数、调和平均数和几何平均数。

3. 样本均值的计算

(1) 算术平均数的计算。

① 数据不分组时,算术平均数的计算。

若数据未分组,算术平均数是所有数据加总后除以加总的个数,也称为简单平均数。公式为:

$$\bar{x} = \frac{\sum x}{n}$$

例如,某商品单价的抽样调查情况如表 2-23 所示。

表 2-23　某商品单价的抽样调查情况　　单位:元

9.93	10.02	10.02	10.04	10.01	9.99	10.05	10.04	10.06	10.01
10.03	9.99	9.97	9.93	10.01	10.03	10.03	10.02	10.05	9.99
9.95	9.96	9.96	10.00	9.97	10.01	10.03	9.96	9.98	10.00

由表 2-23 可知,该商品的单价数据是刻度级的样本数据且未分组,所以,算术平均数$=\frac{9.93+10.02+\cdots+9.98+10.00}{30}=10.001$(元)。

② 数据分组时,算术平均数的计算。

ⅰ. 单项数列的计算。

根据单项数列求算术平均数,需要先确定权数,再求算术平均数,也称为加权平均数。计算公式为:

$$\bar{x} = \frac{\sum xf}{\sum f}$$

式中　x——各组数据;

f——频次或次数。

例如,某专业硕士班学生的年龄情况如表 2-24 所示。

表 2-24　某专业硕士班学生的年龄情况

年龄 x/岁	人数 f/人	xf
20	1	20
21	4	84
22	8	176
23	13	299
24	12	288
25	8	200
26	5	130
27	3	81
28	2	56
合计	56	1 334

由表 2-24 可知，算术平均数 $\bar{x}=\frac{\sum xf}{\sum f}=\frac{1\ 334}{56}=23.821$（岁）。

ⅱ. 组距数列的计算。

根据组距数列求算术平均数，需要先确定各组的中值和权数，再求算术平均数，也称为加权平均数。计算公式为：

$$\bar{x}=\frac{\sum xf}{\sum f}$$

式中　x——各组中值；

　　　f——频次或次数。

具体计算方法同单项数列，这里不再赘述。

（2）调和平均数的计算。

调和平均数是平均数的一种，是指总体各单位标志值倒数的算术平均数的倒数，也称倒数平均数。调和平均数主要是用来解决在无法掌握总体单位数（频次）的情况下，只有每组的变量值和相应的标志总量，而需要求得平均数所使用的一种数据方法。计算调和平均数时，若数据未分组，调和平均数是所有数据取倒数后加总后，再与所有数据加总的个数相除，也称为简单调和平均数。计算公式为：

$$\bar{x}=\frac{n}{\sum \frac{1}{x}}$$

若数据分组，调和平均数是所有数据取倒数后先加权再加总后，再与所有数据总权数相除，也称为加权调和平均数。计算公式为：

$$\bar{x}=\frac{\sum f}{\sum \frac{1}{x}f}$$

例如，某水果店销售三种水果的价格及销售额情况如表 2-25 所示。

表 2-25　某水果店销售三种水果的价格及销售额情况

水果	价格 x_i/元	销售额 f/元	f/x
苹果	3.4	1 020	300
橙子	2.5	1 125	450
梨	2.8	700	250
合计	—	2 845	1 000

由表 2-25 可知，三种水果的价格及销售额数据是分组的，其平均价格 $\bar{x}=\frac{\sum f}{\sum \frac{1}{x}f}=\frac{2\ 845}{1\ 000}=2.845$（元）。

(3) 几何平均数的计算。

几何平均数是指 n 个观察值连乘积的 n 次方根。根据数据的情况不同，几何平均数有简单几何平均数和加权几何平均数之分。

若数据未分组，采用简单几何平均数求均值，计算公式为：

$$\bar{x} = \sqrt[n]{x_1 \times x_2 \times \cdots \times x_n}$$

若数据分组，采用加权几何平均数求均值，计算公式为：

$$\bar{x} = \sqrt[\Sigma f]{x_1^{f_1} \times x_2^{f_2} \times \cdots \times x_n^{f_n}}$$

例如，某银行存款利率及存款年限情况如表 2-26 所示。

表 2-26　某银行存款利率及存款年限情况

存款年限	存款利率 x	存款年数 f/年
第 1～2 年	3%	2
第 3～6 年	5%	4
第 7～13 年	6%	7
第 14～15 年	8%	2
合计	—	15

由表 2-26 可知，存款年限不同，其平均年利率应该采用加权几何平均数计算。

平均年利率 $\bar{x} = \sqrt[\Sigma f]{x_1^{f_1} \times x_2^{f_2} \times \cdots \times x_n^{f_n}} = \sqrt[15]{3^2 \times 5^4 \times 6^7 \times 8^2} = 5.414$

算术平均数、调和平均数与几何平均数之间的关系为：调和平均数≤几何平均数≤算术平均数。

二、样本数据的离散趋势特征指标

(一) 极差(全距)

1. 极差的定义

极差又称全距或范围误差，是指一组数据中最大数据与最小数据的差。在统计工作中，常用极差来刻画一组数据的离散程度。极差反映的是变量分布的变异范围和离散幅度，在总体中任何两个单位的标准值之差都不能超过极差。极差还能体现一组数据波动的范围，极差越大，离散程度越大；反之，离散程度越小。

2. 极差的计算

(1) 数据不分组时，极差的计算。

数据不分组时，极差的计算公式为：

$$R = \text{极大值} - \text{极小值}$$

例如，某商品单价的抽样调查情况如表 2-27 所示。

表 2-27　某商品单价的抽样调查情况　　　　单位：元

9.93	10.02	10.00	10.04	10.01	9.99	10.05	10.04	10.06	10.01
10.03	9.99	9.97	9.93	10.01	10.03	10.03	10.02	10.05	9.99
9.95	9.96	9.96	10.00	9.97	10.01	10.00	9.96	9.98	10.00

由表 2-27 可以看出，该种商品的单价数据未分组，商品的最低单价为 9.93 元，商品的最高单价为 10.06 元，所以商品单价数据的极差为 R = 极大值 − 极小值 =10.06−9.93=0.13(元)。

(2) 数据分组时，极差的计算。

ⅰ. 单项数列的计算。

单项数列求极差，其计算公式与数据未分组时相同。例如，某商品的价格情况如表 2-28 所示。

表 2-28　某商品的价格情况

价格/元	9.93	9.95	9.96	9.97	9.98	9.99	10.00	10.01	10.02	10.03	10.04	10.05	10.06
次数	1	1	1	2	3	4	4	4	2	3	2	2	1
频率	3.33	3.33	3.33	6.67	10.0	13.33	13.33	13.33	6.67	10.0	6.67	6.67	3.33

由表 2-28 可知，该商品的最低单价为 9.93 元，最高单价为 10.06 元，所以单价数据的极差 R = 极大值 − 极小值 =10.06−9.93=0.13(元)。

ⅱ. 组距数列的计算。

组距数列求极差，分开口数列和闭口数列两种情况。开口数列理论上不存在极差，因为第一组缺下限、最后一组缺上限。但实际上第一组应该有下限，称为假想下限；最后一组也应该有上限，称为假想上限，所以极差在实际中应该存在。

第一组看作与其邻组具有相同的组距，所以假想下限＝第一组上限－邻组组距；最后一组也看作与其邻组具有相同的组距，所以假想上限＝最后一组上限＋邻组组距，所以，极差＝假想上限－假想下限。例如，某班级学生统计学考试成绩情况如表 2-29 所示。

表 2-29　某班级该班学生统计学考试成绩情况

成绩/分	男生人数/人	女生人数/人
60 以下	5	10
60～<70	8	16
70～<80	19	38
80～<100	12	24
100 及以上	6	12
合计	50	100

由表 2-29 可知，第一组假想下限＝60－(70－60)＝50(分)，最后一组假想上限＝100＋(100－80)＝120(分)，所以，极差＝120－50＝70(分)。

闭口数列，极差＝最后一组上限－第一组下限。例如，某班级学生统计学考试成绩情况如表 2-30 所示。

表 2-30　某班级学生统计学考试成绩情况

成绩/分	男生人数/人	女生人数/人
50～<60	5	10
60～<70	8	16
70～<80	19	38
80～<100	12	24
100～120	6	12
合计	50	100

由表 2-30 可知，第一组下限为 50 分，最后一组上限为 120 分，所以，极差＝120－50＝70(分)。

(二) 总体(样本)的方差和标准差

方差和标准差是测算离散趋势最重要、最常用的指标，标准差为方差的算术平方根。

1. 方差

方差是样本中各数据与样本平均数离差平方的平均数。方差是测算数值型数据离散程度的最重要的方法。总体方差用 σ^2 表示，样本方差用 s^2 表示。

(1) 总体方差的计算。

① 数据未分组时，总体方差的计算。

数据数据未分组时，总体方差的计算公式为：

$$\sigma^2 = \frac{\sum (x - \bar{x})^2}{n}$$

式中　x——数据；

$\bar{x}$——数据的均值；

n——样本容量。

② 数据分组时，总体方差的计算。

数据分组时，总体方差的计算公式为：

$$\sigma^2 = \frac{\sum (x - \bar{x})^2 f}{\sum f}$$

式中　x——数据；

$\bar{x}$——数据的均值；

f——数据的频次。

(2) 样本方差的计算。

① 数据未分组时，样本方差的计算。

数据未分组时，样本方差的计算公式为：

$$s^2=\frac{\sum(x-\bar{x})^2}{n-1}$$

式中 x——数据；

$\bar{x}$——数据的均值；

n——样本容量。

② 数据分组时，样本方差的计算。

数据分组时，样本方差的计算公式为：

$$s^2=\frac{\sum(x-\bar{x})^2 f}{\sum f-1}$$

式中 x——数据；

$\bar{x}$——数据的均值；

f——数据的频次。

2. 标准差

标准差也称均方差，是各数据偏离平均数的距离的平均数。标准差是均差平方和平均后的方根，总体标准差用 σ 表示，样本标准差用 s 表示。标准差是方差的算术平方根，标准差能反映一个数据集的离散程度，其数值越大，说明数据越分散。平均数相同时，标准差未必相同。标准差可以用来判断平均数的代表性大小，当两个及以上总体的平均数数值大小相同时，判别其代表性大小需要使用标准差。

(1) 总体标准差的计算。

① 数据未分组时，总体标准差的计算。

数据未分组时，总体标准差的计算公式为：

$$\sigma=\sqrt{\frac{\sum(x-\bar{x})^2}{n}}$$

式中 x——数据；

$\bar{x}$——数据的均值；

n——样本容量。

② 数据分组时，总体标准差的计算。

数据分组时，总体标准差的计算公式为：

$$\sigma=\sqrt{\frac{\sum(x-\bar{x})^2 f}{\sum f}}$$

式中 x——数据；

$\bar{x}$——数据的均值；

f——数据的频次。

(2) 样本标准差的计算。

① 数据未分组时，样本标准差的计算。

数据未分组时，样本标准差的计算公式为：

$$s=\sqrt{\frac{\sum(x-\bar{x})^2}{n-1}}$$

式中　x——数据；

$\bar{x}$——数据的均值；

n——样本容量。

② 数据分组时，样本标准差的计算。

数据分组时，样本标准差的计算公式为：

$$s=\sqrt{\frac{\sum(x-\bar{x})^2f}{\sum f-1}}$$

式中　x——数据；

$\bar{x}$——数据的均值；

f——数据的频次。

（三）离散系数

离散系数主要包括标准差系数和平均差系数，本书仅介绍标准差系数。标准差系数反映数据的分散程度，其数值越大，说明数据越分散。当两个及以上总体的平均数数值大小不同时，判别其代表性大小需要使用标准差系数。

1. 总体标准差系数

总体标准差系数的计算公式为：

$$V_\sigma=\frac{\sigma}{\mu}\times100\%$$

式中　μ——总体均值。

2. 样本标准差系数

样本标准差系数的计算公式为：

$$V_s=\frac{s}{\bar{x}}\times100\%$$

（四）四分位数

1. 四分位数的定义

四分位数是指将数据按大小顺序排列起来，形成一个数列，居于数列第 25 个百分位位置的数据，称为下四分位数（Q_1）；居于数列第 50 个百分位位置的数据，称为中四分位数（Q_2），即中位数；居于数列第 75 个百分位位置的数据，称为上四分位数（Q_3）。

2. 样本四分位数的计算

若数据未分组，当样本数据的个数（样本容量）可以被 4 整除时，样本四分位数适用于顺序级以上的样本数据集合；当样本数据的个数（样本容量）不能被 4 整除时，样本四分位数仅适用于刻度级的样本数据集合（因为顺序级的数据不能做加减运算）。若数据分组，样本四分位数适用于顺序级以上的样本数据集合。

(1) 顺序级的样本数据四分位数的计算。

若数据未分组,需要先将样本数据从低到高排序,再找出四分位数的位置,该位置上对应的数据即为四分位数的数值。下四分位数的位置为 $\frac{n+1}{4}$,中四分位数位置的确定方法同中位数,上四分位数的位置为 $\frac{3(n+1)}{4}$。例如,某单位 7 名职工的学历分别为:初中、高中、高中、大学、大学、大学、研究生,则该单位职工学历的下四分位数的数值是"高中";上四分位数的数值是"大学"。若数据分组,则需要先求累计频次,再找出刚好大于或等于 $\frac{\sum f}{4}\left(\frac{3\sum f}{4}\right)$ 的向上累计频次,该累计频次所在组的数就是所要求的四分位数据的数值。例如,某单位职工的学历情况如表 2-31 所示。

表 2-31 某单位职工的学历情况

学历	小学	初中	高中	大学	研究生	合计
各学历的频次	1	2	2	9	2	16
各学历的向上累计频次	1	3	5	14	16	—
各学历的向下累计频次	16	15	13	11	2	—

由表 2-31 可知,该单位职工学历的第三组向上累计频次为 5,$\frac{\sum f}{4}=4$,$5>4$,所以该单位职工学历的下四分位数是"高中";该单位职工学历的第四组向上累计频次为 14,$\frac{3\sum f}{4}=12$,$14>12$,所以该单位职工学历的上四分位数是"大学"。

(2) 刻度级样本数据四分位数的计算。

① 数据不分组时,刻度级样本数据四分位数的计算。

若数据未分组,需要先将样本数据从小到大排序,然后利用 $\frac{n+1}{4}$ 找出下四分位数的位置,利用 $\frac{3(n+1)}{4}$ 找出上四分位数的位置,若整除,则位置对应的数就是四分位数;若不整除,则位置两边数据的加权平均数是四分位数,位置与两边数据的距离为权数。如,抽样调查某商场的某种商品价格,资料如表 2-32 所示。

表 2-32 某商品在抽样商店的单价 单位:元

9.93	10.02	10.02	10.04	10.01	9.99	10.05	10.04	10.06	10.01
10.03	9.99	9.96	9.93	10.01	10.04	10.03	10.02	10.05	9.99
9.95	9.96	9.96	10.00	9.97	10.01	10.04	9.96	9.98	10.00

由表 2-32 可知,该商品的单价数据是刻度级的样本数据,未分组,首先将单价从小到大

排序，如表 2-33 所示，然后再计算四分位数。

表 2-33　某商品在抽样商店单价的排序表　　单位：元

9.93	9.93	9.95	9.96	9.96	9.96	9.96	9.97	9.98	9.99
9.99	9.99	10.00	10.00	10.01	10.01	10.01	10.01	10.02	10.02
10.02	10.03	10.03	10.04	10.04	10.04	10.04	10.05	10.05	10.06

由表 2-33 可知，该种商品单价下四分位数的位置$=\frac{n+1}{4}=\frac{30+1}{4}=7.75$，

7 号位上的数是 9.96 元，8 号位上的数是 9.97 元，所以，下四分位数$=9.96\times0.25+9.97\times0.75=9.9675$ 元；

同理，该种商品单价上四分位数的位置$=\frac{3(n+1)}{4}=\frac{3(30+1)}{4}=23.25$，23 号位上的数是 10.03 元，24 号位上的数是 10.04 元，所以，上四分位数$=10.03\times0.75+10.04\times0.25=10.0325$ 元。

② 数据分组时，刻度级样本数据四分位数的计算。

ⅰ. 单项数列的计算。

根据单项数列求四分位数，需要先求该单项数列的累计频次，再找出大于或等于$\frac{\sum f}{4}\left(\frac{3\sum f}{4}\right)$的向上累计频次，该累计频次所在组的数据就是上（下）四分位数。例如，某商品的价格情况如表 2-34 所示。

表 2-34　某商品的价格情况

价格/元	9.98	9.99	10.00	10.01	10.02	10.03	10.04	10.05	10.06
次数	3	4	4	4	2	3	2	2	1
向上累计频次	3	7	11	15	17	20	22	24	25
向下累计频次	25	22	18	14	10	8	5	3	1

由表 2-34 可知，该种商品价格的第二组向上累计频次为 7，$\frac{\sum f}{4}=6.25$，$7>6.25$，所以该种商品价格的下四分位数是 9.99 元；该种商品价格的第六组向上累计频次为 20，$\frac{3\sum f}{4}=18.75$，$20>18.75$，所以该种商品价格的上四分位数是 10.03 元。

ⅱ. 组距数列的计算。

根据组距数列求四分位数，下四分位数的计算公式为：

$$Q_1=L_1+\frac{\frac{\sum f}{4}-s_1}{f_1}\times d_1$$

式中　L_1——下四分位数组的下限；

f_1 ——下四分位数组的次数；

s_1 ——下四分位数组前一组的频次向上累计频次；

d_1 ——下四分位数组的组距。

根据组距数列求四分位数，上四分位数的计算公式为：

$$Q_3 = L_3 + \frac{\frac{3\sum f}{4} - s_3}{f_3} \times d_3$$

式中 L_3 ——上四分位数组的下限；

f_3 ——上四分位数组的次数；

s_3 ——上四分位数组前一组的频次向上累计频次；

d_3 ——上四分位数组的组距。

例如，某企业有职工 10 000 人，其中工人 8 000 人，干部 2 000 人，为了了解职工家庭收入状况，在工人和干部两个组均以 5%的比例抽选职工进行调查，结果如表 2-35 所示。

表 2-35 某企业职工家庭人均月收入情况

家庭人均月收入/元	职工人数/人		干部人数向上累计频次
	工人	干部	
2 000 以下	20	5	5
2 000～<3 000	60	13	18
3 000～<4 000	200	60	78
4 000～<6 000	80	17	95
6 000 及以上	40	5	100
合计	400	100	—

求干部的下四分位数时，首先根据干部人数向上累计频次判断下四分位数在哪一组，方法是大于等于 $\frac{\sum f_{干部}}{4}$ 的向上累计频次所在的组即为下四分位数组；然后利用下四分位数公式求出下四分位数的数值。

由表 2-35 可知，$\frac{\sum f_{干部}}{4} = \frac{100}{4} = 25$，第三组的向上累计频次为 78，大于 25，所以下四分位数在第三组，利用下四分位数公式计算的下四分位数为：

$$Q_1 = L_1 + \frac{\frac{\sum f}{4} - s_1}{f_1} \times d_1 = 3\ 000 + \frac{\frac{100}{4} - 18}{60} \times 1\ 000 = 3\ 116.67(\text{元})。$$

求干部的上四分位数时，首先根据干部人数向上累计频次判断上四分位数在哪一组，方法是大于等于 $\frac{3\sum f_{干部}}{4}$ 的向上累计频次所在的组即为上四分位数组；然后利用上四分位数公式求出上四分位数的数值。

由表 2-35 可知，$\frac{3\sum f_{干部}}{4}=\frac{300}{4}=75$，第三组的向上累计频次为 78，大于 75，所以上四分位数也在第三组，利用上四分位数公式计算的上四分位数为：

$$Q_3=L_3+\frac{\frac{3\sum f}{4}-s_3}{f_3}\times d_3=3\ 000+\frac{\frac{300}{4}-18}{60}\times 1\ 000=3\ 950(\text{元})。$$

第三节　样本数据的综合特征：箱形图

箱形图，又称为盒须图、盒式图、盒状图或箱线图，是一种用作显示一组数据分散情况的统计图。箱形图因形状如箱子而得名。箱形图在各种领域被广泛使用，常见于品质管理，不过作法相对烦琐。箱形图于 1977 年由美国统计学家约翰·图基发明，它能显示出一组数据的最大值、最小值、中位数、下四分位数及上四分位数，可为数据的位置和分散程度提供参考。

箱形图只用五个点便可对数据集做简单的总结。这五个点分别为中位数、下四分位数、上四分位数、最大值和最小值。箱形图分为中心、延伸以及数据分布状态的全部范围，如图 2-21 所示。

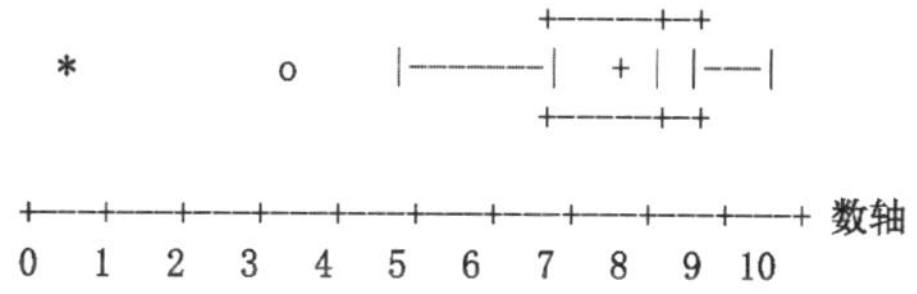

图 2-21　箱形图

由图 2-21 可以看出，这组数据的最小值为 5，最大值为 10，极差或全距＝最大值－最小值＝10－5＝5，下四分位数(Q_1)为 7，上四分位数(Q_3)为 9，四分位间距＝$Q_3-Q_1=2$，中位数为 8.5，平均值为 8。

用 SPSS 绘制箱形图的步骤与用 Explore 模块绘制直方图基本相同，只是最后一步需要在 Plots 界面选择 Boxplots，如图 2-22 所示。随后点击 Continue 返回主界面，点击 OK，

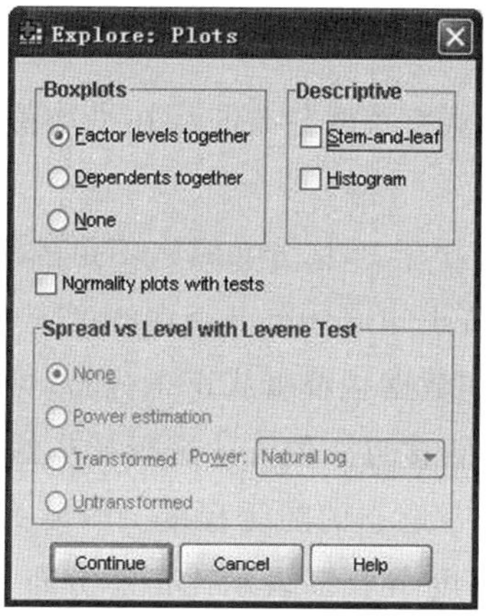

图 2-22　SPSS 中 Explore 模块的 Plots 界面图

箱形图绘制完毕，如图 2-23、图 2-24 所示。

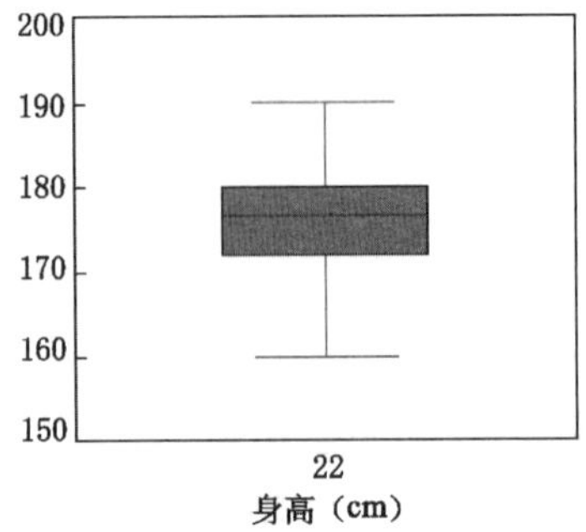

图 2-23　SPSS 中 Explore 模块绘制的普通箱形图

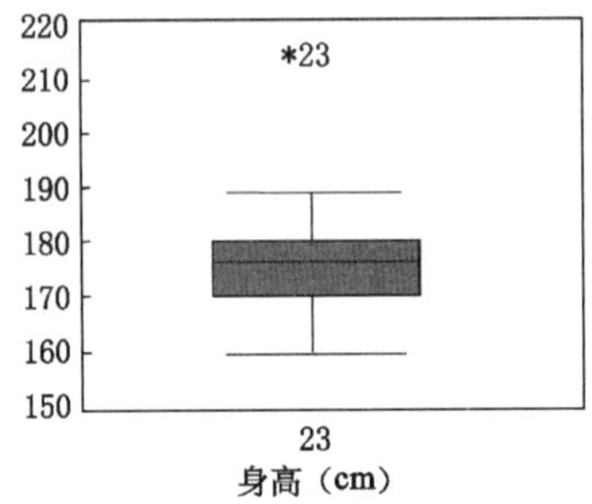

图 2-24　SPSS 中 Explore 模块绘制的修正箱形图

第四节　样本数据的分布特征

反映样本数据分布特征的指标有峰度（*Kurtosis*）和偏度（*Skewness*）。

一、峰度

（一）峰度的定义

峰度又称峰态系数，是表示概率密度分布曲线在平均值处峰值高低的特征数。直观地看，峰度反映了峰部的尖度。

正态分布的峰度为 3。峰度小于 3，称分布具有不足的峰度或平顶峰；峰度大于 3，称分布具有过度的峰度或尖顶峰。若想知道分布是否在峰度上偏离正态分布，可用峰度来检验分布的正态性。检验一个给定的数据是否服从正态分布，可使用检验均值和中位数是否相等、偏度是否接近 0 以及峰度是否接近 3 的方法进行初步估计。

简单来讲，峰度描述的是分布形态的陡缓程度。峰度为 3，表示与正态分布相同；峰度大于 3，表示比正态分布陡峭；峰度小于 3，表示比正态分布平坦。在实际应用中，通常将峰度做减 3 处理，使得正态分布的峰度为 0。因此，在使用 SPSS 软件进行计算时，应注意峰度做减 3 处理，即峰度大于 0 表示比标准正态分布高峰更加陡峭，为尖顶峰分布；反之，峰度小于 0，表示比标准正态分布高峰更加平缓，为平顶峰分布。

（二）峰度的计算公式

峰度的计算公式为：

$$Kurtosis = \frac{\frac{1}{n-1}\sum_{i=1}^{n}(x_i - \bar{x})^4}{s^4} - 3$$

（三）峰度的图形

峰度图如图 2-25 所示。

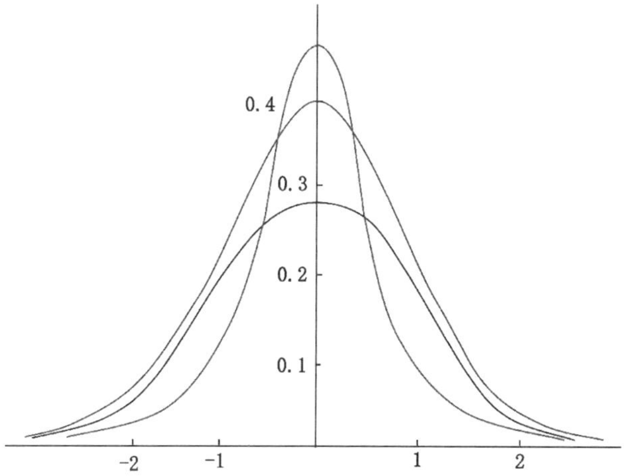

图 2-25　峰度图

二、偏度

（一）偏度的定义

偏度是统计数据分布偏斜方向和程度的度量，是统计数据分布非对称程度的数字特征。偏度是表示概率分布密度曲线相对于平均值不对称程度的特征数。直观地看，偏度是密度函数曲线尾部的相对长度。

正态分布的偏度为 0，两侧尾部长度对称。偏度小于 0，称分布具有负偏离，也称左偏态，此时位于均值左边的数据比位于右边的数据少，直观地表现为左边的尾部比右边的尾部要长。偏度大于 0，称分布具有正偏离，也称右偏态，此时位于均值右边的数据比位于左边的数据少，直观表现为右边的尾部比左边的尾部要长。偏度接近 0，可认为分布是对称的。若想知道分布是否在偏度上偏离正态分布，可用偏度来检验分布的正态性。一般来说，右偏时，平均数＞中位数＞众数；左偏时，众数＞中位数＞平均数；正态分布时，三者相等。

（二）偏度的计算公式

偏度的计算公式为：

$$Skewness = \frac{\frac{1}{n-1}\sum_{i=1}^{n}(x_i - \bar{x})^3}{s^4}$$

(三)偏度的图形

偏度图如图 2-26 所示。

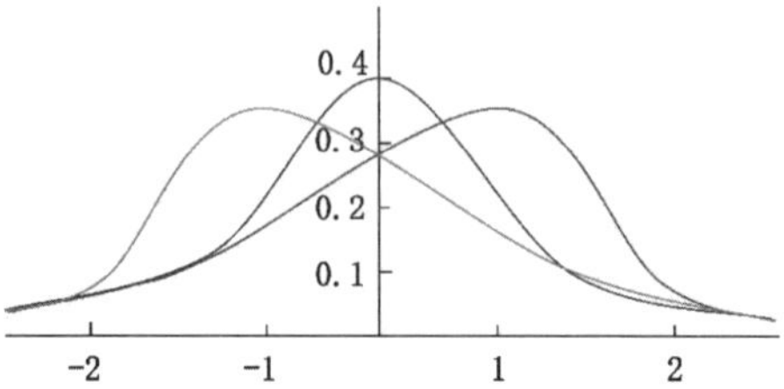

图 2-26　偏度图

第五节　样本数据特征指标的 SPSS 处理

用 SPSS 求样本数据的特征指标,可以在 Frequencies 模块中进行,也可以在 Explore 模块中进行。

一、Frequencies 模块处理样本数据的特征指标

(1) 选择 Analyze 下拉菜单中的 Descriptive Statistics 子菜单,选择 Frequencies 模块,如图 2-27 所示。

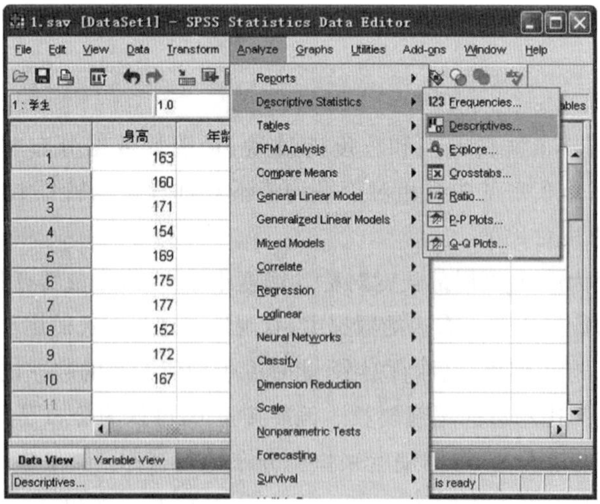

图 2-27　SPSS 中 Frequencies 模块计算特征指标界面

(2) 选择 Frequencies 模块后,出现频率、频次界面,将要计算特征指标的变量从左边框选中移入右边框,如图 2-28 所示。

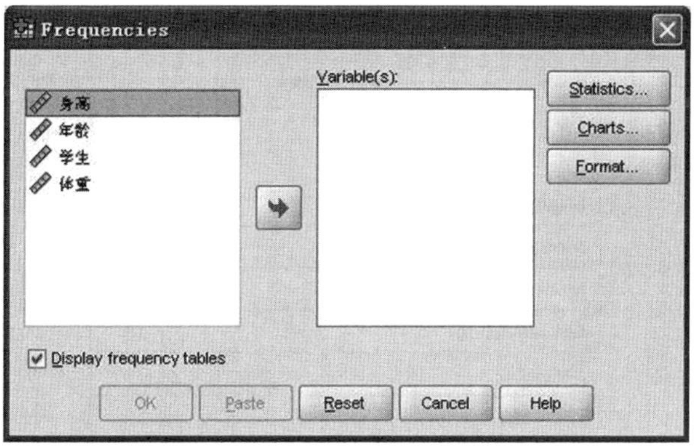

图 2-28　SPSS 中 Frequencies 模块的频率、频次界面

(3) 将需要计算特征指标的变量从左边框选中移入右边框，点击 Statistics 按钮，Statistics界面如图 2-29 所示。

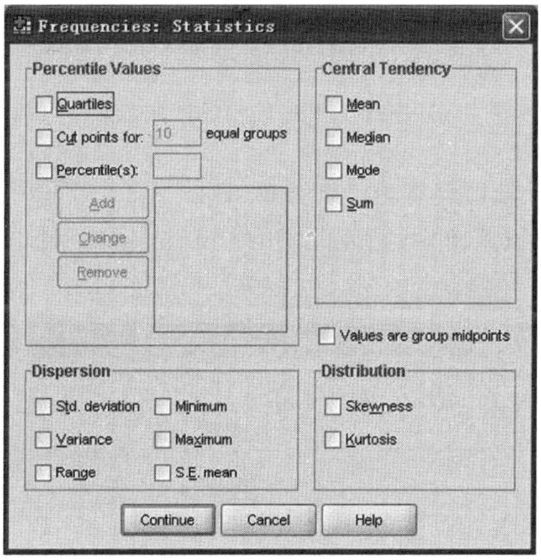

图 2-29　SPSS 中 Frequencies 模块的 Statistics 界面

(4) 选择需要计算的特征指标，点击 Continue 返回主界面，如图 2-30 所示。

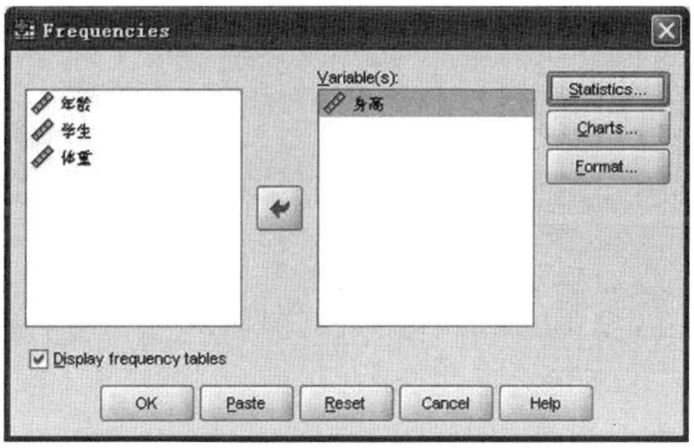

图 2-30　SPSS 中 Frequencies 模块的主界面

（5）点击 OK，SPSS 输出计算结果，如图 2-31 所示。

身高 Statistics

N	Valid	10
	Missing	0
Mean		166.00
Median		168.00
Mode		152[a]
Std. Deviation		8.551
Variance		73.111
Skewness		-.508
Std. Error of Skewness		.687
Kurtosis		-.920
Std. Error of Kurtosis		1.334
Percentiles	25	158.50
	50	168.00
	75	172.75

a. Multiple modes exist. The smallest value is shown

图 2-31　SPSS 输出的计算结果

二、Descriptives 模块处理样本数据的特征指标

（1）选择 Analyze 下拉菜单中的 Descriptive Statistics 子菜单，选择 Descriptives 模块，如图 2-32 所示。

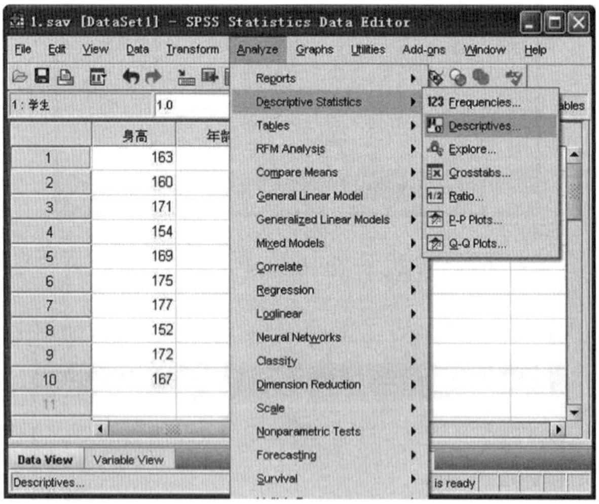

图 2-32　SPSS 中 Descriptives 模块计算特征指标界面

（2）选择 Descriptives 模块后，出现描述统计界面，将要计算特征指标的变量从左边框选中移入右边框，如图 2-33 所示。

（3）点击 Options 按钮，如图 2-34 所示。

（4）选择需要计算的特征指标，点击 Continue 返回主界面，如图 2-35 所示。

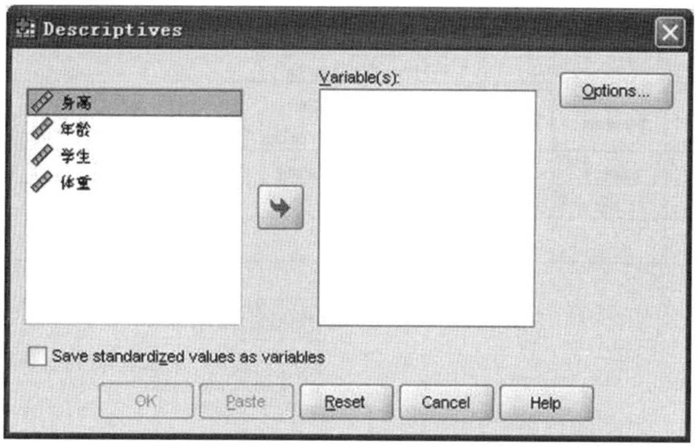

图 2-33 SPSS 中 Descriptives 模块的描述统计界面

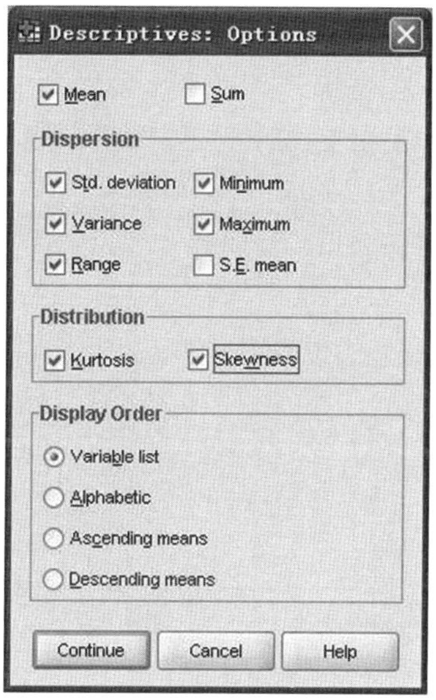

图 2-34 SPSS 中 Descriptives 模块描述统计的 Options 界面

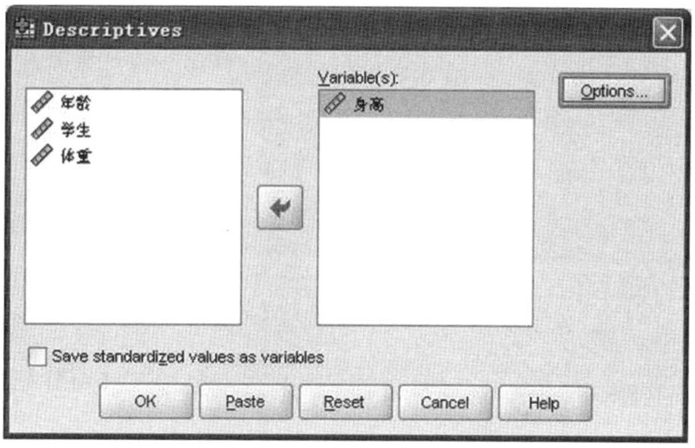

图 2-35 SPSS 中 Descriptives 模块的描述统计界面

（5）点击 OK，SPSS 输出计算结果，如图 2-36 所示。

Descriptive Statistics

	N	Range	Minimum	Maximum	Mean	Std. Deviation	Variance	Skewness		Kurtosis	
	Statistic	Statistic	Statistic	Statistic	Statistic	Statistic	Statistic	Statistic	Std. Error	Statistic	Std. Error
身高	10	25	152	177	166.00	8.551	73.111	-.508	.687	-.920	1.334
Valid N (listwise)	10										

图 2-36　SPSS 输出的计算结果

第三章 参数估计

参数估计是大致判断出总体分布的类型后，根据从总体中抽取的样本参数(均值或方差)推断总体分布中包含的未知相应参数的方法。它是统计推断的一种基本形式，是数理统计学的一个重要分支。参数估计分为点估计和区间估计。

第一节 点 估 计

点估计是指用样本统计量的某个取值直接作为总体参数的估计值。通常它们是总体的某个特征值，如数学期望、方差和相关系数等。点估计问题就是要构造一个只依赖于样本的量，作为未知参数或未知参数的函数的估计值。例如，设一批产品的废品率为 θ。为了估计 θ，从这批产品中随机抽出 n 个进行检查，将其中的废品个数记为 m，用 $\frac{m}{n}$ 估计 θ，就是一个点估计。构造点估计常用的方法有：

(1) 矩估计法：用样本矩估计总体矩，如用样本均值估计总体均值。

(2) 最大似然估计法：利用样本分布密度构造似然函数来求出参数的最大似然估计。

(3) 最小二乘法：主要用于线性统计模型中的参数估计问题。

(4) 贝叶斯估计法：基于贝叶斯学派的观点而提出的估计法。

由于可以用来估计未知参数的估计量很多，于是产生了怎样选择一个优良估计量的问题。我们必须对优良性定出准则，这种准则不是唯一的，可以根据实际问题和理论研究的方便进行选择。优良性准则有两大类：一类是小样本准则，即在样本大小固定时的优良性准则；另一类是大样本准则，即在样本大小趋于无穷时的优良性准则。最重要的小样本优良性准则是无偏性及与此相关的一致最小方差无偏估计，还有容许性准则、最小化最大准则、最优同变准则等。大样本优良性准则有相合性、最优渐近正态估计和渐近有效估计等。

进行点估计时，由于不同样本算得的 μ 的估计值不同，因此，我们还希望根据所给的样本确定一个随机区间，使其包含参数真值的概率达到指定的要求，这就需要做区间估计。

第二节　区间估计

区间估计是依据抽取的样本，根据一定的正确度与精确度的要求，构造出适当的区间，作为总体分布的未知参数或参数的函数的真值所在范围的估计。例如，人们常说的有百分之多少的把握保证某值在某个范围内，即是区间估计的最简单的应用。统计学家奈曼创立了一种严格的区间估计理论——置信区间。置信区间常用的计算方法有利用已知的抽样分布求置信区间、利用区间估计与假设检验的联系求置信区间和利用大样本理论求置信区间。

利用已知的抽样分布求置信区间可以在重复抽样条件下进行，也可以在不重复抽样条件下进行。重复抽样又称放回式抽样，即每次从总体中抽取的样本单位，经检验之后又重新放回总体参加下次抽样，其特点是总体中每个样本单位被抽中的概率都是相等的。不重复抽样亦称不放回式抽样，即每次从总体中抽取的样本单位，经检验之后不再放回总体，在下次抽样时不会再次抽到前面已抽中的样本单位，总体每经一次抽样，其样本单位数就减少一个，因此每个样本单位在各次抽样中被抽中的概率是不同的。不重复抽样过程为：若要从总体 N 个单位中要抽取一个容量为 n 的样本，则每次从总体中抽取一个单位，连续进行 n 次抽选，构成一个样本，但每次抽选一个单位不再放回。不重复抽样的样本由 n 次连续抽选的结果组成，实质上等于一次同时从总体中抽 n 个单位组成一个样本。连续 n 次抽选的结果不是相互独立的，第一次抽选的结果影响下一次抽样，每抽一次，总体的单位数就少一个。因此，每个单位的中选机会是不同的。由于不重复抽样每个样本单位最多只有一次被抽中的机会，而且随着抽中单位的不断增多，剩下单位被抽中的机会不断增大，所以，不重复抽样的误差小于重复抽样的误差。

区间估计的主要内容如图 3-1 所示。

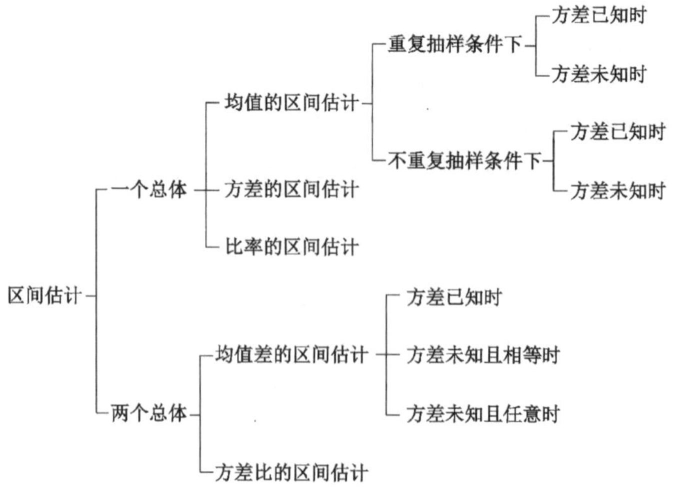

图 3-1　区间估计的主要内容

一、一个总体均值的区间估计

(一) 方差已知时的区间估计

1. 理论基础

(1) 求置信区间时需要的定义。

① 标准正态分布单侧上 α 分位点。

若随机变量 X 服从标准正态分布,则满足式子 $P(X > z_\alpha) = \alpha$ 或 $P(X < -z_\alpha) = \alpha$ 的 z_α 或 $-z_\alpha$,叫标准正态分布单侧上 α 分位点,如图 3-2 所示。

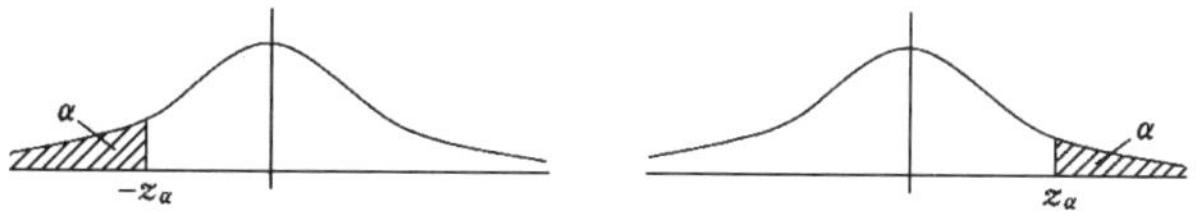

图 3-2　标准正态分布单侧上 α 分位点

② 标准正态分布双侧上 α 分位点。

若随机变量 X 服从标准正态分布,则满足式子 $P(|X| > z_{\alpha/2}) = \alpha$ 的 $z_{\alpha/2}$ 和 $-z_{\alpha/2}$,叫标准正态分布双侧上 α 分位点,如图 3-3 所示。

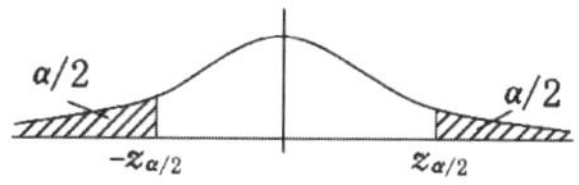

图 3-3　标准正态分布双侧上 α 分位点

(2) 求置信区间时需要的定理。

若随机变量 X 服从正态分布,即 $X \sim N(\mu,\sigma^2)$,则有如下定理成立。

① 重复抽样条件下的定理。

$$Z = \frac{\bar{x} - \mu}{\sigma/\sqrt{n}} \sim N(0,1)$$

② 不重复抽样条件下的定理。

$$Z = \frac{\bar{x} - \mu}{\sigma/\sqrt{n}\sqrt{\frac{N-n}{N-1}}} \sim N(0,1)$$

2. 方差已知时置信区间的求解

(1) 重复抽样条件下均值的 $1-\alpha$ 置信区间的求解。

① 单侧置信区间的求解。

因为 $\frac{\bar{x}-\mu}{\sigma/\sqrt{n}}$ 服从标准正态分布,所以 $P\left(\frac{\bar{x}-\mu}{\sigma/\sqrt{n}} > z_\alpha\right) = \alpha$ 成立或 $P\left(\frac{\bar{x}-\mu}{\sigma/\sqrt{n}} < -z_\alpha\right) = \alpha$ 成立,即等价于 $P\left(\frac{\bar{x}-\mu}{\sigma/\sqrt{n}} \leqslant z_\alpha\right) = 1-\alpha$ 成立或 $P\left(\frac{\bar{x}-\mu}{\sigma/\sqrt{n}} \geqslant -z_\alpha\right) = 1-\alpha$ 成立。令 $\frac{\bar{x}-\mu}{\sigma/\sqrt{n}} \leqslant z_\alpha$ 或

$\frac{\bar{x}-\mu}{\sigma/\sqrt{n}} \geqslant -z_\alpha$ 成立，解这两个不等式，可以得到重复抽样条件下均值的两个 $1-\alpha$ 的单侧置信区间。

单侧右置信区间：$\mu \geqslant \bar{x} - z_\alpha \frac{\sigma}{\sqrt{n}}$

单侧左置信区间：$\mu \leqslant \bar{x} + z_\alpha \frac{\sigma}{\sqrt{n}}$

② 双侧置信区间的求解。

因为 $\frac{\bar{x}-\mu}{\sigma/\sqrt{n}}$ 服从标准正态分布，所以 $P\left(\left|\frac{\bar{x}-\mu}{\sigma/\sqrt{n}}\right| > Z_{\alpha/2}\right) = \alpha$ 成立，即等价于 $P\left(\left|\frac{\bar{x}-\mu}{\sigma/\sqrt{n}}\right| \leqslant Z_{\alpha/2}\right) = 1-\alpha$ 成立。令 $\left|\frac{\bar{x}-\mu}{\sigma/\sqrt{n}}\right| \leqslant Z_{\alpha/2}$ 成立，解这个绝对值不等式，可以得到重复抽样条件下均值的 $1-\alpha$ 的双侧置信区间：

$$\bar{x} - z_{\alpha/2} \frac{\sigma}{\sqrt{n}} \leqslant \mu \leqslant \bar{x} + z_{\alpha/2} \frac{\sigma}{\sqrt{n}}$$

单双侧置信区间中的 $\frac{\sigma}{\sqrt{n}} = \sigma_{\bar{x}}$ 称为均值的标准误差，又称为抽样平均误差，表示任何一个分布函数的标准差是原来分布函数标准差的 $1/\sqrt{n}$；也可以说 $\bar{x}$ 分布的方差，是 X 分布方差的 $1/n$。

(2) 不重复抽样条件下均值的 $1-\alpha$ 置信区间的求解。

① 单侧置信区间的求解。

因为 $\frac{\bar{x}-\mu}{\sigma/\sqrt{n}\sqrt{\frac{N-n}{N-1}}}$ 服从标准正态分布，所以 $P\left(\frac{\bar{x}-\mu}{\sigma/\sqrt{n}\sqrt{\frac{N-n}{N-1}}} > z_\alpha\right) = \alpha$ 成立或 $P\left(\frac{\bar{x}-\mu}{\sigma/\sqrt{n}\sqrt{\frac{N-n}{N-1}}} < -z_\alpha\right) = \alpha$ 成立，即等价于 $P\left(\frac{\bar{x}-\mu}{\sigma/\sqrt{n}\sqrt{\frac{N-n}{N-1}}} \leqslant z_\alpha\right) = 1-\alpha$ 成立或 $P\left(\frac{\bar{x}-\mu}{\sigma/\sqrt{n}\sqrt{\frac{N-n}{N-1}}} \geqslant -z_\alpha\right) = 1-\alpha$ 成立。令 $\frac{\bar{x}-\mu}{\sigma/\sqrt{n}\sqrt{\frac{N-n}{N-1}}} \leqslant z_\alpha$ 或 $\frac{\bar{x}-\mu}{\sigma/\sqrt{n}\sqrt{\frac{N-n}{N-1}}} \geqslant -z_\alpha$ 成立，解这两个不等式，可以得到不重复抽样条件下均值的两个 $1-\alpha$ 的单侧置信区间。

单侧右置信区间：$\mu \geqslant \bar{x} - z_\alpha \frac{\sigma}{\sqrt{n}} \sqrt{\frac{N-n}{N-1}}$

单侧左置信区间：$\mu \leqslant \bar{x} + z_\alpha \frac{\sigma}{\sqrt{n}} \sqrt{\frac{N-n}{N-1}}$

② 双侧置信区间的求解。

因为 $\frac{\bar{x}-\mu}{\sigma/\sqrt{n}\sqrt{\frac{N-n}{N-1}}}$ 服从标准正态分布，所以 $P\left(\left|\frac{\bar{x}-\mu}{\sigma/\sqrt{n}\sqrt{\frac{N-n}{N-1}}}\right| > Z_{\alpha/2}\right) = \alpha$ 成立，

即等价于 $P\left(\left|\dfrac{\bar{x}-\mu}{\sigma/\sqrt{n}\sqrt{\dfrac{N-n}{N-1}}}\right|\leqslant Z_{\alpha/2}\right)=1-\alpha$ 成立。令 $\left|\dfrac{\bar{x}-\mu}{\sigma/\sqrt{n}\sqrt{\dfrac{N-n}{N-1}}}\right|\leqslant Z_{\alpha/2}$ 成立，解这个绝对值不等式，可以得到不重复抽样条件下均值的 $1-\alpha$ 的双侧置信区间。

$$\bar{x}-z_{\alpha/2}\frac{\sigma}{\sqrt{n}}\sqrt{\frac{N-n}{N-1}}\leqslant\mu\leqslant\bar{x}+z_{\alpha/2}\frac{\sigma}{\sqrt{n}}\sqrt{\frac{N-n}{N-1}}$$

例 3-1　设某厂生产的灯泡寿命 X 服从正态分布，即 $X\sim N(\mu,100^2)$，现随机抽取 5 只，测量其寿命分别为 1 455 h、1 502 h、1 370 h、1 610 h 和 1 430 h，试以 95％的概率推断该厂灯泡的平均使用寿命为多少小时？

解　由题可知，这是一个总体方差已知时均值的双侧区间估计问题。因为 N 未知，所以采用重复抽样条件下的置信区间求解。重复抽样条件下均值的 $1-\alpha$ 的双侧置信区间为：

$$\bar{x}-z_{\alpha/2}\frac{\sigma}{\sqrt{n}}\leqslant\mu\leqslant\bar{x}+z_{\alpha/2}\frac{\sigma}{\sqrt{n}}$$

因为数据未分组，$\sigma=100$，$n=5$，

所以 $\bar{x}=\dfrac{\sum x}{n}=\dfrac{1}{5}(1\,455+1\,502+1\,370+1\,610+1\,430)=1\,473.4\ (\text{h})$。

又因为 $\alpha=0.05$，所以查表可知 $z_{\alpha/2}=1.96$，

所以 $\bar{x}-z_{\alpha/2}\dfrac{\sigma}{\sqrt{n}}=1\,473.4-1.96\times\dfrac{100}{\sqrt{5}}=1\,385.746\ (\text{h})$，

$\bar{x}+z_{\alpha/2}\dfrac{\sigma}{\sqrt{n}}=1\,473.4+1.96\times\dfrac{100}{\sqrt{5}}=1\,561.054\ (\text{h})$，

所以有 95％的把握认为该厂灯泡平均使用寿命为(1 385.746，1 561.054) h。

例 3-2　设某厂生产的灯泡寿命 X 服从正态分布，即 $X\sim N(\mu,100^2)$，现随机抽取 5 只，测量其寿命分别为 1 455 h、1 502 h、1 370 h、1 610 h 和 1 430 h，试以 95％的概率推断该厂灯泡的平均使用寿命不低于多少小时？

解　由题可知，这是一个总体方差已知时均值的单侧右区间估计问题。因为 N 未知，所以采用重复抽样条件下的置信区间求解。重复抽样条件下均值的 $1-\alpha$ 的单侧右置信区间为：

$$\mu\geqslant\bar{x}-z_{\alpha}\frac{\sigma}{\sqrt{n}}$$

因为数据未分组，$\sigma=100$，$n=5$，

所以 $\bar{x}=\dfrac{\sum x}{n}=\dfrac{1}{5}(1\,455+1\,502+1\,370+1\,610+1\,430)=1\,473.4\ (\text{h})$。

又因为 $\alpha=0.05$，所以查表可知 $z_{\alpha}=1.645$，

所以 $\bar{x}-z_{\alpha}\dfrac{\sigma}{\sqrt{n}}=1\,473.4-1.645\times\dfrac{100}{\sqrt{5}}=1\,399.833\ (\text{h})$，

所以有 95％的把握认为该厂灯泡平均使用寿命不低于 1 399.833 h。

（二）方差未知时的区间估计

1. 理论基础

(1) 求置信区间时需要的定义。

① t 分布单侧上 α 分位点。

若随机变量 X 服从 t 分布，则自由度小于 45 时，满足式子 $P[X > t_\alpha(n)] = \alpha$ 或 $P[X < -t_\alpha(n)] = \alpha$ 的 $t_\alpha(n)$ 或 $-t_\alpha(n)$，叫 t 分布单侧上 α 分位点，如图 3-4 所示。当自由度大于 45 时，t 分布单侧上 α 分位点转化为标准正态分布单侧上 α 分位点。

图 3-4　t 分布单侧上 α 分位点

② t 分布双侧上 α 分位点。

若随机变量 X 服从 t 分布，则自由度小于 45 时，满足式子 $P[|X| > t_{\alpha/2}(n)] = \alpha$ 的 $t_{\alpha/2}(n)$ 和 $-t_{\alpha/2}(n)$，叫 t 分布双侧上 α 分位点，如图 3-5 所示。当自由度大于 45 时，t 分布双侧上 α 分位点转化为标准正态分布双侧上 α 分位点。

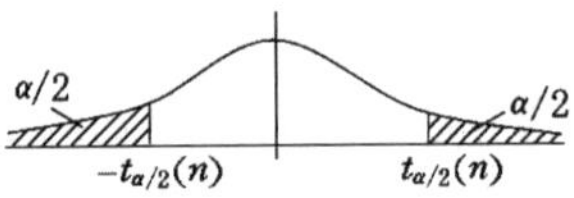

图 3-5　t 分布双侧上 α 分位点

(2) 求置信区间时需要的定理。

若随机变量 X 服从正态分布，即 $X \sim N(\mu,\sigma^2)$，则有如下定理成立。

① 重复抽样条件下的定理。

$$t = \frac{\bar{x} - \mu}{s/\sqrt{n}} \sim t(n-1)$$

② 不重复抽样条件下的定理。

$$t = \frac{\bar{x} - \mu}{s/\sqrt{n}\sqrt{\frac{N-n}{N-1}}} \sim t(n-1)$$

2. 方差未知时置信区间的求解

(1) 重复抽样条件下均值的 $1-\alpha$ 置信区间的求解。

① 单侧置信区间的求解。

因为 $\frac{\bar{x}-\mu}{s/\sqrt{n}}$ 服从 t 分布，所以 $P\left[\frac{\bar{x}-\mu}{s/\sqrt{n}} > t_\alpha(n-1)\right] = \alpha$ 成立或 $P\left[\frac{\bar{x}-\mu}{s/\sqrt{n}} < -t_\alpha(n-1)\right] = \alpha$ 成立，即等价于 $P\left[\frac{\bar{x}-\mu}{s/\sqrt{n}} \leqslant t_\alpha(n-1)\right] = 1-\alpha$ 成立或

$P\left[\frac{\bar{x}-\mu}{s/\sqrt{n}}\geqslant -t_{\alpha}(n-1)\right]=1-\alpha$ 成立。令 $\frac{\bar{x}-\mu}{s/\sqrt{n}}\leqslant t_{\alpha}(n-1)$ 成立或 $\frac{\bar{x}-\mu}{s/\sqrt{n}}\geqslant -t_{\alpha}(n-1)$ 成立，解这两个不等式，可以得到重复抽样条件下均值的两个 $1-\alpha$ 的单侧置信区间。

ⅰ. 自由度小于 45 时，重复抽样条件下均值的两个 $1-\alpha$ 的单侧置信区间。

单侧右置信区间：$\mu\geqslant \bar{x}-t_{\alpha}(n-1)\frac{s}{\sqrt{n}}$

单侧左置信区间：$\mu\leqslant \bar{x}+t_{\alpha}(n-1)\frac{s}{\sqrt{n}}$

ⅱ. 自由度大于 45 时，重复抽样条件下均值的两个 $1-\alpha$ 的单侧置信区间。

单侧右置信区间：$\mu\geqslant \bar{x}-z_{\alpha}\frac{s}{\sqrt{n}}$

单侧左置信区间：$\mu\leqslant \bar{x}+z_{\alpha}\frac{s}{\sqrt{n}}$

② 双侧置信区间的求解。

因为 $\frac{\bar{x}-\mu}{s/\sqrt{n}}$ 服从 t 分布，所以 $P\left[\left|\frac{\bar{x}-\mu}{s/\sqrt{n}}\right|>t_{\alpha/2}(n-1)\right]=\alpha$ 成立，即等价于 $P\left[\left|\frac{\bar{x}-\mu}{s/\sqrt{n}}\right|\leqslant t_{\alpha/2}(n-1)\right]=1-\alpha$ 成立。令 $\left|\frac{\bar{x}-\mu}{s/\sqrt{n}}\right|\leqslant t_{\alpha/2}(n-1)$ 成立，解这个绝对值不等式就可以得到重复抽样条件下均值的 $1-\alpha$ 的双侧置信区间。

ⅰ. 自由度小于 45 时，重复抽样条件下均值的 $1-\alpha$ 双侧置信区间。

$$\bar{x}-t_{\alpha/2}(n-1)\frac{s}{\sqrt{n}}\leqslant\mu\leqslant\bar{x}+t_{\alpha/2}(n-1)\frac{s}{\sqrt{n}}$$

ⅱ. 自由度大于 45 时，重复抽样条件下均值的 $1-\alpha$ 双侧置信区间。

$$\bar{x}-z_{\alpha/2}\frac{s}{\sqrt{n}}\leqslant\mu\leqslant\bar{x}+z_{\alpha/2}\frac{s}{\sqrt{n}}$$

单双侧置信区间中的 $\frac{s}{\sqrt{n}}$ 称为均值的标准误差，又称为抽样平均误差，表示任何一个分布函数的标准差是原来分布函数标准差的 $1/\sqrt{n}$，也可以说 $\bar{x}$ 分布的方差，是 X 分布方差的 $1/n$。

（2）不重复抽样条件下均值的 $1-\alpha$ 置信区间的求解。

① 单侧置信区间的求解。

因为 $\frac{\bar{x}-\mu}{s/\sqrt{n}\sqrt{\frac{N-n}{N-1}}}$ 服从 t 分布，所以 $P\left[\frac{\bar{x}-\mu}{s/\sqrt{n}\sqrt{\frac{N-n}{N-1}}}>t_{\alpha}(n-1)\right]=\alpha$ 成立或 $P\left[\frac{\bar{x}-\mu}{s/\sqrt{n}\sqrt{\frac{N-n}{N-1}}}<-t_{\alpha}(n-1)\right]=\alpha$ 成立，即等价于 $P\left[\frac{\bar{x}-\mu}{s/\sqrt{n}\sqrt{\frac{N-n}{N-1}}}\leqslant t_{\alpha}(n-1)\right]=1-\alpha$

或 $P\left[\dfrac{\bar{x}-\mu}{s/\sqrt{n}\sqrt{\dfrac{N-n}{N-1}}} \geqslant -t_\alpha(n-1)\right] = 1-\alpha$ 成立。令 $\dfrac{\bar{x}-\mu}{s/\sqrt{n}\sqrt{\dfrac{N-n}{N-1}}} \leqslant t_\alpha(n-1)$ 或 $\dfrac{\bar{x}-\mu}{s/\sqrt{n}\sqrt{\dfrac{N-n}{N-1}}} \geqslant -t_\alpha(n-1)$ 成立，解这两个不等式，可以得到不重复抽样条件下均值的两个 $1-\alpha$ 的单侧置信区间。

ⅰ. 自由度小于 45 时，不重复抽样条件下均值的两个 $1-\alpha$ 的单侧置信区间。

ⅱ. 单侧右置信区间：$\mu \geqslant \bar{x} - t_\alpha(n-1)\dfrac{s}{\sqrt{n}}\sqrt{\dfrac{N-n}{N-1}}$

单侧左置信区间：$\mu \leqslant \bar{x} + t_\alpha(n-1)\dfrac{s}{\sqrt{n}}\sqrt{\dfrac{N-n}{N-1}}$。

ⅲ. 自由度大于 45 时，不重复抽样条件下均值的两个 $(1-\alpha)\%$ 的单侧置信区间。

单侧右置信区间：$\mu \geqslant \bar{x} - z_\alpha\dfrac{s}{\sqrt{n}}\sqrt{\dfrac{N-n}{N-1}}$

单侧左置信区间：$\mu \leqslant \bar{x} + z_\alpha\dfrac{s}{\sqrt{n}}\sqrt{\dfrac{N-n}{N-1}}$

② 双侧置信区间的求解。

因为 $\dfrac{\bar{x}-\mu}{s/\sqrt{n}\sqrt{\dfrac{N-n}{N-1}}}$ 服从 t 分布，所以 $P\left[\left|\dfrac{\bar{x}-\mu}{s/\sqrt{n}\sqrt{\dfrac{N-n}{N-1}}}\right| > t_{\alpha/2}(n-1)\right] = \alpha$ 成立，即等价于 $P\left[\left|\dfrac{\bar{x}-\mu}{s/\sqrt{n}\sqrt{\dfrac{N-n}{N-1}}}\right| \leqslant t_{\alpha/2}(n-1)\right] = 1-\alpha$ 成立。令 $\left|\dfrac{\bar{x}-\mu}{s/\sqrt{n}\sqrt{\dfrac{N-n}{N-1}}}\right| \leqslant t_{\alpha/2}(n-1)$ 成立，解这个绝对值不等式，可以得到不重复抽样条件下均值的 $1-\alpha$ 的双侧置信区间。

ⅰ. 自由度小于 45 时，不重复抽样条件下均值的 $1-\alpha$ 的双侧置信区间。

$$\bar{x} - t_{\alpha/2}(n-1)\frac{s}{\sqrt{n}}\sqrt{\frac{N-n}{N-1}} \leqslant \mu \leqslant \bar{x} + t_{\alpha/2}(n-1)\frac{s}{\sqrt{n}}\sqrt{\frac{N-n}{N-1}}$$

ⅱ. 自由度大于 45 时，不重复抽样条件下均值的 $1-\alpha$ 双侧置信区间。

$$\bar{x} - z_{\alpha/2}\frac{s}{\sqrt{n}}\sqrt{\frac{N-n}{N-1}} \leqslant \mu \leqslant \bar{x} + z_{\alpha/2}\frac{s}{\sqrt{n}}\sqrt{\frac{N-n}{N-1}}$$

例 3-3 设某厂生产的灯泡寿命为 X 服从正态分布，即 $X \sim N(\mu,\sigma^2)$，现随机抽取 5 只，测量其寿命分别为 1 455 h、1 502 h、1 370 h、1 610 h 和 1 430 h，试以 95%的概率推断该厂灯泡的平均使用寿命为多少小时？

解 由题可知，这是一个总体方差未知时均值的双侧区间估计问题。因为 N 未知，所以采用重复抽样条件下的置信区间求解。自由度小于 45，所以重复抽样条件下均值的 $1-\alpha$

的双侧置信区间为：

$$\bar{x}-t_{\alpha/2}(n-1)\frac{s}{\sqrt{n}}\leqslant\mu\leqslant\bar{x}+t_{\alpha/2}(n-1)\frac{s}{\sqrt{n}}$$

因为数据未分组，$\sigma=100$，$n=5$，

所以 $\bar{x}=\dfrac{\sum x}{n}=\dfrac{1}{5}(1\,455+1\,502+1\,370+1\,610+1\,430)=1\,473.4\ (\mathrm{h})$，

所以 $s=\sqrt{\dfrac{\sum(x-\bar{x})^2}{n-1}}=\sqrt{\dfrac{\sum(x-1\,473.4)^2}{5-1}}=89.988\ (\mathrm{h})$。

又因为 $\alpha=0.05$，所以查表可知 $t_{\alpha/2}(5-1)=t_{0.025}(4)=2.776\,4$，

所以 $\bar{x}-t_{\alpha/2}(n-1)\dfrac{s}{\sqrt{n}}=1\,361.67\ (\mathrm{h})$，

$\bar{x}+t_{\alpha/2}(n-1)\dfrac{s}{\sqrt{n}}=1\,585.13\ (\mathrm{h})$，

所以有 95%的把握认为该厂灯泡平均使用寿命为(1 361.67,1 585.13) h。

例 3-4　设某厂生产的灯泡寿命 X 服从正态分布，即 $X\sim N(\mu,\sigma^2)$，现随机抽取 5 只，测量其寿命分别为 1 455 h、1 502 h、1 370 h、1 610 h 和 1 430 h，试以 95%的概率推断该厂灯泡的平均使用寿命不低于多少小时？

解　由题可知，这是一个总体方差未知时均值的单侧右区间估计问题。因为 N 未知，所以采用重复抽样条件下的置信区间求解。重复抽样条件下均值的 $1-\alpha$ 的单侧右置信区间为：

$$\mu\geqslant\bar{x}-t_{\alpha}(n-1)\frac{s}{\sqrt{n}}$$

因为数据未分组，$\sigma=100$，$n=5$，

所以 $\bar{x}=\dfrac{\sum x}{n}=\dfrac{1}{5}(1\,455+1\,502+1\,370+1\,610+1\,430)=1\,473.4\ (\mathrm{h})$。

又因为 $\alpha=0.05$，查表可知 $t_{\alpha}(5-1)=t_{0.05}(4)=2.131\,8$，

因为 $s=\sqrt{\dfrac{\sum(x-\bar{x})^2}{n-1}}=\sqrt{\dfrac{\sum(x-1\,473.4)^2}{5-1}}=89.988\ (\mathrm{h})$，

所以 $\bar{x}-t_{0.05}(4)\dfrac{s}{\sqrt{n}}=1\,473.4-2.131\,8\times\dfrac{89.988}{\sqrt{5}}=1\,387.61\ (\mathrm{h})$，

所以有 95%的把握认为该厂灯泡平均使用寿命不低于 1 387.61 h。

用 SPSS 解题的过程如下：

(1) 在定义变量标签窗口定义“灯泡使用寿命”一个变量。

(2) 在录入数据窗口依次录入数据 1 455、1 502、1 370、1 610、1 430，如图 3-6 所示。

(3) 选择 Analyze 下拉菜单中的 Descriptive Statistics 子菜单，选择 Explore 模块，如图 3-7 所示。

(4) 选择 Explore 模块后，出现探索分析界面，将“灯泡使用寿命”从左边框选中移入右边框，在 Display 栏选择 Statistics，如图 3-8 所示。

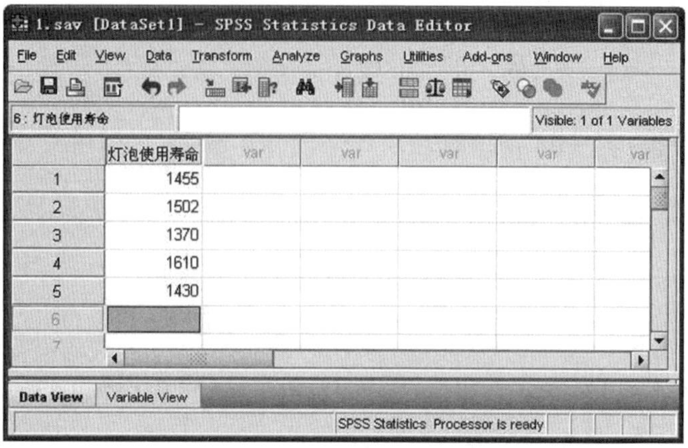

图 3-6　SPSS 定义变量标签窗口录入数据

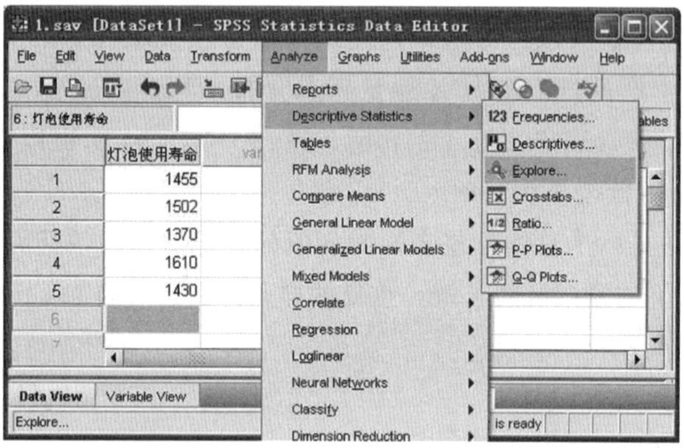

图 3-7　SPSS 中的 Analyze 界面

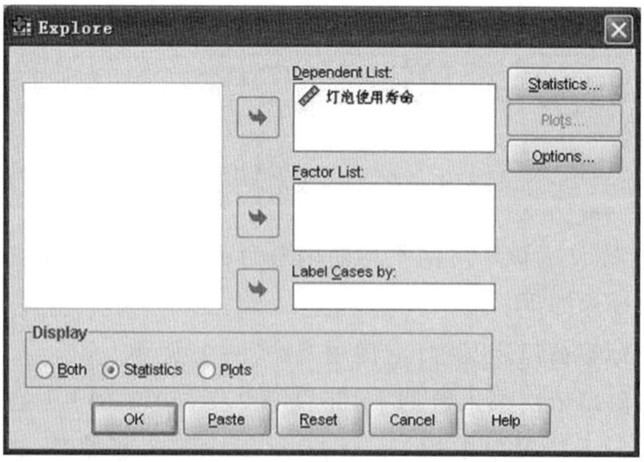

图 3-8　SPSS 中的 Explore 模块界面

（5）点击 OK，SPSS 输出计算结果，如图 3-9、图 3-10 所示。

Case Processing Summary

	Cases					
	Valid		Missing		Total	
	N	Percent	N	Percent	N	Percent
灯泡使用寿命	5	100.0%	0	.0%	5	100.0%

图 3-9　SPSS 输出的计算结果(1)

Descriptives

			Statistic	Std. Error
灯泡使用寿命	Mean		1473.40	40.244
	95% Confidence Interval for Mean	Lower Bound	1361.67	
		Upper Bound	1585.13	
	5% Trimmed Mean		1471.56	
	Median		1455.00	
	Variance		8097.800	
	Std. Deviation		89.988	
	Minimum		1370	
	Maximum		1610	
	Range		240	
	Interquartile Range		156	
	Skewness		.788	.913
	Kurtosis		.899	2.000

图 3-10　SPSS 输出的计算结果(2)

由图 3-9 可知，灯泡使用寿命样本数据有 5 个，缺失值为 0，全部为有效数据。

由图 3-10 可知：

① 因为 $n=5$，$n<45$，所以所有灯泡使用寿命 95% 的置信区间为 $\left(\bar{x}-\frac{s}{\sqrt{n}}t_{\alpha/2},\bar{x}+\frac{s}{\sqrt{n}}t_{\alpha/2}\right)$，

又因为由图 3-10 可知 $\bar{x}=\frac{\sum x}{n}=\frac{1}{5}(1\,455+1\,502+1\,370+1\,610+1\,430)=1\,473.4$ (h)，

所以有 95%的把握认为灯泡平均使用寿命为(1 361.67，1 585.13) h。

② 因为 $\bar{x}=\frac{\sum x}{n}=1\,473.4$ (h)，

$M_e=L+\frac{\frac{\sum f}{2}-s}{f}\times d=1\,455$ (h)，不大致相同。

又因为峰度为 0.899，不接近于 0；偏度为 0.788. 不接近于 0，所以该 5 个灯泡使用寿命数据不服从正态分布。

③ 偏度为 0.788>0，表示正偏差数值较大，说明位于均值右边的数据比位于左边的数据多，直观地表现为右边的尾部比左边的尾部要长。峰度为 0.899，小于 0，表示比标准正态分布高峰更加陡峭，为尖顶峰分布。

④ 100%的数据落入范围为(1 370，1 610)，它们之间距离为 240；50%的数据落入范围为(Q_1，Q_3)，它们之间的距离为 156。

例 3-5 某学校随机抽取 150 名学生的统计学期末考试成绩情况如表 3-1 所示。试以 95%的概率推断该校所有学生统计学期末考试的成绩为多少分？

表 3-1 150 名学生统计学期末考试成绩情况

成绩/分	男生人数/人	女生人数/人	各组中值
60 以下	5	10	55
60～<70	8	16	65
70～<80	19	38	75
80～<100	12	24	90
100 及以上	6	12	110
合计	50	100	—

解 用 SPSS 解题的过程如下：

(1) 在定义变量窗口定义变量“成绩”“男生人数”“女生人数”。

(2) 计算各组中值。

(3) 根据已经存在的变量“男生人数”和“女生人数”产生新变量“总人数”，点击 Transform 选择 Compute Variable，如图 3-11 所示。

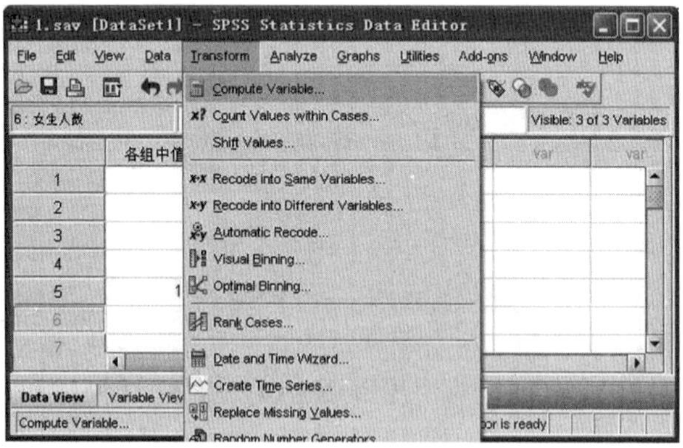

图 3-11 SPSS 的 Transform 界面

(4) 在 Compute Variable 界面里，通过键盘将“总人数”录入 Target Variable 栏中，将左下方框中的“男生人数”和“女生人数”依次移至 Numeric Expression 栏，如图 3-12 所示。

(5) 点击 OK，录入数据界面，SPSS 会生成一列“总人数”，如图 3-13 所示。

(6) 指定“总人数”为加权变量，依次点击 Data 和 Weight Cases，如图 3-14 所示。随后

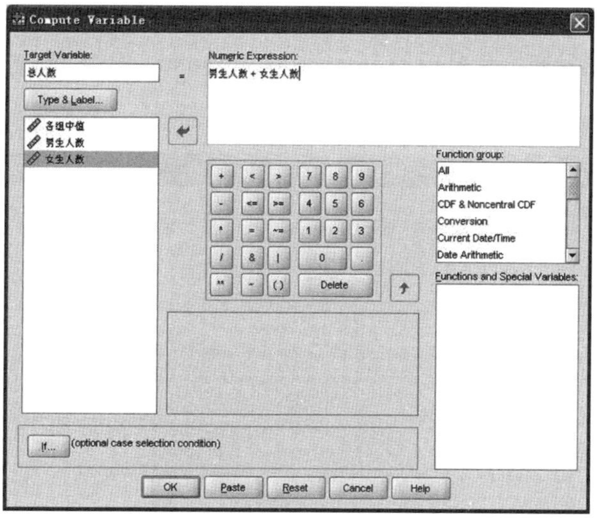

图 3-12　SPSS 的 Compute Variable 界面

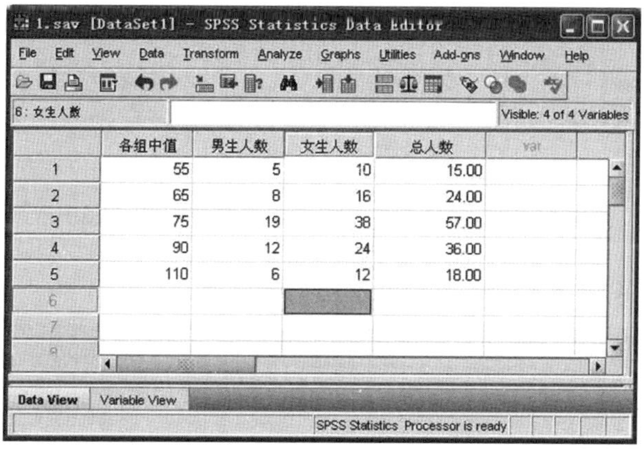

图 3-13　SPSS 定义变量界面

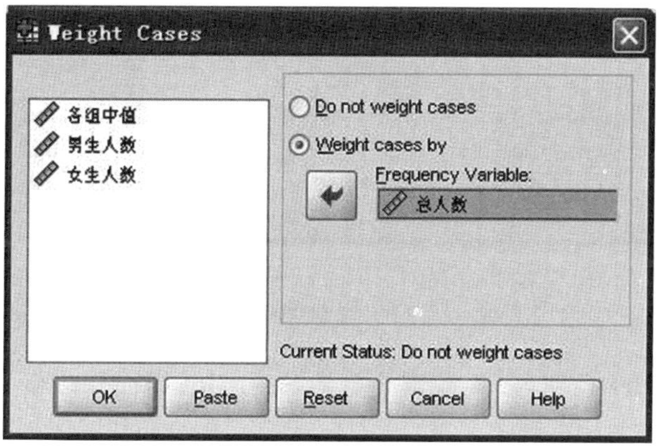

图 3-14　SPSS 的 Weight Cases 界面

点击 OK,回到录入数据界面。

(7) 选择 Analyze 下拉菜单中的 Descriptive Statistics 子菜单,选择 Explore 模块,如图 3-15 所示。

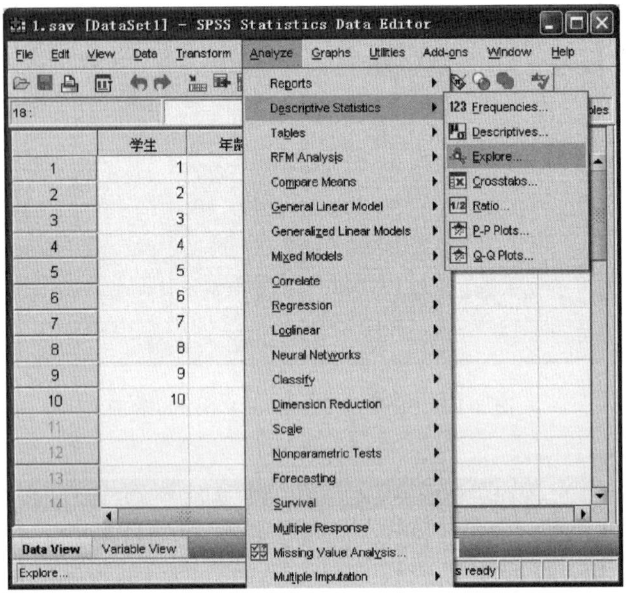

图 3-15　SPSS 的 Analyze 界面

(8) 选择 Explore 模块后,出现探索分析界面,将要进行参数估计的变量从左边框选中移入右边框,如图 3-16 所示。

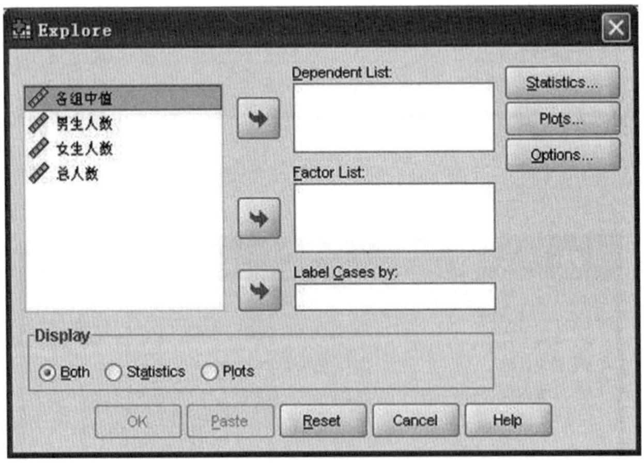

图 3-16　SPSS 中的 Explore 模块界面(1)

(9) 点击 Statistics 按钮,进入探索分析的 Statistics 界面修改概率保证程度,SPSS 默认的概率是 95%,如图 3-17 所示。

(10) 点击 Continue 返回探索分析主界面,如图 3-18 所示。

(11) 点击 OK,SPSS 输出计算结果,如图 3-19、图 3-20 所示。

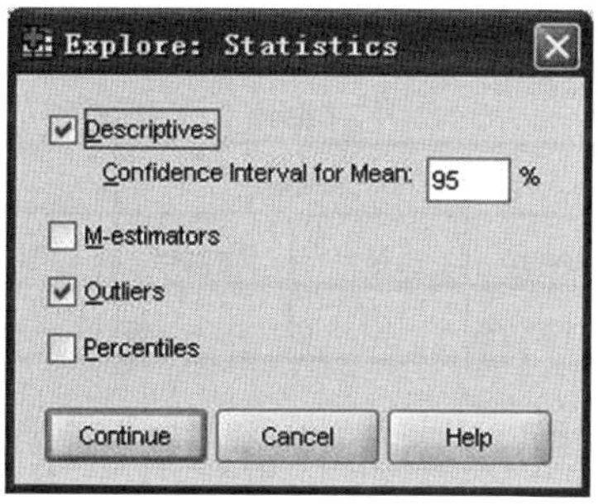

图 3-17 SPSS 中 Explore 模块的 Statistics 界面

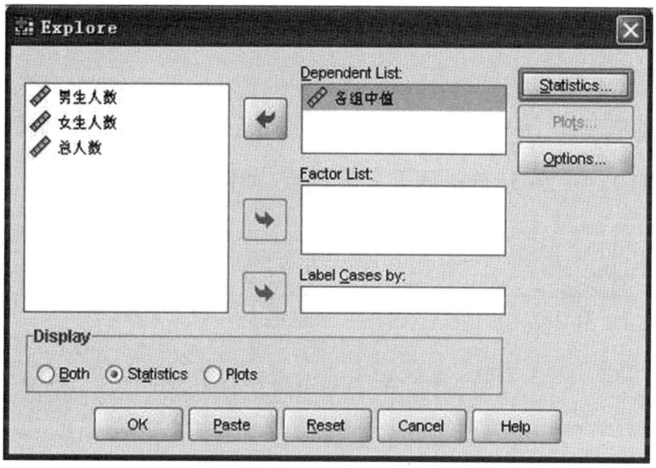

图 3-18 SPSS 中的 Explore 模块界面(2)

Descriptives

			Statistic	Std. Error
各组中值	Mean		79.20	1.267
	95% Confidence Interval for Mean	Lower Bound	76.70	
		Upper Bound	81.70	
	5% Trimmed Mean		78.83	
	Median		75.00	
	Variance		240.966	
	Std. Deviation		15.523	
	Minimum		55	
	Maximum		110	
	Range		55	
	Interquartile Range		25	
	Skewness		.520	.198
	Kurtosis		-.315	.394

图 3-19 SPSS 输出的计算结果(1)

Case Processing Summary

Cases					
Valid		Missing		Total	
N	Percent	N	Percent	N	Percent
150	100.0%	0	.0%	150	100.0%

图 3-20　SPSS 输出的计算结果(2)

二、一个总体方差的区间估计

(一) 理论基础

1. 求置信区间时需要的定义

(1) χ^2 分布单侧上 α 分位点。

若随机变量 X 服从 $\chi^2(n)$ 分布,则满足式子 $P[X>\chi^2_\alpha(n)]=\alpha$ 或 $P[X<\chi^2_{1-\alpha}(n)]=\alpha$ 的 $\chi^2_\alpha(n)$ 或 $\chi^2_{1-\alpha}(n)$,叫 χ^2 分布单侧上 α 分位点,如图 3-21 所示。

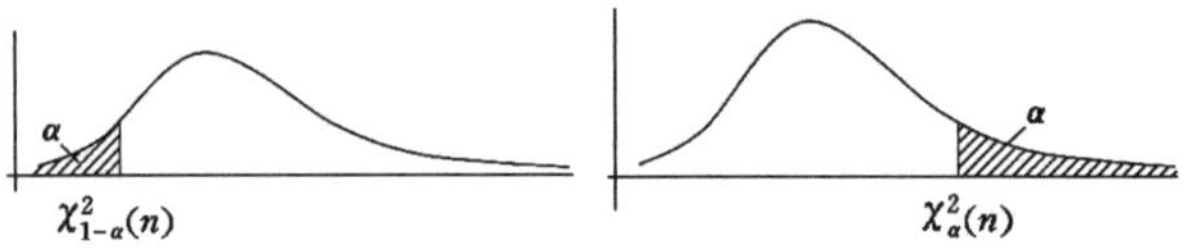

图 3-21　χ^2 分布单侧上 α 分位点

(2) χ^2 分布双侧上 α 分位点。

若随机变量 X 服从 $\chi^2(n)$ 分布,则满足式子 $P[|X|>\chi^2_{\alpha/2}(n)]=\alpha$ 的 $\chi^2_{\alpha/2}(n)$ 和 $\chi^2_{1-\alpha/2}(n)$,叫 χ^2 分布双侧上 α 分位点,如图 3-22 所示。

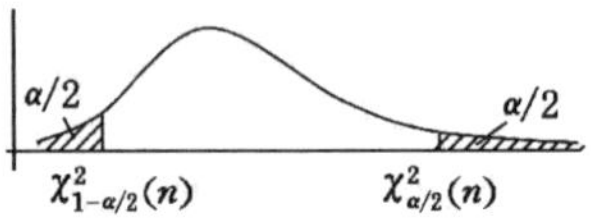

图 3-22　χ^2 分布双侧上 α 分位点

2. 求置信区间时需要的定理

若随机变量 X 服从正态分布,即 $X\sim N(\mu,\sigma^2)$,则有如下定理成立:

$$\chi^2=\frac{(n-1)s^2}{\sigma^2}\sim\chi^2(n-1)$$

(二) 置信区间的求解

1. 单侧置信区间的求解

因为 $\frac{(n-1)s^2}{\sigma^2}$ 服从 $\chi^2(n-1)$ 分布,所以 $P\left[\frac{(n-1)s^2}{\sigma^2}>\chi^2_\alpha(n-1)\right]=\alpha$ 或

$P\left[\frac{(n-1)s^2}{\sigma^2} < \chi^2_{1-\alpha}(n-1)\right] = \alpha$ 成立，即等价于 $P\left[\frac{(n-1)s^2}{\sigma^2} \leqslant \chi^2_{\alpha}(n-1)\right] = 1-\alpha$ 或 $P\left[\frac{(n-1)s^2}{\sigma^2} \geqslant \chi^2_{1-\alpha}(n-1)\right] = 1-\alpha$ 成立。令 $\frac{(n-1)s^2}{\sigma^2} \leqslant \chi^2_{\alpha}(n-1)$ 或 $\frac{(n-1)s^2}{\sigma^2} \geqslant \chi^2_{1-\alpha}(n-1)$ 成立，解这两个不等式，可以得到方差的两个 $1-\alpha$ 的单侧置信区间。

单侧右置信区间：$\sigma^2 \geqslant \frac{(n-1)s^2}{\chi^2_{\alpha}(n-1)}$

单侧左置信区间：$\sigma^2 \leqslant \frac{(n-1)s^2}{\chi^2_{1-\alpha}(n-1)}$

2. 双侧置信区间的求解

因为 $\frac{(n-1)s^2}{\sigma^2}$ 服从 $\chi^2(n-1)$ 分布，所以 $P\left[\left|\frac{(n-1)s^2}{\sigma^2}\right| > \chi^2_{\alpha/2}(n-1)\right] = \alpha$ 成立，即等价于 $P\left[\left|\frac{(n-1)s^2}{\sigma^2}\right| \leqslant \chi^2_{\alpha/2}(n-1)\right] = 1-\alpha$ 成立。令 $\left|\frac{(n-1)s^2}{\sigma^2}\right| \leqslant \chi^2_{\alpha/2}(n-1)$ 成立，解这个绝对值不等式，可以得到方差的 $1-\alpha$ 的双侧置信区间：

$$\left[\frac{(n-1)s^2}{\chi^2_{\alpha/2}(n-1)}, \frac{(n-1)s^2}{\chi^2_{1-\alpha/2}(n-1)}\right]$$

三、一个总体比率的区间估计

（一）理论基础

1. 求置信区间时需要的定义

这里需要的定义与 t 分布的单、双侧上 α 分位点的定义相同。

2. 求置信区间时需要的定理

若随机变量 X 服从(0,1)分布，则有如下定理成立：

$$\frac{p-P}{\sqrt{\frac{p(1-p)}{n}}} \sim t(n-1)$$

（二）置信区间的求解

1. 重复抽样条件下比率的 $(1-\alpha)\%$ 置信区间的求解

(1) 单侧置信区间的求解。

① 自由度小于 45 时，重复抽样条件下比率的两个 $1-\alpha$ 的单侧置信区间。

单侧右置信区间：$P \geqslant p - t_{\alpha}(n-1)\sqrt{\frac{p(1-p)}{n}}$

单侧左置信区间：$P \leqslant p + t_{\alpha}(n-1)\sqrt{\frac{p(1-p)}{n}}$

② 自由度大于 45 时，重复抽样条件下比率的两个 $1-\alpha$ 的单侧置信区间。

单侧右置信区间：$P \geqslant p - z_{\alpha}\sqrt{\frac{p(1-p)}{n}}$

单侧左置信区间：$P \leqslant p + z_{\alpha}\sqrt{\frac{p(1-p)}{n}}$

(2) 双侧置信区间的求解。

① 自由度小于 45 时，重复抽样条件下比率的 $1-\alpha$ 双侧置信区间为：

$$p - t_{\alpha/2}(n-1)\sqrt{\frac{p(1-p)}{n}} \leqslant P \leqslant p + t_{\alpha/2}(n-1)\sqrt{\frac{p(1-p)}{n}}$$

② 自由度大于 45 时，重复抽样条件下比率的 $1-\alpha$ 双侧置信区间为：

$$p - z_{\alpha/2}\sqrt{\frac{p(1-p)}{n}} \leqslant P \leqslant p + z_{\alpha/2}\sqrt{\frac{p(1-p)}{n}}$$

2. 不重复抽样条件下比率的 $1-\alpha$ 置信区间的求解

(1) 单侧置信区间的求解。

① 自由度小于 45 时，不重复抽样条件下比率的两个 $1-\alpha$ 的单侧置信区间。

单侧右置信区间：$P \geqslant p - t_{\alpha}(n-1)\sqrt{\frac{p(1-p)}{n}}\sqrt{\frac{N-n}{N-1}}$

单侧左置信区间：$P \leqslant p + t_{\alpha}(n-1)\sqrt{\frac{p(1-p)}{n}}\sqrt{\frac{N-n}{N-1}}$

② 自由度大于 45 时，不重复抽样条件下比率的两个 $1-\alpha$ 的单侧置信区间。

单侧右置信区间：$P \geqslant p - z_{\alpha}\sqrt{\frac{p(1-p)}{n}}\sqrt{\frac{N-n}{N-1}}$

单侧左置信区间：$P \leqslant p + z_{\alpha}\sqrt{\frac{p(1-p)}{n}}\sqrt{\frac{N-n}{N-1}}$

(2) 双侧置信区间的求解。

① 自由度小于 45 时，不重复抽样条件下比率的 $1-\alpha$ 双侧置信区间为：

$$p - t_{\alpha/2}(n-1)\sqrt{\frac{p(1-p)}{n}}\sqrt{\frac{N-n}{N-1}} \leqslant P \leqslant p + t_{\alpha/2}(n-1)\sqrt{\frac{p(1-p)}{n}}\sqrt{\frac{N-n}{N-1}}$$

② 自由度大于 45 时，不重复抽样条件下比率的 $1-\alpha$ 双侧置信区间为：

$$p - z_{\alpha/2}\sqrt{\frac{p(1-p)}{n}}\sqrt{\frac{N-n}{N-1}} \leqslant P \leqslant p + z_{\alpha/2}\sqrt{\frac{p(1-p)}{n}}\sqrt{\frac{N-n}{N-1}}$$

例 3-6 某进出口公司出口一种茶叶，规定每包质量不低于 150 g，现抽取 1%进行检验，结果如表 3-2 所示。试以 95%的概率推断这批茶叶包装合格率为多少？

表 3-2 某种茶叶的规格抽检情况

每包质量 x/g	包数 f/包
140～149	10
149～150	20
150～151	50
151～152	20
合计	100

解　由题可知，这是一个总体方差未知时比率的双侧区间估计问题，且自由度大于 45。自由度大于 45 时，重复抽样条件下比率的 $1-\alpha$ 双侧置信区间为：

$$p-z_{\alpha/2}\sqrt{\frac{p(1-p)}{n}}\leqslant P\leqslant p+z_{\alpha/2}\sqrt{\frac{p(1-p)}{n}}$$

因为数据已分组，$n=100$，$p=\dfrac{50+20}{100}\times 100\%=70\%$，

又因为 $\alpha=0.05$，所以查表可知 $z_{\alpha/2}=1.96$，

所以 $p-z_{\alpha/2}\sqrt{\dfrac{p(1-p)}{n}}=70\%-1.96\times\sqrt{\dfrac{70\%\times(1-70\%)}{100}}=0.61$，

$p+z_{\alpha/2}\sqrt{\dfrac{p(1-p)}{n}}=70\%+1.96\times\sqrt{\dfrac{70\%\times(1-70\%)}{100}}=0.789\,8$，

所以有 95% 的把握认为这批茶叶包装合格率的置信区间为（0.61，0.789 8）。

此题也可以采用不重复抽样条件下置信区间的方法求解，这里不做详解。

四、两个总体均值差的区间估计

（一）总体方差已知时，均值差的区间估计

1. 理论基础

（1）求置信区间时需要的定义。

这里需要的定义与标准正态分布单、双侧上 α 分位点的定义相同。

（2）求置信区间时需要的定理。

若随机变量 X_1、X_2 服从正态分布，即 $X_1\sim N(\mu_1,\sigma_1^2)$，$X_2\sim N(\mu_2,\sigma_2^2)$，则有如下定理成立：

$$Z=\frac{(\bar{x}_1-\bar{x}_2)-(\mu_1-\mu_2)}{\sqrt{\dfrac{\sigma_1^2}{n_1}+\dfrac{\sigma_2^2}{n_2}}}\sim N(0,1)$$

2. 置信区间的求解

（1）均值差的两个 $1-\alpha$ 的单侧置信区间。

单侧右置信区间：$\mu_1-\mu_2\geqslant(\bar{x}_1-\bar{x}_2)-z_\alpha\sqrt{\dfrac{\sigma_1^2}{n_1}+\dfrac{\sigma_2^2}{n_2}}$

单侧左置信区间：$\mu_1-\mu_2\leqslant(\bar{x}_1-\bar{x}_2)+z_\alpha\sqrt{\dfrac{\sigma_1^2}{n_1}+\dfrac{\sigma_2^2}{n_2}}$

（2）均值差的 $1-\alpha$ 的双侧置信区间为：

$$(\bar{x}_1-\bar{x}_2)-z_{\alpha/2}\sqrt{\frac{\sigma_1^2}{n_1}+\frac{\sigma_2^2}{n_2}}\leqslant\mu_1-\mu_2\leqslant(\bar{x}_1-\bar{x}_2)+z_{\alpha/2}\sqrt{\frac{\sigma_1^2}{n_1}+\frac{\sigma_2^2}{n_2}}$$

（二）总体方差未知且 $\sigma_1^2=\sigma_2^2$ 时，均值差的区间估计

1. 理论基础

（1）求置信区间时需要的定义。

这里需要的定义与 t 分布单、双侧上 α 分位点的定义相同。

（2）求置信区间时需要的定理。

若随机变量 X_1、X_2 服从正态分布，即 $X_1 \sim N(\mu_1, \sigma_1^2)$，$X_2 \sim N(\mu_2, \sigma_2^2)$，则有如下定理成立：

$$t = \frac{(\bar{x}_1 - \bar{x}_2) - (\mu_1 - \mu_2)}{\sqrt{\frac{(n-1)s_1^2 + (m-1)s_2^2}{n+m-2}}\sqrt{\frac{1}{n} + \frac{1}{m}}} \sim t(n+m-2)$$

2. 置信区间的求解

(1) 均值差的两个 $1-\alpha$ 的单侧置信区间。

① 自由度小于 45 时，均值差的两个 $1-\alpha$ 的单侧置信区间。

单侧右置信区间：

$$\mu_1 - \mu_2 \geqslant (\bar{x}_1 - \bar{x}_2) - t_\alpha(n+m-2)\sqrt{\frac{(n-1)s_1^2 + (m-1)s_2^2}{n+m-2}}\sqrt{\frac{1}{n} + \frac{1}{m}}$$

单侧左置信区间：

$$\mu_1 - \mu_2 \leqslant (\bar{x}_1 - \bar{x}_2) + t_\alpha(n+m-2)\sqrt{\frac{(n-1)s_1^2 + (m-1)s_2^2}{n+m-2}}\sqrt{\frac{1}{n} + \frac{1}{m}}$$

② 自由度大于 45 时，均值差的两个 $1-\alpha$ 的单侧置信区间。

单侧右置信区间：

$$\mu_1 - \mu_2 \geqslant (\bar{x}_1 - \bar{x}_2) - z_\alpha\sqrt{\frac{(n-1)s_1^2 + (m-1)s_2^2}{n+m-2}}\sqrt{\frac{1}{n} + \frac{1}{m}}$$

单侧左置信区间：

$$\mu_1 - \mu_2 \leqslant (\bar{x}_1 - \bar{x}_2) + z_\alpha\sqrt{\frac{(n-1)s_1^2 + (m-1)s_2^2}{n+m-2}}\sqrt{\frac{1}{n} + \frac{1}{m}}$$

(2) 均值差的 $1-\alpha$ 的双侧置信区间。

① 自由度小于 45 时，均值差的 $1-\alpha$ 双侧置信区间为：

$$(\bar{x}_1 - \bar{x}_2) - t_{\alpha/2}(n+m-2)S_w\sqrt{\frac{1}{n} + \frac{1}{m}} \leqslant \mu_1 - \mu_2$$
$$\leqslant (\bar{x}_1 - \bar{x}_2) + t_{\alpha/2}(n+m-2)S_w\sqrt{\frac{1}{n} + \frac{1}{m}}$$

式中 $S_w = \sqrt{\frac{(n-1)s_1^2 + (m-1)s_2^2}{n+m-2}}$

② 自由度大于 45 时，均值差的 $(1-\alpha)\%$ 双侧置信区间为：

$$(\bar{x}_1 - \bar{x}_2) - z_{\alpha/2}S_w\sqrt{\frac{1}{n} + \frac{1}{m}} \leqslant \mu_1 - \mu_2 \leqslant (\bar{x}_1 - \bar{x}_2) + z_\alpha S_w\sqrt{\frac{1}{n} + \frac{1}{m}}$$

(三) 总体方差未知且 $\sigma_1^2 \neq \sigma_2^2$ 时，均值差的区间估计

1. 理论基础

(1) 求置信区间时需要的定义。

这里需要的定义与标准正态分布单、双侧上 α 分位点的定义相同。

(2) 求置信区间时需要的定理。

若随机变量 X_1、X_2 服从正态分布，即 $X_1 \sim N(\mu_1, \sigma_1^2)$，$X_2 \sim N(\mu_2, \sigma_2^2)$，则有如下定理

成立：

$$Z \approx \frac{(\bar{x}_1 - \bar{x}_2) - (\mu_1 - \mu_2)}{\sqrt{\frac{s_1^2}{n_1} + \frac{s_2^2}{n_2}}} \sim N(0,1)$$

2. 置信区间的求解

（1）均值差的两个 $1-\alpha$ 的单侧置信区间。

单侧右置信区间：$\mu_1 - \mu_2 \geqslant (\bar{x}_1 - \bar{x}_2) - z_\alpha \sqrt{\frac{s_1^2}{n_1} + \frac{s_2^2}{n_2}}$

单侧左置信区间：$\mu_1 - \mu_2 \leqslant (\bar{x}_1 - \bar{x}_2) + z_\alpha \sqrt{\frac{s_1^2}{n_1} + \frac{s_2^2}{n_2}}$

（2）均值差的 $1-\alpha$ 的双侧置信区间为：

$$(\bar{x}_1 - \bar{x}_2) - z_{\alpha/2}\sqrt{\frac{s_1^2}{n} + \frac{s_2^2}{m}} \leqslant \mu_1 - \mu_2 \leqslant (\bar{x}_1 - \bar{x}_2) + z_{\alpha/2}\sqrt{\frac{s_1^2}{n} + \frac{s_2^2}{m}}$$

五、两个总体方差比$\frac{\sigma_1^2}{\sigma_2^2}$的区间估计

（一）理论基础

1. 求置信区间时需要的定义

（1）F 分布单侧上 α 分位点。

若随机变量 X 服从 F 分布，则满足式子 $P[X > F_\alpha(n_1, n_2)] = \alpha$ 或 $P[X < F_{1-\alpha}(n_1, n_2)] = \alpha$ 的 $F_\alpha(n_1, n_2)$ 或 $F_{1-\alpha}(n_1, n_2)$，叫 F 分布单侧上 α 分位点，如图 3-23 所示。

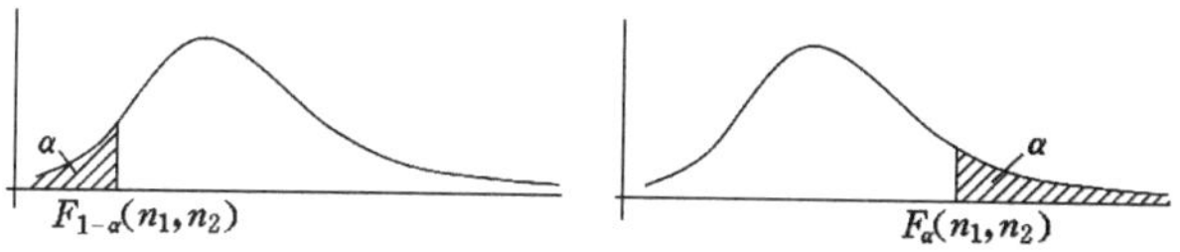

图 3-23　F 分布单侧上 α 分位点

（2）F 分布双侧上 α 分位点。

若随机变量 X 服从 F 分布，则满足式子 $P[|X| > F_{\alpha/2}(n_1, n_2)] = \alpha$ 的 $F_{\alpha/2}(n_1, n_2)$ 和 $F_{1-\alpha/2}(n_1, n_2)$，叫 F 分布双侧上 α 分位点，如图 3-24 所示。

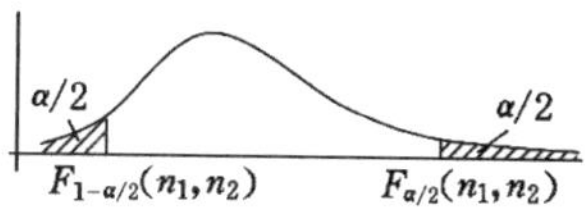

图 3-24　F 分布双侧上 α 分位点

2. 求置信区间时需要的定理。

若随机变量 X_1、X_2 服从正态分布，即 $X_1 \sim N(\mu_1, \sigma_1^2)$，$X_2 \sim N(\mu_2, \sigma_2^2)$，则有如下定理成立：

$$F = \frac{s_1^2/\sigma_1^2}{s_2^2/\sigma_2^2} = \frac{s_1^2/s_2^2}{\sigma_1^2/\sigma_2^2} \sim F(n-1, m-1)$$

（二）置信区间的求解

1. 方差比的两个 $1-\alpha$ 的单侧置信区间

单侧右置信区间：$\dfrac{\sigma_1^2}{\sigma_2^2} \geqslant \dfrac{s_1^2}{s_2^2} \cdot \dfrac{1}{F_\alpha(n-1,m-1)}$

单侧左置信区间：$\dfrac{\sigma_1^2}{\sigma_2^2} \leqslant \dfrac{s_1^2}{s_2^2} \cdot \dfrac{1}{F_{1-\alpha}(n-1,m-1)}$

2. 方差比的 $1-\alpha$ 的双侧置信区间

$$\left[\frac{s_1^2}{s_2^2} \cdot \frac{1}{F_{\alpha/2}(n-1,m-1)},\quad \frac{s_1^2}{s_2^2} \cdot \frac{1}{F_{1-\alpha/2}(n-1,m-1)}\right]$$

六、区间估计的几点说明

（1）置信区间的长度 T_2-T_1 反映了估计精度，T_2-T_1 越小，估计精度越高。

（2）α 反映了估计的可靠度，α 越小，$1-\alpha$ 越大，估计的可靠度越高，此时，T_2-T_1 往往增大，因而估计精度降低。α 确定后，置信区间的选取方法不唯一，常选最小的一个。

（3）选取置信区间时，选取 $z_{\alpha/2}$ 的原因是，当置信区间为 $\left(\bar{x}-z_{\alpha/2}\sqrt{\dfrac{\sigma^2}{n}},\bar{x}+z_{\alpha/2}\sqrt{\dfrac{\sigma^2}{n}}\right)$ 时，区间的长度为 $2z_{\alpha/2}\sqrt{\dfrac{\sigma^2}{n}}$，达到最短。

取 $\alpha=0.05$，

$$z_{\alpha/2}-z_{1-\alpha/2}=1.96-(-1.96)=3.92$$

$$z_{2\alpha/3}-z_{1-\alpha/3}=1.84-(-2.13)=3.97$$

第四章　参数假设检验

所谓假设检验，是指对一个关于总体参数或总体分布形式的假设，利用样本资料来检验其真或伪的可能性。具体来说，假设检验是指利用样本资料计算出有关检验统计量，再根据该统计量的抽样分布理论，判断样本资料对原假设是否有显著性的支持或排斥，即在一定的概率下判断原假设是否合理，从而决定应接受还是否定原假设。假设检验也称为显著性检验。假设检验包括参数假设检验和非参数假设检验。对总体待估计参数(均值、方差等)的取值做出某种陈述(即假设)，并利用样本信息在事先给定的显著性水平 α 下判断所做的假设是否成立的一种方法，称为参数假设检验，简称参数检验。参数假设检验是一种应用非常广泛的统计推断方法，是学习后续专业课程和实际工作中经常用到的基本理论和方法。对总体分布形式的假设进行检验，一般称为非参数假设检验或自由分布检验。本书仅介绍参数假设检验的相关内容。

第一节　参数假设检验概述

一、问题的提出

在实际问题中，经常会遇到这样一类问题：在一个总体中原来参数 μ 或 σ 为某一数值，由于工作或生产条件发生改变，参数 μ 或 σ 可能要变化，于是我们关心 μ 或 σ 是变大了还是变小了，或者是没改变。这时可以通过参数假设检验进行判断。

例如，据以往经验，某地区成年男性平均身高为 172 cm。现随机抽取一个样本，算得平均身高为 174 cm。怎样据此判断该地区成年男性平均身高是增长了还是没有变？

如果将该地区成年男性身高变量记作 X，此问题就成为检验随机变量 X 的均值 μ 是否发生变化的问题。若检验平均身高有没有变化，可以用检验假设 $H_0:\mu=172, H_1:\mu\neq172$ 表示。H_0 称为原假设，H_1 称为备择假设，H_0 与 H_1 统称为检验假设。原假设又称零假设，是对未知总体参数做出的待检验的假设。备择假设是对立假设，一旦否定原假设 H_0，你就可以选择备择架设 H_1。一般把期望出现的结论或想要证明的结论作为备择假设。

若想检验平均身高是否增长，可以用检验假设 $H_0:\mu\leqslant172, H_1:\mu>172$ 表示；也可以用检验假设 $H_0:\mu=172, H_1:\mu>172$ 表示。

又例如，有甲、乙两台包装机同时包装白糖，各随机抽取一个样本，算得甲、乙两台包装机的样本标准差分别为 20 g 和 24 g。问：能否据此认为甲包装机工作更稳定一些？

如果将甲、乙两台包装机包装白糖的质量分别记作总体 X、Y，此问题就成为比较 X 与 Y 的方差 σ_x^2 与 σ_y^2 的大小的问题。可以用检验假设 $H_0:\sigma_x^2 \geqslant \sigma_y^2, H_1:\sigma_x^2 < \sigma_y^2$ 表示；或者用检验假设 $H_0:\sigma_x^2 = \sigma_y^2, H_1:\sigma_x^2 < \sigma_y^2$ 表示。

二、参数假设检验的基本原理与推理方法

进行参数假设检验时，应先提出检验假设 H_0 与 H_1，并承认原假设 H_0 成立，在此基础上，再随机抽取一个样本进行统计推断。如果通过推断得到一个合理现象（这个样本不是小概率事件），则没有理由拒绝原假设 H_0，应接受原假设 H_0，并且拒绝备择假设 H_1；相反，如果通过推断得到一个不合理现象（这个样本是小概率事件），则没有理由接受原假设 H_0，应拒绝原假设 H_0，并且接受备择假设 H_1。这就是参数假设检验的基本原理，有些类似于反证法。

统计学上，用来确定或否定原假设为小概率事件的概率标准叫显著性水平或检验水平，记作 α。参数假设检验的推理方法采用置信区间的方法，根据已知条件（要充分利用已知信息），先选择一个分布已知的统计量 Z，由检验的显著性水平 α（是一个比较小的数，通常取 0.05、0.01、0.025 等，一般是事先给定的）确定一个 H_0 的拒绝域；再由取定的样本值计算统计量 Z。如果 Z 属于拒绝域，则说明这个样本是小概率事件，有理由认为 H_0 不合理，于是拒绝 H_0，而接受 H_1；否则，不合理现象没有发生，则没有理由拒绝 H_0，于是接受 H_0，而拒绝 H_1。下面通过一个典型例子，说明假设检验的基本知识。

例 4-1 一个刚工作的大学生在某饲料厂负责购买原料。有一次，在购买复合维生素时，销售商声称每袋装 10 kg，那么有四种可能：① 他很诚实，即 $\mu=10$ kg；② 他很保守，即 $\mu>10$ kg；③ 他是个骗子，即 $\mu<10$ kg；④ 他也是个新手，不知道每袋到底有多少，即 $\mu\neq10$ kg。为了进行检验，该大学生测量了 25 袋复合维生素的质量，结果平均每袋重 10.36 kg。假设已知方差为 1 kg^2。

题目 1：检验销售商是否是保守的。

本题有两个假设，第一个假设是销售商的声明，以及根据他的声明对结果的预测，即原假设，本例的原假设为 $H_0:\mu \leqslant 10$ kg。第二个假设为备择假设，是大学生的看法，本例的备择假设为 $H_1:\mu > 10$ kg。

提出检验假设：

$$H_0:\mu \leqslant 10$$
$$H_1:\mu > 10$$

这两个假设互斥，而且包括了所有可能性。因此，H_0 和 H_1 只能有一个正确，不可能都正确。

如果原假设 H_0 正确，则表示期望 25 袋复合维生素的质量小于或等于 10 kg。如果备择假设 H_1 正确，则表示每袋复合维生素的质量应该显著大于 10 kg。这里的“显著”是一个统计学概念，指的是这时 H_0 的发生是一个小概率事件。H_0 发生的概率如果小于或等于 5%，一般认为其是小概率事件，即达到了统计学上“显著”，这时的显著性水平为 5%；如果 H_0 发生的概率小于或等于 1%，则认为达到了“极显著”。

为了确定 H_0 发生的概率，需要找到合适的检验统计量，使得在原假设和备择假设成立时，该统计量的数值有差异，从而能够根据这个统计量的数值大小确定 H_0 发生的概率。根据前文的讲解可知，样本平均数 $\bar{x}$ 服从正态分布，期望值等于总体平均数，方差等于总体方差与样本含量平方根的比值。因此，可以构造检验统计量：

$$Z=\frac{\bar{x}-\mu}{\sigma/\sqrt{n}}=\frac{10.36-10.00}{1/\sqrt{25}}=\frac{0.36}{0.20}=1.8$$

上式中的统计量又称 Z 分数，或临界比率，它是一个标准正态分布离差。这种利用 Z 统计量进行假设检验的方法称为 Z 检验。上式中 $\sigma/\sqrt{n}$ 称为平均数的标准误差，为平均数的抽样标准差，是未来抽样中平均数的期望变异性。与标准差 σ 的区别是，σ 描述的是总体，度量的是总体中个体的变异。

上文求得检验统计量 $Z=1.8$，查标准正态分布表得 $z_\alpha=1.645$，$Z>z_\alpha$，即如果 H_0 正确，则 H_0 发生的概率为 5%时的 Z 值为 1.645，该值可以用来确定当假设 H_0 正确时，统计量的发生是否是一个小概率事件，z_α 为临界值。临界值 1.645 规定了接受区域为 $(-\infty,1.645)$；拒绝区域（或临界区域、判别区域）为 $[1.645,\infty)$，即图 4-1 中的阴影部分。本题中 $1.8>1.645$，这时 Z 发生在临界值规定的右尾区间内（拒绝区域内），即 H_0 发生的概率小于 5%，因此拒绝 H_0，同时接受 H_1，即有 95%的把握认为每袋复合维生素的质量大于 10 kg。

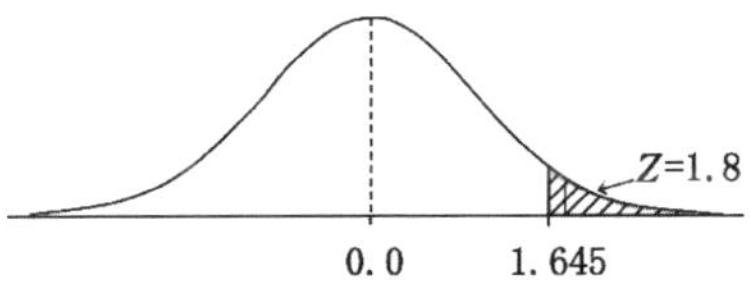

图 4-1 题目 1 的临界值和统计量

题目 2：检验销售商是否是一个骗子。

提出检验假设：

$$H_0:\mu\geqslant 10$$
$$H_1:\mu<10$$

本题是与题目 1 完全不同的问题。由题目 1 得到检验统计量 $Z=1.8$。查标准正态分布表得 $z_\alpha=1.645$，$Z>-z_\alpha$，该临界值规定原假设的拒绝区域为 $(-\infty,-1.645]$，如图 4-2 中的阴影部分。本题的 Z 值不在临界值规定的左尾区间内，因此，不能拒绝原假设，即接受 H_0，所以有 95%的把握认为销售商不是骗子。

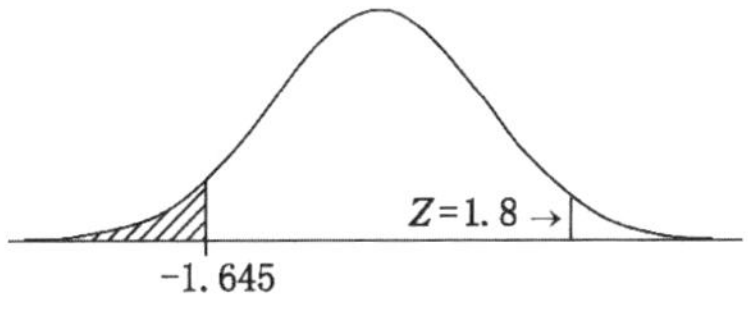

图 4-2 题目 2 的临界值和统计量

题目 3:检验销售商是否知道每袋复合维生素的含量有多少。

本题与题目 1 和题目 2 的情况不同,样本均数可能会高于也可能会低于销售商的声明,即销售商可能是保守的(题目 1),也可能是一个骗子(题目 2),这时的备择假设为样本均值不等于 10 kg。

提出检验假设:

$$H_0:\mu=10$$
$$H_1:\mu\neq 10$$

由题目 1 得到检验统计量 $Z=1.8$,查表得 $z_{\alpha/2}=1.96$,$Z<z_{\alpha/2}$,该临界值规定原假设的拒绝区域为$(-\infty,-1.96]$和$[1.96,\infty)$,如图 4-3 中的阴影部分。本题的 $Z=1.8$,没有落在拒绝区域内,因此,不能拒绝原假设,即接受 H_0,即有 95%的把握认为销售商知道每袋复合维生素的质量。

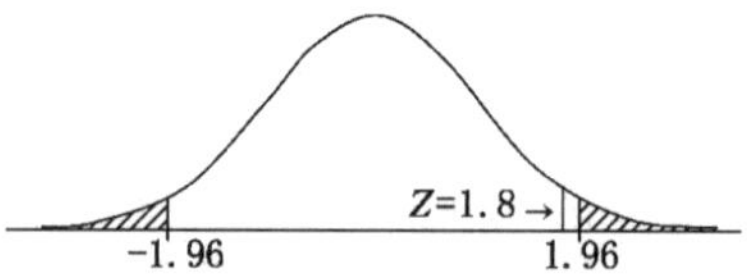

图 4-3　题目 3 的临界值和统计量

例 4-1 说明了原假设和备择假设的三种形式,Z 统计量的计算,以及如何选择需要接受和拒绝的假设。有时,即使无法拒绝 H_0,但还有一些观察值大于临界值,这时拒绝 H_0 实际上是不合适的。这类错误称为第一类错误,其大小可以在进行统计分析之前确定。例 4-1 中,选择的第一类错误的概率为 0.05。

需要注意的是,在实际问题中,只可能有一种假设(例 4-1 中的题目 1、题目 2 或题目 3),利用同一样本数据进行不同假设的参数假设检验是不合适的。

通过例 4-1 可知,参数假设检验的基本思想是:首先做出一个假设,然后依据小概率事件在一次抽样中实际上不会发生的推断原则,确定这一假设是否会导致不合理的结果,从而判断是否拒绝原假设。

三、参数假设检验的内容

参数假设检验的内容如图 4-4 所示。

四、双侧假设检验与单侧假设检验

在例 4-1 的题目 3 中,当 H_0 成立时,得 H_0 的拒绝域为 $|Z|>z_{\alpha/2}$,它位于 $|z_{\alpha/2}|$ 取值的两端,这样的假设检验称为双侧假设检验(或双尾假设检验)。以均值假设检验为例,检验假设的一般提法为:

$$H_0:\mu=\mu_0$$
$$H_1:\mu\neq\mu_0$$

在实际问题中,人们有时更关心的是参数 μ 或 σ 是否大于某一数值,或者小于某一数值。例如,在例 4-1 题目 2 中,由于 H_0 的拒绝域位于 $-z_\alpha$ 取值的一端,这样的假设检验称为单侧假设检验(或单尾假设检验)。在单侧假设检验中,如果 H_0 的拒绝域位于 $-z_\alpha$ 取值的

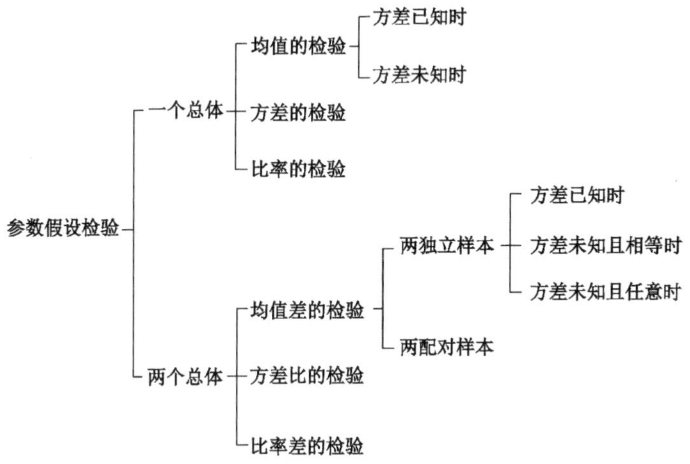

图 4-4　参数假设检验的内容

左端，这样的假设检验称为左侧假设检验（或左侧单尾假设检验）；如果 H_0 的拒绝域位于 z_α 取值的右端，如例 4-1 的题目 1，这样的假设检验称为右侧假设检验（或右侧单尾假设检验）。以均值假设检验为例，单侧假设检验的一般提法如下。

右侧假设检验：

$$H_0: \mu \leqslant \mu_0$$
$$H_1: \mu > \mu_0$$

左侧假设检验：

$$H_0: \mu \geqslant \mu_0$$
$$H_1: \mu < \mu_0$$

五、假设检验的一般步骤

假设检验一般可以按以下四个步骤进行。

(1) 根据要检验的问题判断是单侧假设检验还是双侧假设检验，提出检验假设，包括原假设 H_0 和备择假设 H_1。

(2) 根据已知条件寻找并计算检验统计量，要求在假定 H_0 成立的前提条件下，该统计量分布已知。

(3) 根据给定显著性水平，查得所选统计量的分布临界值，确定 H_0 的拒绝域。

显著性水平表示假设 H_0 为真时拒绝原假设的概率，也就是拒绝原假设所冒的风险，用 α 表示。α 一般取值很小，常取 0.1、0.05、0.01。给定了显著性水平 α，也就确定了原假设 H_0 的接受区域和拒绝区域。这两个区域的交界点就是临界值。比如取 $\alpha=0.05$，则意味着原假设 H_0 为真时，检验统计量落在其拒绝区域内的概率只有 5%，而落入其接受区域内的概率为 95%。应当指出，对于同一显著性水平 α，选择不同的检验统计量，得到的临界值是不同的；对于同一显著性水平 α 和同一统计量，双侧假设检验和单侧假设检验的临界值也是不同的。

(4) 依据假设检验的规则，由样本资料计算出检验统计量的实际值，并与临界值进行比较。如果计算统计量的实际值在拒绝域内，则拒绝 H_0，接受 H_1；反之，则接受 H_0，拒绝 H_1。

六、假设检验的两类错误

在参数假设检验中，由于是以局部(一个样本)去推断全局(总体)，并且又是依据小概率事件原理下结论，因此，无论小概率有多小，都是有可能发生的。所以，利用样本对总体的统计推断有时会产生关于总体的错误结论，这种错误的判断有两种情况，即所谓的两类错误。

因为 H_0 和 H_1 是互斥而且包含所有的可能，因此，二者只能有一个正确。如果 H_0 正确，则 H_1 是错误的；如果这时的假设检验结果为接受 H_0，则结论正确；相反，如果假设检验结果为拒绝 H_0，结论就是错误的，这类错误称为第一类错误，也叫弃真错误，犯这类错误的概率不超过显著性水平 α。前面例子中确定的显著水平为 0.05，即如果 H_0 正确，对 20 个样本进行假设检验，如果有 1 次结果为拒绝 H_0，就怀疑 H_0 的正确性，拒绝 H_0，这时犯第一类错误的概率为 5%，即：

$$P(\text{第一类错误})=\text{拒绝一个正确原假设的概率}$$

如果 H_0 是错误的，则 H_1 是正确的。这时的假设检验结果如果为拒绝 H_0，则结论正确；如果假设检验结果为接受 H_0，则结论错误，这类错误称第二类错误，也叫存伪错误，犯这类错误的概率通常记作 β，即：

$$P(\text{第二类错误})=\text{接受一个错误原假设的概率}$$

检验 H_0 的可能结果的概率如表 4-1 所示。

表 4-1　检验 H_0 的可能结果的概率

检验结果	未知的真正情况	
	H_0 正确	H_0 错误
接受 H_0	正确结论　$1-\alpha$	第二类错误 β
拒绝 H_0	第一类错误 α	正确结论　$1-\beta$

注：$1-\beta$ 也称为检验功效。

由表 4-1 第三行可知，如果接受 H_0，则或者得出正确结论，或者犯概率为 β 的第二类错误。由表 4-1 第四行可知，如果结论为拒绝 H_0，则可能得出正确结论，也可能犯概率为 α 的第一类错误。因为假设检验时可以选择显著水平 α 的高低，所以，可以控制它的大小。当假设检验结果为拒绝 H_0 时，知道犯第一类错误的概率，因此进行假设检验时，总是希望结论为拒绝 H_0。由于显著水平(第一类错误，α)是可以控制的，在样本容量 n 一定时，减小 α，则 β 增大；增大 α，则 β 减小，二者不可兼顾。要想让二者都减小，只能增大样本容量 n，但这样会增加检验的成本。下面通过例子解释说明。

例 4-2　假设有一个总体服从正态分布，其均值为 100，标准差为 10；另一个总体也服从正态分布，均值为 105，标准差为 10。假定不知道样本是从哪一个总体抽取的，只知道为其中之一。而实际上，样本来自均值等于 105 的总体。

题目 1：假定样本容量 $n=25$，$\alpha=0.05$，计算检验功效。

提出检验假设：

$$H_0:\mu = 100, \sigma = 10$$

$$H_1:\mu \neq 100, \sigma = 10$$

首先，计算当 H_0 正确时，什么情况下会犯第一类错误。根据例 4-1，查标准正态分布表，得临界值 $z_{0.05}=1.645$，注意这时为单尾检验，即：

$$1.645=\frac{\bar{x}-100}{10/\sqrt{25}}$$

两类错误之间的关系如图 4-5 所示。

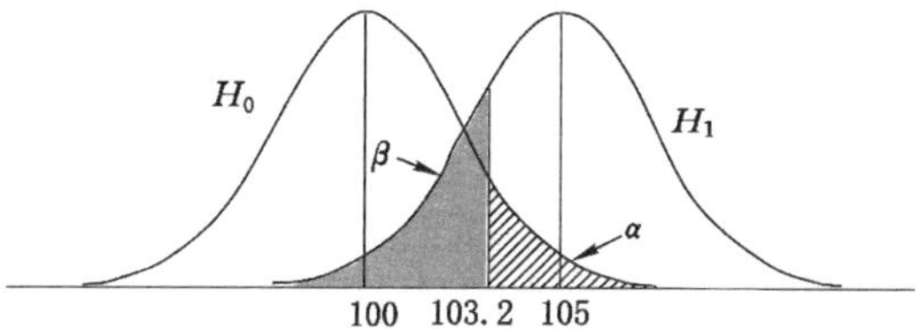

图 4-5　第一类错误和第二类错误

于是得 $\bar{x}=103.29$。如果 H_0 正确，当平均数大于 103.29 时，拒绝 H_0，第一类错误的概率为 0.05。如果 H_0 是错误的，平均数低于 103.29 会导致第二类错误，得出样本来自均值为 100 的总体的结论。图 4-4 中均值为 100 的分布的斜线阴影部分为第一类错误，均值为 105 的分布的阴影部分为第二类错误。现在可以根据定义，计算第二类错误：

$$\beta = P(\bar{x} < 103.29) = P\left(Z < \frac{103.29-105}{10/\sqrt{25}}\right) = P(Z < -0.855) = 0.196\ 3$$

这时 Z 检验的检验功效为 $1-\beta=1-0.196\ 3=0.803\ 7$。

题目 2：假定样本容量 $n=25$，$\alpha=0.01$，计算检验功效。

同样地，先计算当 H_0 正确时，什么时候会犯第一类错误。根据例 4-1，查表得统计量临界值 $z_{0.01}=2.330$，即：

$$2.330=\frac{\bar{x}-100}{110/\sqrt{25}}$$

于是得 $\bar{x}=104.66$。第二类错误为：

$$\beta = P(\bar{x} < 104.66) = P\left(Z < \frac{104.66-105}{10/\sqrt{25}}\right) = P(Z < -0.170) = 0.432\ 5$$

这时 Z 检验的检验功效为 $1-\beta=1-0.432\ 5=0.567\ 5$。

表 4-2 列出了三种显著水平下第二类错误和检验功效。可以看出，随着显著性水平的提高，第二类错误增多，检验功效下降，这样的结果不是我们期望的。这种现象的根本原因是两个样本分布存在重叠。比如，如果一个样本的均值等于 100，而另一个样本的均值为 10 000，由于两个样本分布没有重叠，第二类错误就消失了。

表 4-2　显著水平和第二类错误、检验功效的关系

α	β	检验功效
0.05	0.196 3	0.803 7
0.01	0.432 5	0.567 5
0.001	0.719 0	0.281 0

题目 3：假定样本容量 $n=100$，$\alpha=0.05$，计算检验功效。

$$1.645=\frac{\bar{x}-100}{10/\sqrt{100}}$$

于是得 $\bar{x}=101.645$。第二类错误为：

$$\beta=P(\bar{x}<101.645)=P\left(Z<\frac{101.645-105}{10/\sqrt{100}}\right)=P(Z<-3.355)=0.000\ 4$$

检验功效为 $1-\beta=1-0.000\ 4=0.999\ 6$。

样本容量提高后，根据中心极限定理，样本均值的标准误差下降，使样本分布间的重叠减少。因此，可以通过样本容量来提高检验功效，从而减少第二类错误。

一般情况下，真实的情况我们并不知道，因此，无法计算第二类错误的概率值。

七、参数假设检验应注意的问题

(1) 通过参数假设检验，拒绝原假设 H_0，是在认为小概率事件在一次抽样中不会发生的前提下做出的，事实上小概率事件有时也可能发生；接受原假设 H_0，是因为拒绝它的理由还不充分，并非认为它绝对正确。因此，由参数假设检验做出的判断不可能百分之百正确。

进行假设检验时，应该注意统计显著和生物学重要性的区别。假设检验结果为差异显著，只是统计分析的结果，并不一定具有重要的生物学意义，也不表明差异非常大。比如，假如两个奶牛群 305 天产奶量的平均数差异为 10 kg，如果样本足够大，假设检验结果则可能会达到显著，但是，对于生产实际却没有任何价值。相反，如果两个蛋鸡群的平均蛋重相差 5 g，假设检验结果可能不显著，但是，却可能有重要的经济价值。同样地，如果假设检验结果为差异不显著，不能理解为样本间没有差异，假设检验不显著可能是因为误差太大而掩盖了真正的差异，进一步进行精确试验结果的假设检验可能会得出差异显著的结果。

(2) 应该注意对假设检验结果的解读。根据表 4-1，无论是拒绝 H_0 还是拒绝 H_1，都有可能犯错误。因此，假设检验结果假如为 $P>0.05$，不能说证明 H_0 是正确的，因为证明正确意味着 100％正确；但是，可以说数据支持原假设。同理，如果 $P<0.05$，可以说数据支持备择假设。

(3) 关于显著水平的选择。根据例 4-2 的结果，随着 α 值的下降，第二类错误增多，检验功效下降。一般地，取 $\alpha=0.05$ 比较合适。有时犯第一类错误会产生严重后果，而且由于某些研究的特点决定了容易犯第一类错误，如遗传学中的数量性状座位(QTL)定位研究，需要利用较低的显著水平，这时可以根据研究中染色体的数量校正显著水平的大小；关于假设检验时 α 值的取值校正方法超出了本书的研究范围，读者可以参考相关的统计学专著。有时需要利用较高的显著水平，如多重回归分析(多个自变量、一个因变量的线性回归分析)中，自变量选择时 α

值可以选择 0.15,目的是提高回归方程的拟合度,即实际观察值和。由于样本容量增加可以提高检验功效,因此,如果条件允许,试验设计时应该尽量使各组样本容量大一些。

(4) 关于假设检验时是采用单侧检验还是双侧检验,要根据不同的问题要求和专业知识来决定,一般在试验设计时就已经确定。如果事先不知道假设检验的结果,分析的目的是处理有无差异,则进行双侧检验;如果根据专业知识或前人的结果得知,A 处理的平均数比 B 处理的平均数高(或相反),假设检验的目的是处理 A 的平均数是否高于处理 B 的平均数(或差),则进行单侧检验。由上可知,如果对同一资料同时进行双侧检验和单侧检验,假设检验的结果是不同的,即单侧检验在显著水平 α 时显著,相当于双侧检验在显著水平 2α 时显著。双侧检验显著的,单侧检验结果一定显著;单侧检验显著的,双侧检验结果不一定显著。

(5) 假设检验时要根据样本分布理论选择合适的检验统计量,每种检验统计量都有其适用条件。比如,单样本的假设检验有 Z 检验和 t 检验之分,要注意应用的条件不同。

(6) 显著针对的是样本而不是总体,只能说"样本 A 和样本 B 平均数间存在显著差异",而不能说"总体 A 和总体 B 的平均数差异显著"。

第二节　单个正态总体参数的假设检验

设总体 X 服从正态分布 $N(\mu,\sigma^2)$,$x_1,x_2,\cdots,x_n$ 是容量为 n 的样本,$\bar{x}=\dfrac{\sum x}{n}$ 是样本均值,$s=\sqrt{\dfrac{\sum(x-\bar{x})^2}{n-1}}$ 是样本标准差。单个正态总体参数的假设检验就是关于未知参数 μ 与 σ^2 的假设检验。

一、单个正态总体均值 μ 的假设检验

(一) 一个总体方差已知时均值的假设检验

由于 σ^2 已知,选统计量:

$$Z=\frac{\bar{x}-\mu}{\sigma/\sqrt{n}}$$

在 H_0 成立时,Z 服从标准正态分布,即 $Z\sim N(0,1)$。

(1) 若是双侧假设检验,当 $|Z|>z_{\alpha/2}$ 时,则拒绝 H_0;当 $|Z|<z_{\alpha/2}$ 时,则接受 H_0,如图 4-6 所示。

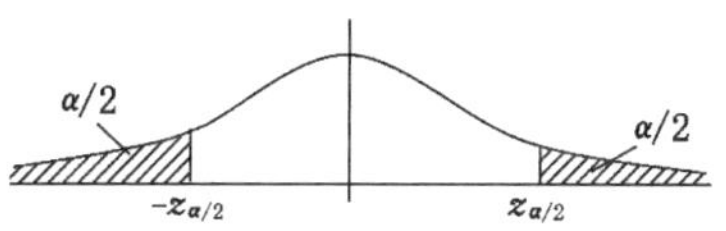

图 4-6　方差已知时均值双侧假设检验

(2) 若是单侧假设检验,当 $|Z|>z_\alpha$ 时,则拒绝 H_0;当 $|Z|<z_\alpha$ 时,则接受 H_0。

左侧假设检验如图 4-7 所示。

右侧假设检验如图 4-8 所示。

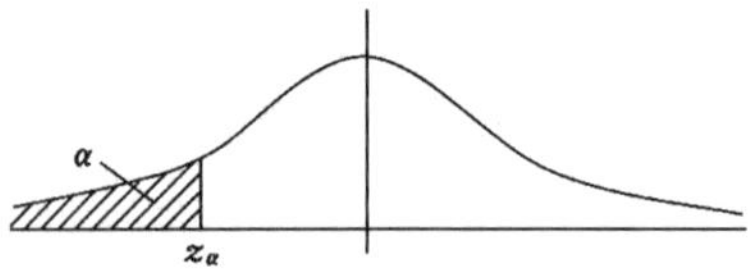

图 4-7　方差已知时均值左侧假设检验

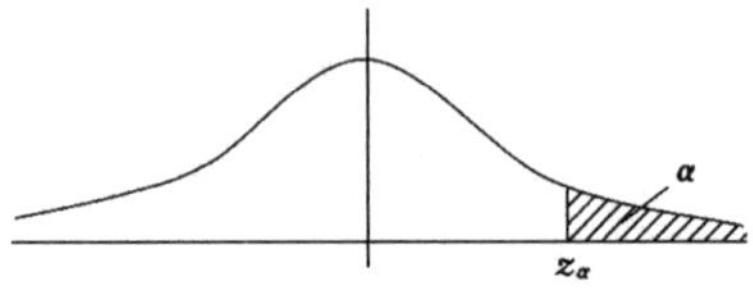

图 4-8　方差已知时均值右侧假设检验

例 4-3　设某砖厂生产的砖的抗断强度为 $X \sim N(32.50, 1.21)$ kg/cm²，某天从该厂生产的砖中随机抽取 6 块，测得抗断强度如下（单位：kg/cm²）：32.56，29.66，31.64，30.00，31.87，31.03。请检验这天该厂生产的砖的平均抗断强度是否仍为 32.50 kg/cm²？（取显著性水平$\alpha=0.05$）。

解　由题可知，这是一个总体方差已知时均值的双侧假设检验，提出假设如下：

$$H_0: \mu = 32.5$$

$$H_1: \mu \neq = 32.5$$

选统计量：

$$Z = \frac{\bar{x} - \mu}{\sigma / \sqrt{n}}$$

因为数据未分组，$\sigma^2 = 1.21, n = 6$，

所以 $\bar{x} = \dfrac{\sum x}{n} = \dfrac{1}{6}(32.56 + 29.66 + \cdots + 31.03) = 31.13(\text{kg/cm}^2)$。

又因为 $\alpha = 0.05$，所以查表可知 $-z_{\alpha/2} = -1.96$，

所以 $Z = \dfrac{\bar{x} - \mu}{\sigma / \sqrt{n}} = \dfrac{31.13 - 32.50}{1.1 / \sqrt{6}} = -3.05, Z < -z_{\alpha/2}$，

所以拒绝 H_0，接受 H_1，即有 95%的把握不能认为这天该厂生产的砖的平均抗断强度仍为 32.50 kg/cm²。

例 4-4　在例 4-3 中，请检验这天该厂生产的砖的平均抗断强度是否不小于32.50 kg/cm²。（取显著性水平 $\alpha = 0.05$）

解　由题可知，这是一个总体方差已知时均值的单侧假设检验问题，提出假设如下：

$$H_0: \mu \leqslant 32.50$$

$$H_1: \mu > 32.50$$

选统计量：

$$Z = \frac{\bar{x} - \mu}{\sigma / \sqrt{n}}$$

因为数据未分组，$\sigma^2=1.21, n=6$，

所以 $\bar{x}=\frac{\sum x}{n}=\frac{1}{6}(32.56+29.66+\cdots+31.03)=31.13(\mathrm{kg/cm^2})$。

又因为 $\alpha=0.05$，所以查表可知 $-z_\alpha=-1.645$，

所以 $Z=\frac{\bar{x}-\mu}{\sigma/\sqrt{n}}=\frac{31.13-32.50}{1.1/\sqrt{6}}=-3.05, Z<-z_\alpha$，

所以拒绝 H_0，接受 H_1，即有 95%的把握不能认为这天该厂生产的砖的平均抗断强度显著小于 32.50 kg/cm²。

（二）一个总体方差未知时均值的假设检验

由于 σ^2 未知，选统计量：

$$T=\frac{\bar{x}-\mu}{s/\sqrt{n}}$$

在 H_0 成立时，T 服从 t 分布，即 $T\sim t(n-1)$。

(1) 若是双侧假设检验，当 $|T|>t_{\alpha/2}(n-1)$ 时，则拒绝 H_0；当 $|T|<t_{\alpha/2}(n-1)$ 时，则接受 H_0，如图 4-9 所示。

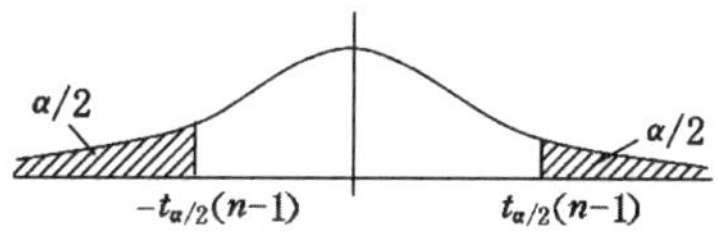

图 4-9　方差未知时均值双侧假设检验

(2) 若是单侧假设检验，当 $|T|>t_\alpha(n-1)$ 时，则拒绝 H_0；当 $|T|<t_\alpha(n-1)$ 时，则接受 H_0。左侧假设检验如图 4-10 所示，右侧假设检验如图 4-11 所示。

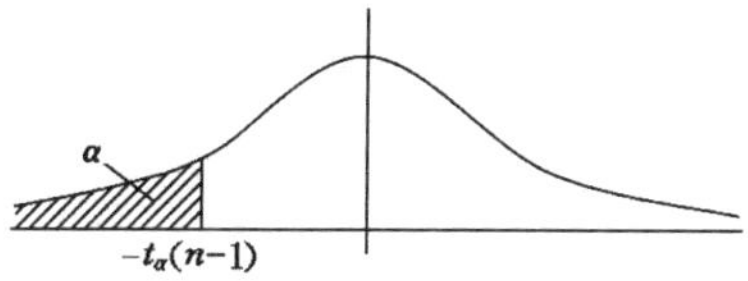

图 4-10　方差未知时均值左侧假设检验

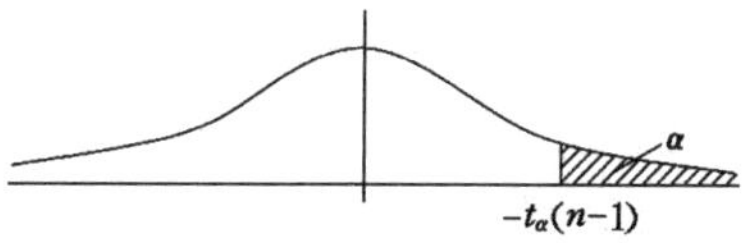

图 4-11　方差未知时均值右侧假设检验

例 4-5　化肥厂用自动包装机包装化肥，某日随机抽取 9 包，测得质量(单位：kg)如下：49.7，49.8，50.3，50.5，49.7，50.1，49.9，50.5，50.4。若每包化肥的质量服从正态分布，问是否可以认为这天每包化肥的平均质量为 50 kg？(取显著性水平 $\alpha=0.05$)

解　由题可知，这是一个总体方差未知时均值的双侧假设检验，提出假设如下：

$$H_0:\mu = 50$$
$$H_1:\mu \neq 50$$

选统计量：

$$T = \frac{\bar{x}-\mu}{s/\sqrt{n}}$$

因为数据未分组，$n=9$，

所以 $\bar{x} = \frac{\sum x}{n} = \frac{1}{9}(49.7 + 49.8 + \cdots + 50.4) = 50.1(\text{kg})$，

所以 $s = \sqrt{\frac{\sum (x-\bar{x})^2}{n-1}} = \sqrt{\frac{(49.7-50.1)^2 + \cdots + (50.4-50.1)^2}{9-1}} = 0.335$。

又因为 $\alpha = 0.05$，所以查表可知 $t_{\alpha/2}(n-1) = t_{0.025}(8) = 2.31$，

所以 $T = \frac{\bar{x}-\mu}{s/\sqrt{n}} = \frac{50.1-50}{0.335/\sqrt{9}} = 0.896$，$T < t_{\alpha/2}(n-1)$，

所以接受 H_0，拒绝 H_1，即有 95%的把握认为这天每包化肥的平均质量为 50 kg。

例 4-6 已知某炼铁厂的铁水含碳量 X 服从正态分布，均值为 4.40%。某日随机测得 7 炉铁水，算得平均含碳量为 4.51%，标准差为 0.11%。请以显著性水平 $\alpha = 0.05$ 检验这天铁水含碳量的均值是否显著提高。

解 由题可知，这是一个总体方差未知时均值的单侧假设检验，提出假设如下：

$$H_0:\mu \leqslant 4.40$$
$$H_1:\mu > 4.40$$

选统计量：

$$T = \frac{\bar{x}-\mu}{s/\sqrt{n}} \sim t(n-1)$$

因为数据未分组，$n=7$，所以 $\bar{x} = \frac{\sum x}{n} = 4.51\%$，

所以 $s = \sqrt{\frac{\sum (x-\bar{x})^2}{n-1}} = 0.11$。

又因为 $\alpha = 0.05$，所以查表可知 $t_{\alpha}(n-1) = t_{0.05}(6) = 1.943$，

所以 $T = \frac{\bar{x}-\mu}{s/\sqrt{n}} = \frac{4.51-4.40}{0.11/\sqrt{7}} = 2.646$，$T > t_{\alpha}(n-1)$，

所以拒绝 H_0，接受 H_1，即有 95%的把握认为这天该厂铁水含碳量的均值显著提高。

如果此题中显著性水平 $\alpha = 0.01$，结论将如何？请读者思考。

（三）P 值判别法与查表找临界点的等价判别法

P 值即概率，是显著水平的实际观察值，是进行检验决策的另一个依据。P 值是一种在原假设为真的前提下出现观察样本以及更极端情况的概率，反映某一事件发生的可能性大小。统计学根据显著性检验方法所得到的 P 值，一般以 $P<0.05$ 为显著、$P<0.01$ 为非常显著，其含义是样本间的差异由抽样误差所致的概率小于 0.05 或 0.01。实际上，P 值不能

赋予数据任何重要意义,只能说明某事件发生的概率,表示对原假设的支持程度。P 值判别法是用于确定是否应该拒绝原假设的另一种方法。

若 $P < \alpha$,则表明 t 落在由 α 所决定的分界点的外侧,应当拒绝 H_0,如图 4-12 所示。

若 $P > \alpha$,则表明 t 落在由 α 所决定的分界点的内侧,应当接受 H_0,如图 4-12 所示。

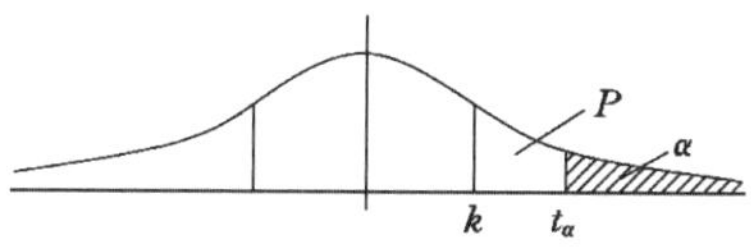

图 4-12　P 值判别法

例 4-7　某进出口公司出口一种茶叶,规定每包质量不低于 50 g,现抽取 1%进行检验,结果如表 4-3 所示。

表 4-3　某进出口公司出口茶叶的规格

每包质量 x/g	包数 f/包
40～<49	10
49～<50	20
50～<51	50
51～52	20
合计	100

试以 95%的概率检验这批茶叶是否达到规定的质量要求。

解　用 SPSS 解题的过程如下:

(1) 在定义变量窗口定义“每包质量”和“包数”两个变量。

(2) 计算各组中值。

(3) 依次录入表中数据。

(4) 指定“包数”为加权变量,选中 Data 下拉菜单中的 Weight Cases,如图 4-13 所示。

(5) 进入 Weight Cases 界面,如图 4-14 所示。

(6) 点击 OK,返回录入数据界面,如图 4-15 所示。

(7) 选择 Analyze 下拉菜单中的 Compare Means 选项中的 One-Sample T Test 模块,如图 4-16 所示。

(8) 在 One-Sample T Test 界面,将每包质量移入 Test Variable(s)框内,将要检验的数值移入 Test Value 框内,如图 4-17 所示。

(9) 点击 Options 按钮,进入 One-Sample T Test:Options 界面,修改显著性水平,计算机默认的显著性水平为 0.05,如图 4-18 所示。

(10) 点击 Continue 返回 One-Sample T Test 界面,点击 OK,SPSS 输出计算结果,如图 4-19、图 4-20 所示。

由图 4-19 可知,样本容量为 100,样本均值为 49.9,样本标准差为 1.917 49,抽样平均

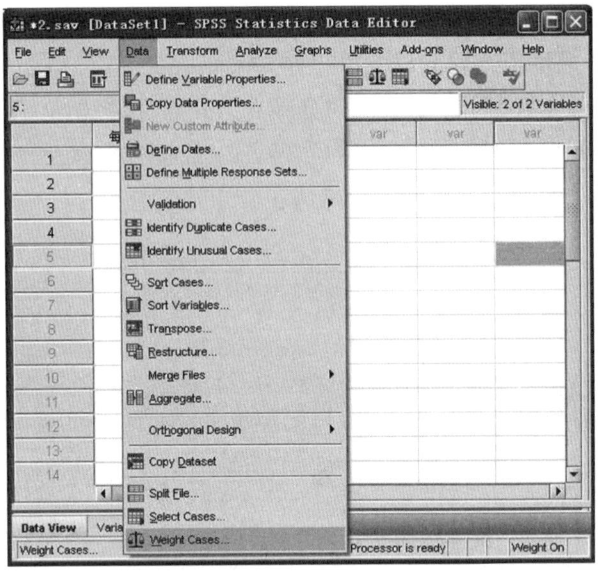

图 4-13　SPSS 的 Date 下拉菜单界面

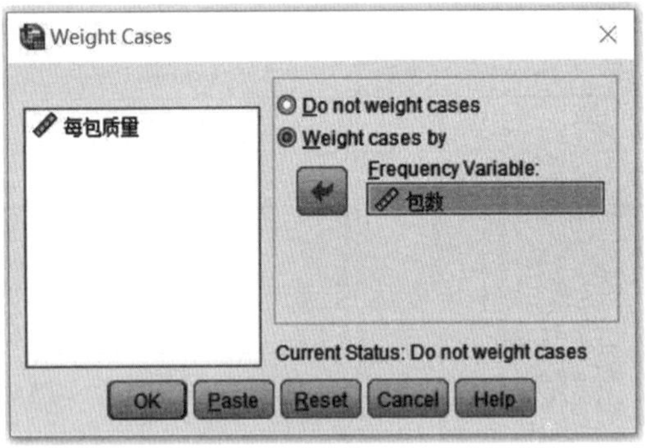

图 4-14　SPSS 的 Weight Cases 界面

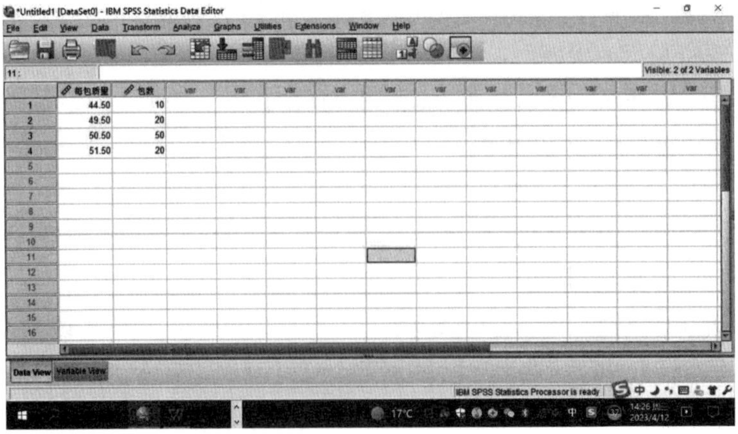

图 4-15　SPSS 的 Data View 界面

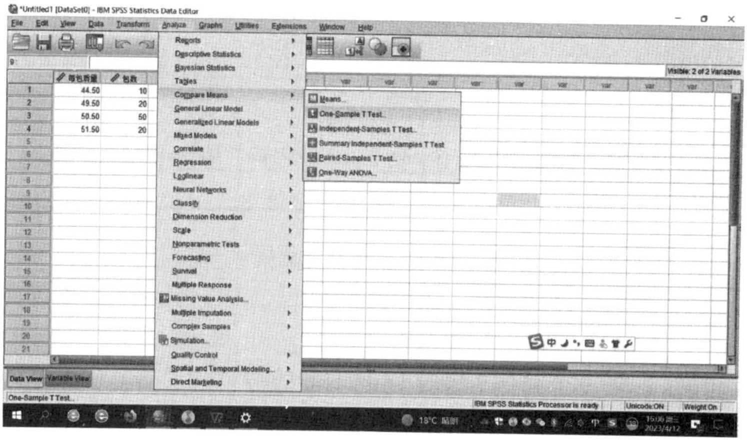

图 4-16　SPSS 的 Analyze 下拉菜单界面

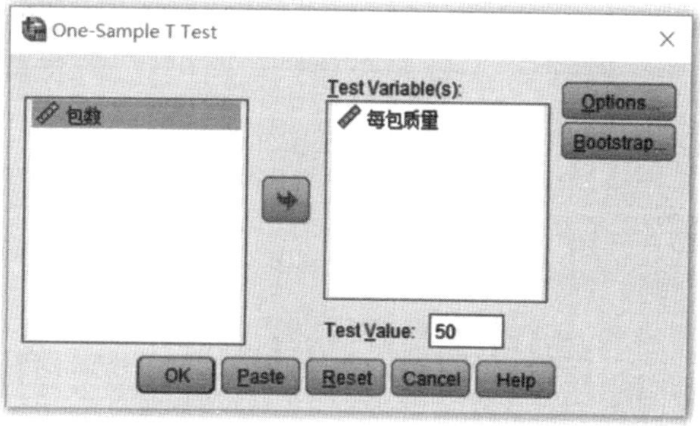

图 4-17　SPSS 的 One-Sample T Test 模块界面

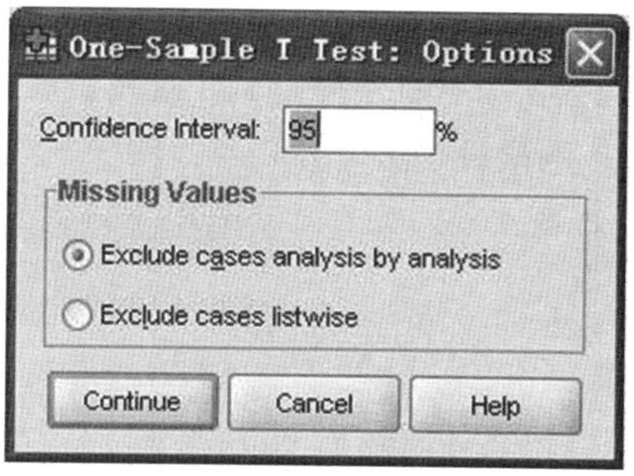

图 4-18　SPSS 的 One-Sample T Test:Options 界面

One-Sample Statistics

	N	Mean	Std. Deviation	Std. Error Mean
每包质量	100	49.9000	1.91749	.19175

图 4-19　SPSS 输出的计算结果(1)

One-Sample Test

	Test Value = 50					
					95% Confidence Interval of the Difference	
	t	df	Sig. (2-tailed)	Mean Difference	Lower	Upper
每包质量	-.522	99	.603	-.10000	-.4805	.2805

图 4-20　SPSS 输出的计算结果(2)

误差为 0.191 75.

由图 4-20 可知，这是一个总体方差未知时均值的假设检验，对每包质量提出如下检验假设：

$$H_0:\mu=50$$

$$H_1:\mu\neq 50$$

因为 $\bar{x}=\dfrac{\sum xf}{\sum f}=\dfrac{44.5\times 10+49.5\times 20+\cdots+51.5\times 20}{100}=49.900\ (\text{kg})$，

所以 $s=\sqrt{\dfrac{\sum(x-\bar{x})^2 f}{\sum f-1}}=\sqrt{\dfrac{\sum(x-49.000)^2 f}{100-1}}=1.917\ 49$，

$n=100$，

所以 $T=\dfrac{\bar{x}-\mu}{s/\sqrt{n}}=\dfrac{49.9-50}{1.917\ 49/\sqrt{100}}=-0.522$。

因为 $T=-0.522$ 对应的 P 值为 0.603，$\alpha=0.05$，$0.603>0.05$，所以接受 H_0。

又因为$(\mu-50)$的 95%的置信区间为$(-0.480\ 5, 0.280\ 5)$，μ 的 95%的置信区间为$(49.519\ 5, 50.280\ 5)$，跨越了 50，所以有等于 50 的可能，即区间估计的结论验证了假设检验的结果。因此，有 95%的把握认为这批茶叶达到了规定的质量要求。

二、单个正态总体方差 σ^2 的假设检验

(一) μ 已知时 σ^2 的假设检验

由于 μ 已知。于是，选统计量：

$$\chi^2=\frac{\sum(x_i-\mu)^2}{\sigma^2}$$

在 H_0 成立时，该统计量服从自由度为 n 的 χ^2 分布，即

$$\chi^2=\frac{\sum(x_i-\mu)^2}{\sigma^2}\sim\chi^2(n)$$

(1) 若是双侧假设检验，提出检验假设：

$$H_0:\sigma^2=\sigma_0^2$$

$$H_1:\sigma^2\neq\sigma_0^2$$

在 H_0 成立时，χ^2 既不能过大，也不能过小。χ^2 过大与过小都是小概率事件。因此，令

$P\left[\left|\frac{\sum(x_i-\mu)^2}{\sigma^2}\right|>\chi^2_{\alpha/2}(n)\right]=\alpha$，查 χ^2 分布表得到临界值，于是，H_0 的拒绝域为 $\chi^2<\chi^2_{1-\alpha/2}(n)$ 或 $\chi^2>\chi^2_{\alpha/2}(n)$，如图 4-21 所示。

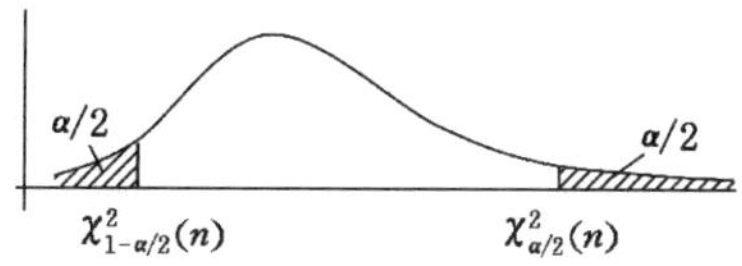

图 4-21　χ^2 双侧假设检验

（2）若是单侧假设检验，提出左侧检验假设：

$$H_0:\sigma^2\geqslant\sigma_0^2$$
$$H_1:\sigma^2<\sigma_0^2$$

在 H_0 成立，即 $\sigma^2\geqslant\sigma_0^2$ 时，χ^2 大一些较合理，χ^2 过小不合理，χ^2 过小是概率事件。因此，令：

$$P\left[\frac{\sum(x_i-\mu)^2}{\sigma^2}<\chi^2_{1-\alpha}(n)\right]=\alpha$$

于是，H_0 的拒绝域为 $\chi^2<\chi^2_{1-\alpha}(n)$，如图 4-22 所示。

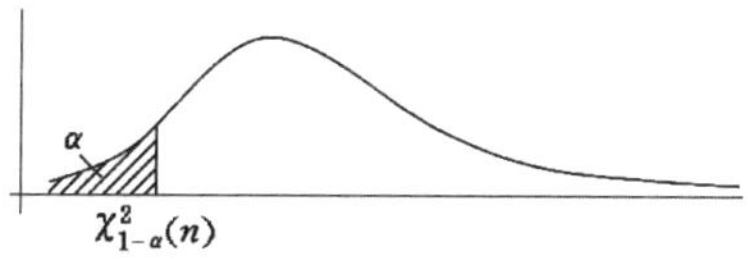

图 4-22　χ^2 左侧假设检验

（3）若是单侧假设检验，提出右侧检验假设：

$$H_0:\sigma^2\leqslant\sigma_0^2$$
$$H_1:\sigma^2>\sigma_0^2$$

在 H_0 成立，即 $\sigma^2\leqslant\sigma_0^2$ 时，χ^2 小一些较合理，χ^2 过大不合理，χ^2 过大是概率事件。因此，令：

$$P\left[\frac{\sum(x_i-\mu)^2}{\sigma^2}>\chi^2_{\alpha}(n)\right]=\alpha$$

于是，H_0 的拒绝域为 $\chi^2>\chi^2_{\alpha}(n)$，如图 4-23 所示。

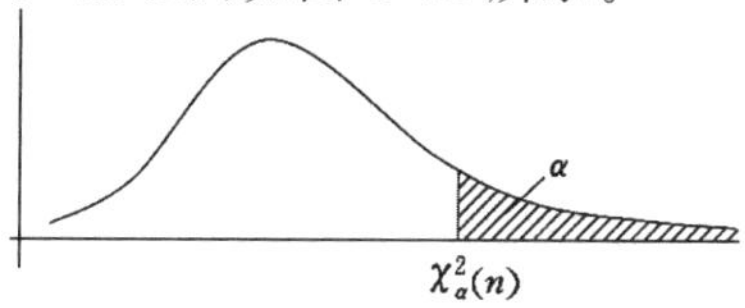

图 4-23　χ^2 右侧假设检验

例 4-8 在例 4-3 中，请以显著性水平 $\alpha=0.1$ 检验这天该厂生产的砖的抗断强度的标准差是否为 1.1 kg/cm^2。

解 由题可知，这是一个总体均值已知时方差的双侧假设检验问题，提出检验假设如下：

$$H_0: \sigma^2 = 1.21$$

$$H_1: \sigma^2 \neq 1.21$$

因为 $\mu=32.5$，$n=6$，显著性水平 $\alpha=0.1$，查表得 $\chi^2_{1-\alpha/2}(n)=\chi^2_{0.95}(6)=1.64$，$\chi^2_{\alpha/2}(n)=\chi^2_{0.05}(6)=12.6$，

所以选统计量：

$$\chi^2=\frac{\sum(x_i-\mu)^2}{\sigma^2}=\frac{(32.56-32.5)^2+\cdots+(31.03-32.5)^2}{1.21}=14.56,$$

$\chi^2>\chi^2_{0.05}(6)$，

所以拒绝 H_0，接受 H_1，即有 90%的把握不能认为这天该厂生产的砖的抗断强度的标准差是 1.1 kg/cm^2。

（二）μ 未知时 σ^2 的假设检验

由于 μ 未知，于是选统计量为：

$$\chi^2=\frac{(n-1)s^2}{\sigma^2}=\frac{\sum(x_i-\bar{x})^2}{\sigma^2}$$

在 H_0 成立时，该统计量服从自由度为 $n-1$ 的 χ^2 分布，即：

$$\chi^2=\frac{\sum(x_i-\bar{x})^2}{\sigma^2}\sim\chi^2(n-1)$$

(1) 若是双侧假设检验，提出检验假设：

$$H_0: \sigma^2 = \sigma_0^2$$

$$H_1: \sigma^2 \neq \sigma_0^2$$

H_0 的拒绝域为 $\chi^2<\chi^2_{1-\alpha/2}(n-1)$ 或 $\chi^2>\chi^2_{\alpha/2}(n-1)$。

(2) 若是单侧假设检验，提出左侧检验假设：

$$H_0: \sigma^2 \geqslant \sigma_0^2$$

$$H_1: \sigma^2 < \sigma_0^2$$

H_0 的拒绝域为 $\chi^2<\chi^2_{1-\alpha}(n-1)$。

(3) 若是单侧假设检验，提出右侧检验假设：

$$H_0: \sigma^2 \leqslant \sigma_0^2$$

$$H_1: \sigma^2 > \sigma_0^2$$

H_0 的拒绝域为 $\chi^2>\chi^2_{\alpha}(n-1)$。

例 4-9 某自动车床加工某种零件，其直径 x 服从正态分布，要求 $\sigma^2\leqslant 0.09$。某天开工后，随机抽取 30 件零件，测得数据如表 4-4 所示。

表 4-4 某自动车床加工的零件情况

零件直径 x/mm	9.2	9.4	9.6	9.8	10.0	10.2	10.4	10.6	10.8
频次 f	1	1	3	6	7	5	4	2	1
xf	9.2	9.4	28.8	58.8	70.0	51.0	41.6	21.2	10.8

请检验该天加工的零件是否符合要求。(取显著性水平 $\alpha=0.05$)

解 由题可知,这是一个总体均值未知时方差的右侧假设检验问题,提出检验假设:

$$H_0:\sigma^2 \leqslant 0.09$$

$$H_1:\sigma^2 > 0.09$$

因为 μ 未知,$n=30$,显著性水平 $\alpha=0.05$,查表得 $\chi^2_\alpha(n-1)=\chi^2_{0.05}(29)=42.6$,所以选统计量:

$$\chi^2=\frac{(n-1)s^2}{\sigma^2}$$

$$\bar{x}=\frac{\sum xf}{\sum f}=\frac{9.2\times 1+\cdots 10.8\times 1}{30-1}=\frac{300.8}{29}=10.372(\text{mm}),$$

$$s^2=\frac{\sum (x_i-\bar{x})^2 f}{\sum f-1}=\frac{(9.2-10.37)^2\times 1+\cdots+(10.08-10.37)^2\times 1}{30-1}=0.134\ 4,$$

所以 $\chi^2=\dfrac{(n-1)s^2}{\sigma^2}=\dfrac{29\times 0.1344}{0.09}=43.3$,$\chi^2>\chi^2_{0.05}(29)$,

所以拒绝 H_0,接受 H_1,即有 95%的把握认为该天加工的零件直径的方差大于 0.09,不符合要求。此时,犯错误的概率最多只有 0.05。

三、单个正态总体比率的假设检验

在实际工作中,有时需要检验一个服从二项分布的样本百分数与已知的二项总体百分数差异是否显著,其目的在于检验一个样本百分数 p 所在二项总体百分数 P 是否与已知二项总体百分数 P_0 相同。换句话说,检验目的是检验该样本百分数 p 是否来自总体百分数为 P_0 的二项总体。这里所讨论的百分数是服从二项分布的,但 n 足够大,p 不过小,np 和 nq 均大于 5,可近似地采用 Z 检验法来进行显著性检验;若 np 或 nq 小于或等于 30 时,应对 u 进行连续性矫正。

一般地,检验假设为:

$$H_0:P=P_0$$

$$H_1:P\neq P_0$$

根据中心极限定理,$P\sim N\left[p,\dfrac{p(1-p)}{n}\right]$。因此,$Z$ 值的计算公式为:

$$Z=\frac{p-P}{\sqrt{\dfrac{p(1-p)}{n}}}$$

式中 p——样本百分数;

P ——总体百分数；

$\sqrt{\frac{p(1-p)}{n}}$ ——样本百分数标准误差。

例 4-10 某进出口公司出口一种茶叶，规定每包质量不低于 150 g，现抽取 1%进行检验，结果如表 4-5 所示。

表 4-5 某进出口公司出口茶叶的规格情况

每包质量 x/g	包数 f/包
140～<149	10
149～<150	20
150～<151	50
151～152	20
合计	100

问：以 95%的概率检验这批茶叶包装合格率是否为 80%？

解 由题可知，这是一个总体方差未知时比率的双边假设检验，且自由度大于 45。

提出检验假设：

$$H_0: P = 80\%$$
$$H_1: P \neq 80\%$$

在 H_0 成立的前提条件下，计算检验统计量：

$$Z = \frac{p-P}{\sqrt{\frac{p(1-p)}{n}}}$$

因为数据已分组，$n=100$，

所以 $p = \frac{50+20}{100} \times 100\% = 70\%$。

又因为 $\alpha = 0.05$，所以查表可知 $-z_{\alpha/2} = -1.96$，

所以 $Z = \frac{p-P}{\sqrt{\frac{p(1-p)}{n}}} = \frac{70\%-80\%}{\sqrt{\frac{70\%(1-70\%)}{100}}} = -2.182$，

所以检验统计量 $Z < -z_{\alpha/2}$，拒绝 H_0，即有 95%的把握认为这批茶叶包装合格率不为 80%。

用 SPSS 解题的过程如下：

(1) 在定义变量窗口定义“合格否”和“包数”两个变量。

(2) 对“合格否”做变量值标签，令“1=合格”，“0=不合格”。

(3) 依次录入表中数据。

(4) 指定“包数”为加权变量，选中 Data 下拉菜单中的 Weight Cases，如图 4-24 所示。

(5) 进入 Weight Cases 界面，如图 4-25 所示。

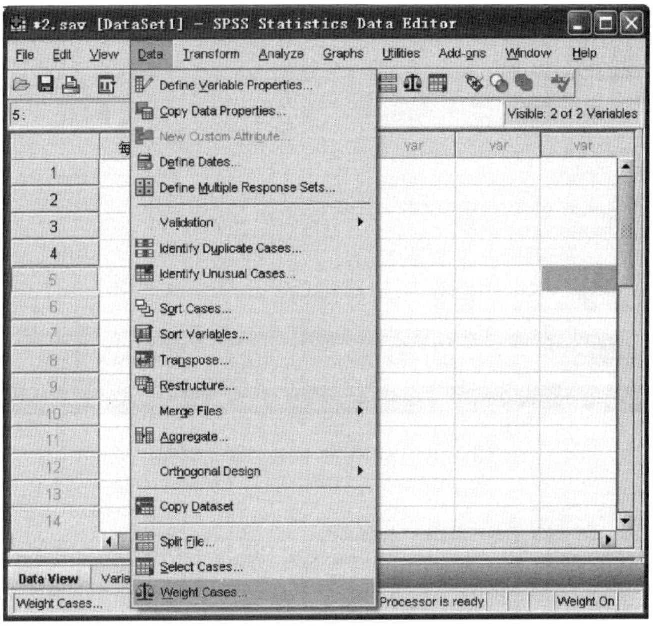

图 4-24　SPSS 的 Date 下拉菜单界面

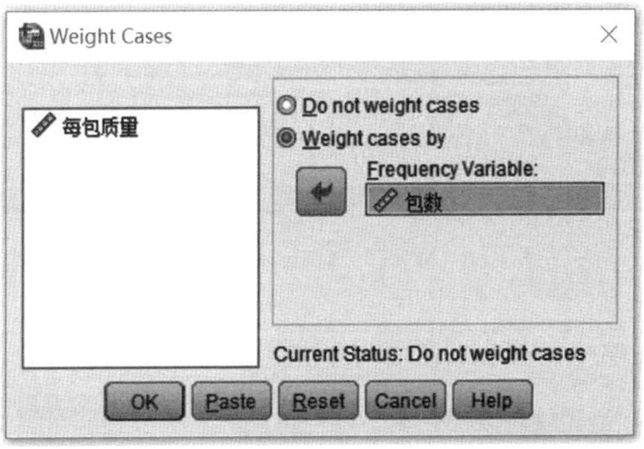

图 4-25　SPSS 的 Weight Cases 界面

(6) 点击 OK，返回录入数据界面，如图 4-26 所示 。

(7) 选择 Analyze 下拉菜单中的 Nonparametric Tests 子菜单，选择 Binomial 模块，如图 4-27 所示。

(8) 进入 Binomial Test 界面，将变量“合格否”移入 Test Variable List 框内，如图 4-28 所示。

(9) 点击 OK，SPSS 输出计算结果，如图 4-29 所示。

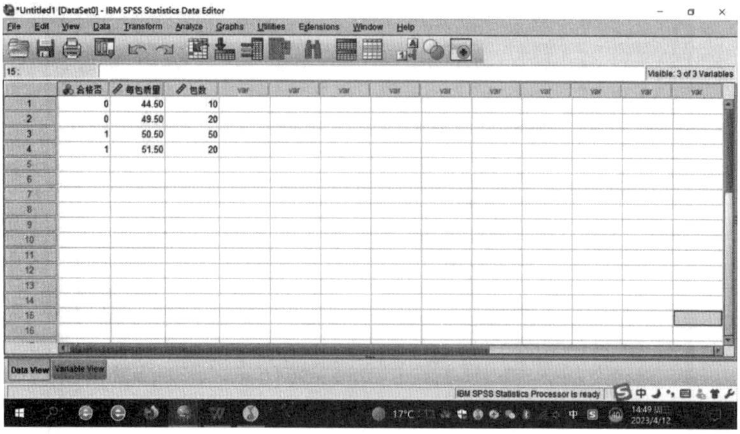

图 4-26 SPSS 的 Data View 界面

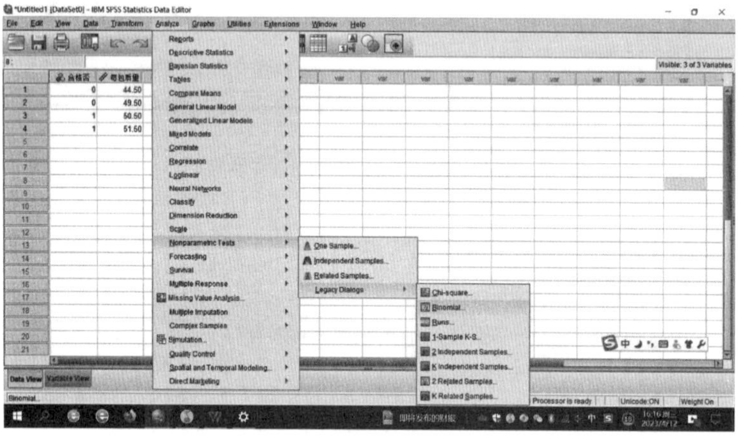

图 4-27 SPSS 的 Analyze 下拉菜单界面

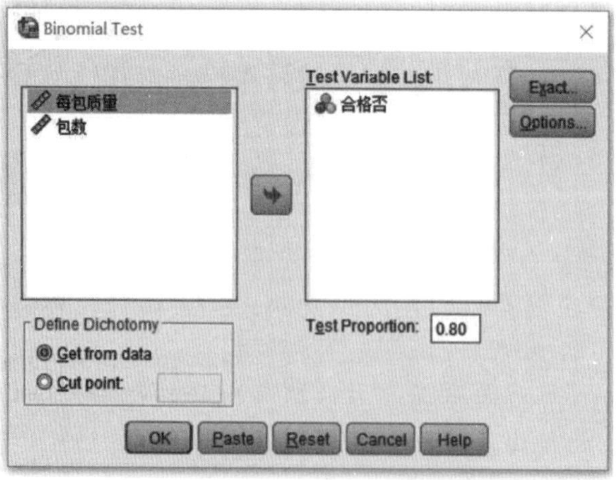

图 4-28 SPSS 的 Binomial Test 界面

Binomial Test

		Category	N	Observed Prop.	Test Prop.	Asymp. Sig. (1-tailed)
合格否	Group 1	不合格	30	.30	.80	.000[a,b]
	Group 2	合格	70	.70		
	Total		100	1.00		

a. Alternative hypothesis states that the proportion of cases in the first group < .8.

b. Based on Z Approximation.

图 4-29　SPSS 输出的计算结果

第三节　两个正态总体参数的假设检验

设两个总体 X 和 Y 分别服从正态分布 $N(\mu_1,\sigma_1^2)$ 和 $N(\mu_2,\sigma_2^2)$，$(X_1,X_2,\cdots,X_n)$ 和 $(Y_1,Y_2,\cdots,Y_n)$ 分别是总体 X 和 Y 的容量为 n_1 和 n_2 的样本，$\overline{x}$ 和 $\overline{y}$ 分别是两个样本的均值，s_1^2 和 s_2^2 分别是两个样本的方差。

两个正态总体参数的假设检验，就是比较 μ_1 与 μ_2 以及 σ_1^2 与 σ_2^2 之间的关系。

一、两个正态总体均值 μ_1 与 μ_2 的比较

（一）两个独立样本均值差的检验

1. 当 σ_1^2 及 σ_2^2 已知时，检验 μ_1 与 μ_2

（1）若检验 $\mu_1=\mu_2$，则提出双侧检验假设：

$$H_0:\mu_1=\mu_2$$

$$H_1:\mu_1\neq\mu_2$$

（2）若检验 $\mu_1\geqslant\mu_2$，则提出左侧检验假设：

$$H_0:\mu_1\geqslant\mu_2$$

$$H_1:\mu_1<\mu_2$$

（3）若检验 $\mu_1\leqslant\mu_2$，则提出右侧检验假设：

$$H_0:\mu_1\leqslant\mu_2$$

$$H_1:\mu_1>\mu_2$$

由于 σ_1^2 和 σ_2^2 已知，因此选统计量：

$$Z=\frac{(\overline{x}-\overline{y})-(\mu_1-\mu_2)}{\sqrt{\dfrac{\sigma_1^2}{n_1}+\dfrac{\sigma_2^2}{n_2}}}$$

在 H_0 成立的前提条件下，Z 服从标准正态分布，即 $Z\sim N(0,1)$。所以，H_0 的双侧假设检验的拒绝域为 $|Z|>z_{\alpha/2}$；左侧假设检验的拒绝域为 $Z<-z_\alpha$；右侧假设检验的拒绝域为 $Z>z_\alpha$。

例 4-11　两种工艺下纺的细纱的强力 X 与 Y 分别服从正态分布 $N(\mu_1,14^2)$ 和 $N(\mu_1,15^2)$，各抽取容量为 50 的样本，算得 $\overline{x}=280$，$\overline{y}=286$。问：两种工艺下纺的细纱的强力

有无明显差异?（取显著性水平 $\alpha=0.05$）

解 由题可知,这是两个总体方差已知时均值差的双侧假设检验。

提出检验假设:

$$H_0:\mu_1=\mu_2$$
$$H_1:\mu_1\neq\mu_2$$

因为 $\sigma_1^2=14^2,\sigma_2^2=15^2$,

所以选统计量:

$$Z=\frac{(\bar{x}-\bar{y})-(\mu_1-\mu_2)}{\sqrt{\frac{\sigma_1^2}{n_1}+\frac{\sigma_2^2}{n_2}}}$$

又因为 $\bar{x}=280$, $\bar{y}=286$,

所以 $Z=\dfrac{(\bar{x}-\bar{y})-(\mu_1-\mu_2)}{\sqrt{\frac{\sigma_1^2}{n_1}+\frac{\sigma_2^2}{n_2}}}=\dfrac{280-286}{\sqrt{\frac{14^2}{50}+\frac{15^2}{50}}}=2.07$,

显著性水平 $\alpha=0.05$,查表得 $z_{\alpha/2}=z_{0.025}=1.96$,$z_{\alpha/2}<Z$,

所以拒绝 H_0，接受 H_1，即有 95%的把握认为两种工艺下纺的细纱的强力有明显差异。

2. 当 σ_1^2 及 σ_2^2 未知且 $\sigma_1^2=\sigma_2^2$ 时,检验 μ_1 与 μ_2

（1）若检验 $\mu_1=\mu_2$，则提出双侧检验假设:

$$H_0:\mu_1=\mu_2$$
$$H_1:\mu_1\neq\mu_2$$

（2）若检验 $\mu_1\geqslant\mu_2$，则提出左侧检验假设:

$$H_0:\mu_1\geqslant\mu_2$$
$$H_1:\mu_1<\mu_2$$

（3）若检验 $\mu_1\leqslant\mu_2$，则提出右侧检验假设:

$$H_0:\mu_1\leqslant\mu_2$$
$$H_1:\mu_1>\mu_2$$

由于 σ_1^2 和 σ_2^2 未知且 $\sigma_1^2=\sigma_2^2$，因此选统计量:

$$t=\frac{(\bar{x}-\bar{y})-(\mu_1-\mu_2)}{\sqrt{\frac{(n-1)s_1^2+(m-1)s_2^2}{n_1+n_2-2}}\sqrt{\frac{1}{n_1}+\frac{1}{n_2}}}$$

在 H_0 成立的前提下,t 服从 t 分布,即 $t\sim t(n_1+n_2-2)$，所以当自由度小于 45 时，H_0 的双侧假设检验的拒绝域为 $|t|>t_{\alpha/2}(n_1+n_2-2)$，左侧假设检验的拒绝域为 $t<-t_\alpha(n_1+n_2-2)$，右侧假设检验的拒绝域为 $t>t_\alpha(n_1+n_2-2)$。当自由度大于 45 时，H_0 的双侧假设检验的拒绝域为 $|t|>z_{\alpha/2}$，左侧假设检验的拒绝域为 $t<-z_\alpha$，右侧假设检验的拒绝域为 $t>z_\alpha$。

3. 当 σ_1^2 及 σ_2^2 未知且 $\sigma_1^2\neq\sigma_2^2$ 时,检验 μ_1 与 μ_2

（1）若检验 $\mu_1=\mu_2$，则提出双侧检验假设:

$$H_0: \mu_1 = \mu_2$$

$$H_1: \mu_1 \neq \mu_2$$

(2) 若检验 $\mu_1 \geqslant \mu_2$，则提出左侧检验假设：

$$H_0: \mu_1 \geqslant \mu_2$$

$$H_1: \mu_1 < \mu_2$$

(3) 若检验 $\mu_1 \leqslant \mu_2$，则提出右侧检验假设：

$$H_0: \mu_1 \leqslant \mu_2$$

$$H_1: \mu_1 > \mu_2$$

由于 σ_1^2 和 σ_2^2 未知且 $\sigma_1^2 \neq \sigma_2^2$，因此选统计量：

$$Z \approx \frac{(\bar{x}-\bar{y})-(\mu_1-\mu_2)}{\sqrt{\dfrac{s_1^2}{n}+\dfrac{s_2^2}{m}}}$$

在 H_0 成立的前提下，Z 服从标准正态分布，即 $Z \sim N(0,1)$。所以，H_0 的双侧假设检验的拒绝域为 $|Z| > z_{\alpha/2}$；左侧假设检验的拒绝域为 $Z < -z_\alpha$；右侧假设检验的拒绝域为 $Z > z_\alpha$。

例 4-12　某灯泡厂在采用一项新工艺生产的前后，分别抽取 10 个灯泡进行寿命试验。计算得到：采用新工艺前灯泡寿命的样本均值为 2 460 h，样本标准差为 56 h；采用新工艺后灯泡寿命的样本均值为 2 550 h，样本标准差为 48 h。设灯泡的寿命服从正态分布，问由此是否可以认为采用新工艺生产后灯泡的平均寿命有显著提高。(取显著性水平 $\alpha=0.01$，假定采用新工艺生产前、后灯泡寿命的方差不变，这将在例题 4-15 中进行检验)

解　由题可知，这是两个总体方差未知且 $\sigma_1^2 = \sigma_2^2$ 时均值差的左侧假设检验问题。

提出检验假设：

$$H_0: \mu_1 \geqslant \mu_2$$

$$H_1: \mu_1 < \mu_2$$

因为 σ_1^2 和 σ_2^2 未知，且 $\sigma_1^2 = \sigma_2^2$，

所以选统计量：

$$t = \frac{(\bar{x}-\bar{y})-(\mu_1-\mu_2)}{\sqrt{\dfrac{(n-1)s_1^2+(m-1)\ s_2^2}{n_1+n_2-2}}\sqrt{\dfrac{1}{n_1}+\dfrac{1}{n_2}}}$$

又因为 $\bar{x}=280$，$\bar{y}=286$，$s_1=56$，$s_2=48$，

所以 $t = \dfrac{(\bar{x}-\bar{y})-(\mu_1-\mu_2)}{\sqrt{\dfrac{(n-1)s_1^2+(m-1)s_2^2}{n_1+n_2-2}}\sqrt{\dfrac{1}{n_1}+\dfrac{1}{n_2}}} = \dfrac{2\ 460-2\ 550}{\sqrt{\dfrac{9\times 56^2+9\times 48^2}{10+10-2}}\sqrt{\dfrac{1}{10}+\dfrac{1}{10}}} = -3.86$。

显著性水平 $\alpha=0.01$，查表得 $-t_\alpha(n_1+n_2-2) = -t_{0.01}(18) = -2.55$，$t_\alpha > t$，

所以拒绝 H_0，接受 H_1，即有 99%的把握认为采用新工艺生产后灯泡的平均寿命有显著的提高。

（二）两配对样本均值差的检验

配对样本：每个个体都具有两个特征的数值，且不能各自独立颠倒顺序，必须按问题的本来属性。

检验统计量：

$$t = \frac{\bar{x} - \mu}{s / \sqrt{n}}$$

式中　$\bar{x}$——配对样本差值的均值。

例 4-13　用两种激励方法对同样工种的两个班的 7 个人进行激励，测得激励后的业绩增长率如表 4-6 所示。问：两种激励方法的平均激励效果有无显著差异？

表 4-6　两种激励方法分别用于两个班组的业绩增长率情况

激励法 A 的业绩增长率	16.10%	17.00%	16.80%	16.50%	17.50%	18.00%	17.20%
激励法 B 的业绩增长率	17.00%	16.40%	15.80%	16.40%	16.00%	17.10%	16.90%

解　用 SPSS 解题的过程如下：

（1）定义“方法 A 效果”和“方法 B 效果”两个变量。

（2）在录入数据窗口依次录入表中数据。

（3）选择 Analyze 下拉菜单中的 Compare Means 子菜单，选择 Paired-Samples T Test 模块，如图 4-30 所示。

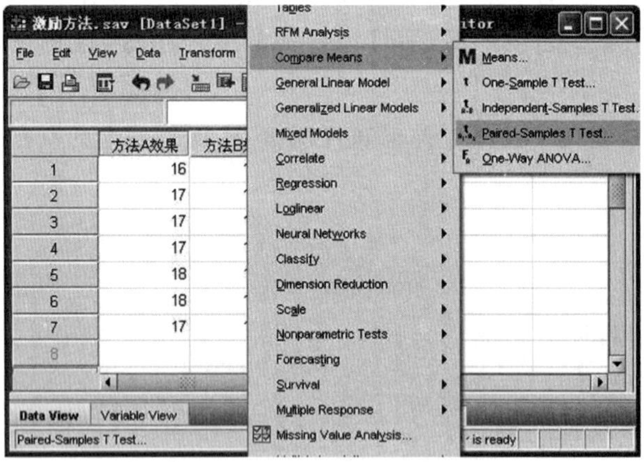

图 4-30　SPSS 的 Analyze 下拉菜单界面

（4）进入 Paired-Samples T Test 界面，将“方法 A 效果”和“方法 B 效果”移入 Paired Variables 栏，如图 4-31 所示。

（5）点击 Options 按钮，进入 Paired-Samples T Test：Options 界面，修改显著性水平，计算机默认的显著性水平为 0.05，如图 4-32 所示。

（6）点击 Continue 返回 Paired-Samples T Test 界面，点击 OK，SPSS 输出计算结果，如图 4-33～图 4-35 所示。

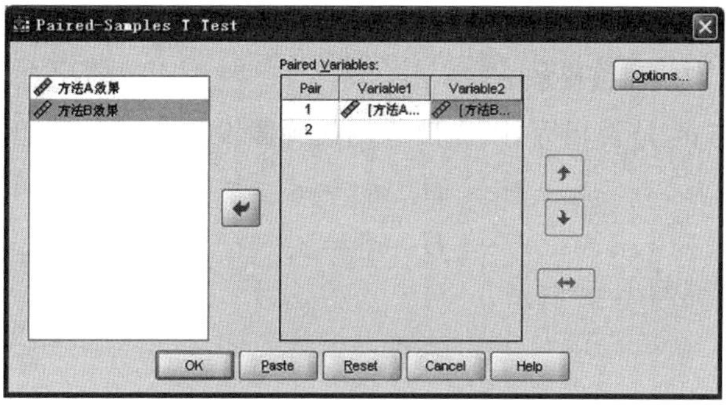

图 4-31　SPSS 中 Paired-Samples T Test 模块界面

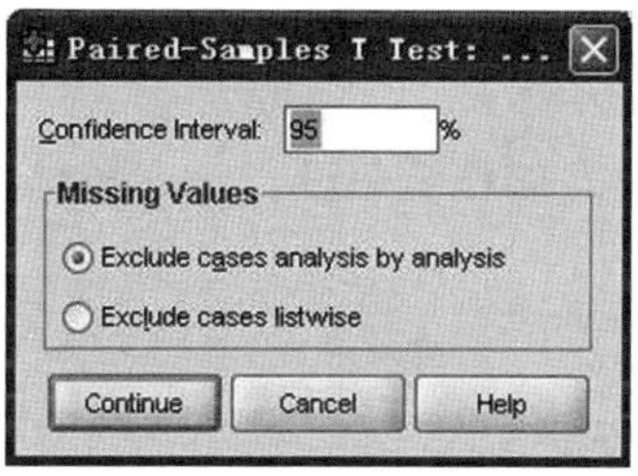

图 4-32　SPSS 的 Paired-Samples T Test:Options 界面

Paired Samples Statistics

		Mean	N	Std. Deviation	Std. Error Mean
Pair 1	方法A效果	17.01	7	.631	.238
	方法B效果	16.5143	7	.50474	.19077

图 4-33　SPSS 输出的计算结果(1)

Paired Samples Correlations

		N	Correlation	Sig.
Pair 1	方法A效果 & 方法B效果	7	.088	.851

图 4-34　SPSS 输出的计算结果(2)

Paired Samples Test

	Paired Differences					t	df	Sig. (2-tailed)
	Mean	Std. Deviation	Std. Error Mean	95% Confidence Interval of the Difference				
				Lower	Upper			
Pair 1 方法A效果 - 方法B效果	.50000	.77244	.29196	-.21439	1.21439	1.713	6	.138

图 4-35　SPSS 输出的计算结果(3)

二、两个正态总体方差 σ_1^2 与 σ_2^2 的比较

（一）当 μ_1 与 μ_2 已知时，检验 σ_1^2 与 σ_2^2

（1）若检验 σ_1^2 与 σ_2^2 是否相等，则提出双侧检验假设：

$$H_0:\sigma_1^2 = \sigma_2^2$$

$$H_1:\sigma_1^2 \neq \sigma_2^2$$

F 双侧假设检验如图 4-36 所示。

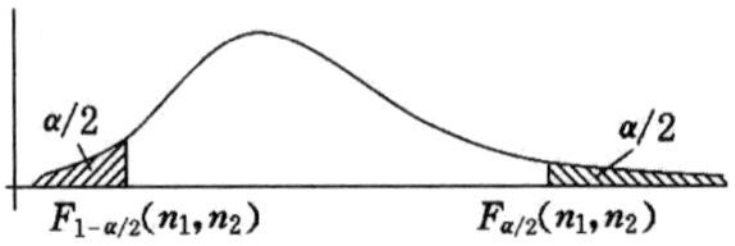

图 4-36　F 双侧假设检验

（2）若检验 $\sigma_1^2 \geqslant \sigma_2^2$，则提出左侧检验假设：

$$H_0:\sigma_1^2 \geqslant \sigma_2^2$$

$$H_1:\sigma_1^2 < \sigma_2^2$$

F 左侧假设检验如图 4-37 所示。

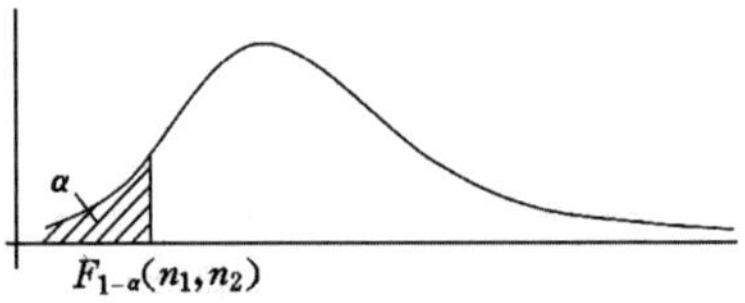

图 4-37　F 左侧假设检验

（3）若检验 $\sigma_1^2 \leqslant \sigma_2^2$，则提出右侧检验假设：

$$H_0:\sigma_1^2 \leqslant \sigma_2^2$$

$$H_1:\sigma_1^2 > \sigma_2^2$$

F 右侧假设检验如图 4-38 所示。

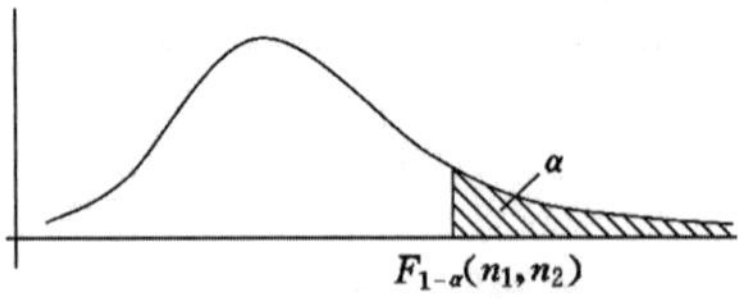

图 4-38　F 右侧假设检验

由于 μ_1 与 μ_2 已知，因此选统计量：

$$F = \frac{\sum (x_i - \mu_1)^2/n_1}{\sum (y_i - \mu_2)^2/n_2}$$

在 H_0 成立的前提下，$F \approx \frac{\sigma_1^2}{\sigma_2^2}$ 服从 F 分布，即 $F \sim F(n_1, n_2)$。所以，H_0 的双侧假设检验的拒绝域为 $F > F_{\alpha/2}(n_1, n_2)$ 或 $F < F_{1-\alpha/2}(n_1, n_2)$；左侧假设检验的拒绝域为

$F < F_{1-\alpha}(n_1, n_2)$；右侧假设检验的拒绝域为 $F > F_{\alpha}(n_1, n_2)$。

例 4-14　甲、乙两台包装机包装的白糖质量都服从均值为 $\mu = 1\ 000$ g 的正态分布，从两台包装机包装的白糖中随机抽取样本如表 4-7 所示。

表 4-7　甲、乙两台包装机包装的白糖样本　　单位：g

甲机	998	1 005	1 001	1 002	996	995
乙机	1 010	989	992	990	1 007	

试以 95%的概率比较甲、乙两台包装机哪台工作更稳定一些。

解　设甲、乙两台包装机包装的白糖质量分别记作 X 和 Y，则由题可知，X、Y 服从正态分布，即 $X \sim N(1\ 000, \sigma_1^2)$，$Y \sim N(1\ 000, \sigma_2^2)$，比较两台包装机哪台工作更稳定，就是比较 σ_1^2 与 σ_2^2 的大小。所以，这是两个总体均值已知时方差的左侧假设检验问题。提出检验假设：

$$H_0: \sigma_1^2 \geqslant \sigma_2^2$$

$$H_1: \sigma_1^2 < \sigma_2^2$$

因为 $\dfrac{\sum (x_i - \mu_1)^2}{n_1} = \dfrac{4 + 25 + \cdots + 25}{6} = 12.5$，

$\dfrac{\sum (x_i - \mu_2)^2}{n_2} = \dfrac{100 + 121 + \cdots + 49}{5} = 86.8$，

又因为 μ_1 与 μ_2 已知，

所以选统计量：

$$F = \frac{\sum (x_i - \mu_1)^2 / n_1}{\sum (y_i - \mu_2)^2 / n_2} \sim F(n_1, n_2)$$

显著性水平 $\alpha = 0.05$，查表得 $F_{1-\alpha}(n_1, n_2) = \dfrac{1}{F_{\alpha}(n_2, n_1)} = \dfrac{1}{F_{0.05}(5,6)} = \dfrac{1}{4.39} = 0.228$，

所以 $F = \dfrac{\sum (x_i - \mu_1)^2 / n_1}{\sum (y_i - \mu_2)^2 / n_2} = \dfrac{12.5}{86.8} \approx 0.144$，$F < F_{1-\alpha}(n_1, n_2)$，

所以拒绝 H_0，接受 H_1，即有 95%的把握认为甲包装机工作更稳定一些。

（二）当 μ_1 与 μ_2 未知时，检验 σ_1^2 与 σ_2^2

（1）若检验 σ_1^2 与 σ_2^2 是否相等，则提出双侧检验假设：

$$H_0: \sigma_1^2 = \sigma_2^2$$

$$H_1: \sigma_1^2 \neq \sigma_2^2$$

（2）若检验 $\sigma_1^2 \geqslant \sigma_2^2$，则提出左侧检验假设：

$$H_0: \sigma_1^2 \geqslant \sigma_2^2$$

$$H_1: \sigma_1^2 < \sigma_2^2$$

（3）若检验 $\sigma_1^2 \leqslant \sigma_2^2$，则提出右侧检验假设：

$$H_0: \sigma_1^2 \leqslant \sigma_2^2$$

$$H_1: \sigma_1^2 > \sigma_2^2$$

由于 μ_1 与 μ_2 未知，用 $\bar{x}$ 与 $\bar{y}$ 分别替代 μ_1 与 μ_2。

因为 $X \sim N(\mu_1, \sigma_1^2)$，$Y \sim N(\mu_2, \sigma_2^2)$，则：

$$\frac{(n_1-1)s_1^2}{\sigma_1^2} \sim \chi^2(n_1-1)$$

$$\frac{(n_2-1)s_2^2}{\sigma_2^2} \sim \chi^2(n_2-1)$$

所以 $\frac{s_1^2/\sigma_1^2}{s_2^2/\sigma_2^2} \sim F(n_1-1, n_2-1)$，

所以在 H_0 成立的前提下有检验统计量：

$$F = \frac{s_1^2}{s_2^2} \sim F(n_1-1, n_2-1)$$

所以 H_0 的双侧假设检验的拒绝域为 $F > F_{\alpha/2}(n_1-1, n_2-1)$ 或者 $F < F_{1-\alpha/2}(n_1-1, n_2-1)$；左侧假设检验的拒绝域为 $F < F_{1-\alpha}(n_1-1, n_2-1)$；右侧假设检验的拒绝域为 $F > F_{\alpha}(n_1-1, n_2-1)$。

例 4-15　以显著性水平 $\alpha = 0.01$，检验例 4-12 中 σ_1^2 与 σ_2^2。

解　设采用新工艺生产前灯泡的寿命 X 服从正态分布，即 $X \sim N(\mu_1, \sigma_1^2)$；采用新工艺生产后灯泡的寿命 Y 服从正态分布，即 $Y \sim N(\mu_2, \sigma_2^2)$。由题可知，这是两个总体均值未知时方差的双侧假设检验问题。提出检验假设：

$$H_0: \sigma_1^2 = \sigma_2^2$$

$$H_1: \sigma_1^2 \neq \sigma_2^2$$

在 H_0 成立的前提下有检验统计量：

$$F = \frac{s_1^2}{s_2^2} \sim F(n_1-1, n_2-1)$$

显著性水平 $\alpha = 0.01$，$F_{1-\alpha/2}(n_1-1, n_2-1) = \frac{1}{F_{0.005}(9,9)} = \frac{1}{6.54} \approx 0.15$，

$$F_{\alpha/2}(n_1-1, n_2-1) = F_{0.005}(9,9) = 6.54,$$

所以 $F = \frac{s_1^2}{s_2^2} = \frac{56^2}{48^2} \approx 1.36$，

所以 $F_{0.995}(9,9) = 0.15, F_{0.005}(9,9) < F$，

所以接受 H_0，拒绝 H_1，即有 99%的把握认为 σ_1^2 与 σ_2^2 相等。

例 4-16　用两种激励方法对同样工种的两个班组进行激励，每个班组都有 7 个人，测得激励后的业绩增长率如表 4-8 所示。问：两种激励方法的平均激励效果有无显著差异？

表 4-8　两种激励方法分别用于两个班组的业绩增长率情况

激励法 A 的业绩增长率	16.10%	17.00%	16.80%	16.50%	17.50%	18.00%	17.20%
激励法 B 的业绩增长率	17.00%	16.40%	15.80%	16.40%	16.00%	17.10%	16.90%

解　用 SPSS 解题的过程如下：

（1）定义“激励方法”和“激励效果”两个变量。

（2）在定义变量窗口对“激励方法”做变量值标签，令“1＝方法 A”，“2＝方法 B”。

（3）在录入数据窗口依次录入表中数据。

（4）选择 Analyze 下拉菜单中的 Compare Means 子菜单，选择 Independent-Samples T Test 模块，如图 4-39 所示。

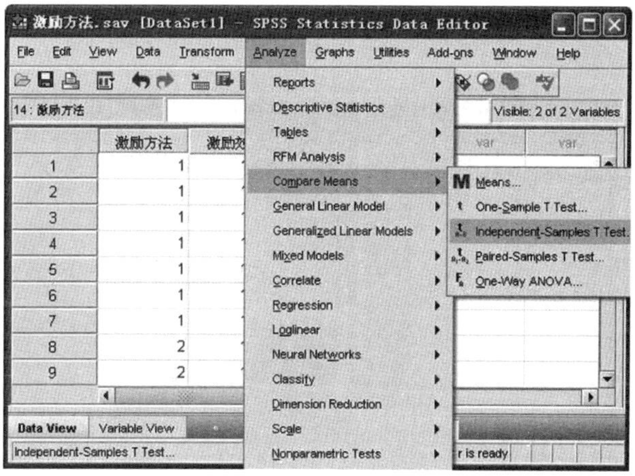

图 4-39　SPSS 的 Analyze 下拉菜单界面

（5）进入 Independent-Samples T Test 界面，将“激励效果”移入 Test Variable 栏，将“激励方法”移入 Grouping Variable 栏，如图 4-40 所示。

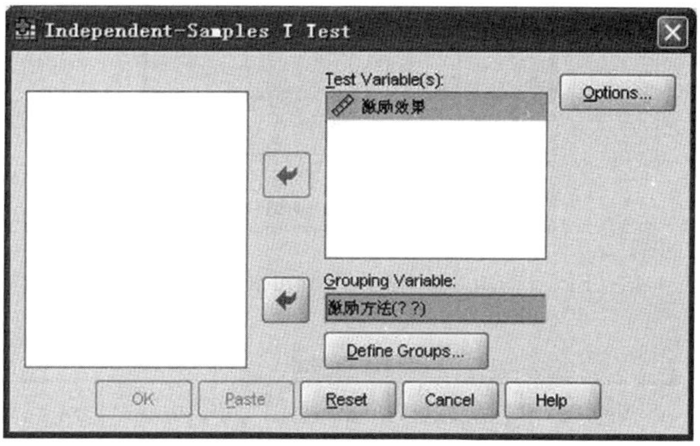

图 4-40　SPSS 中 Independent-Samples T Test 模块界面

（6）点击 Define Groups 按钮，进入 Define Groups 界面，如图 4-41 所示。

（7）点击 Continue 返回 Independent-Samples T Test 界面，如图 4-42 所示。

（8）点击 Options 按钮，进入 Independent-Samples T Test：Options 界面，修改显著性水平，计算机默认的显著性水平为 0.05，如图 4-43 所示。

（9）点击 Continue 返回 Independent-Samples T Test 界面，点击 OK，SPSS 输出计算结果，如图 4-44、图 4-45 所示。

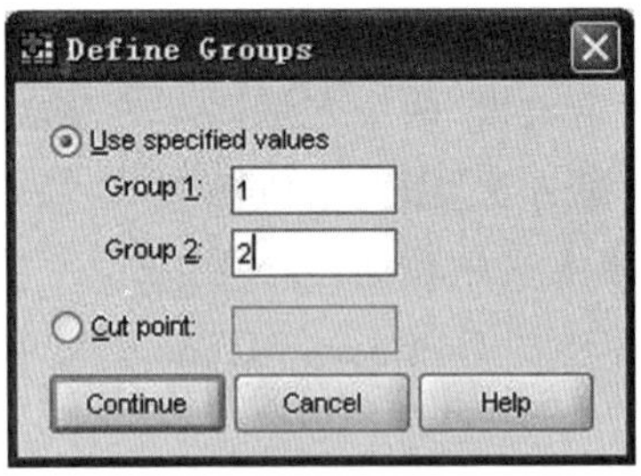

图 4-41　SPSS 的 Define Groups 界面

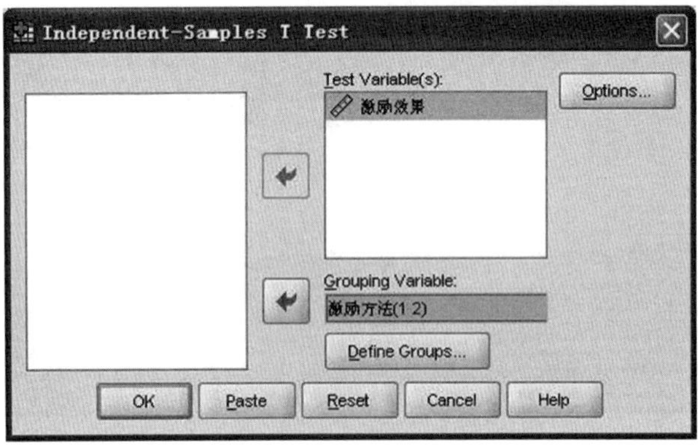

图 4-42　SPSS 中 Independent-Samples T Test 模块界面

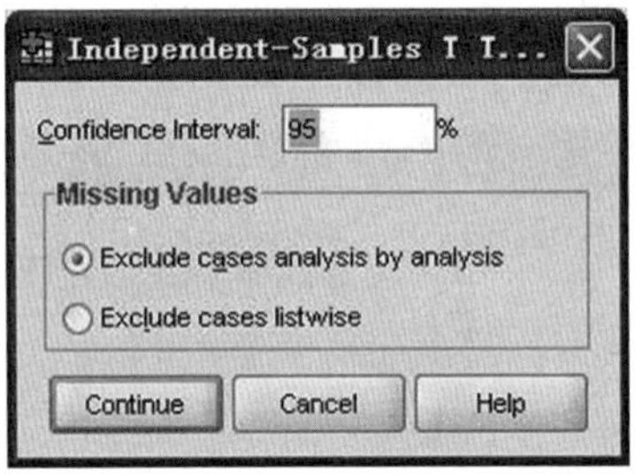

图 4-43　SPSS 的 Independent-Samples T Test:Options 界面

Group Statistics

	激励方法	N	Mean	Std. Deviation	Std. Error Mean
激励效果	激励方法A	7	17.0143	.63095	.23848
	激励方法B	7	16.5143	.50474	.19077

图 4-44　SPSS 输出的计算结果(1)

由图 4-45 可知,应采用两个独立样本方差未知时均值的假设检验。

先检验方差是否相等,提出检验假设:

$$H_0: \sigma_1^2 = \sigma_2^2$$

$$H_1: \sigma_1^2 \neq \sigma_2^2$$

Independent Samples Test

		Levene's Test for Equality of Variances		t-test for Equality of Means						
									95% Confidence Interval of the Difference	
		F	Sig.	t	df	Sig. (2-tailed)	Mean Difference	Std. Error Difference	Upper	Lower
两法的激励效果（业绩增长%）	Equal variances assumed	.121	.734	1.637	12	.128	.50000	.30539	-.16540	1.16540
	Equal variances not assumed			1.637	11.448	.129	.50000	.30539	-.16897	1.16897

图 4-45　SPSS 输出的计算结果(2)

因为 $F=\dfrac{s_1^2}{s_2^2}=0.121$,对应的 P 值为 0.734,$\alpha=0.05$,$0.734>0.05$,

所以接受 H_0，即在 $\sigma_1^2=\sigma_2^2$ 条件下检验均值差,提出检验假设:

$$H_0:\mu_1=\mu_2$$

$$H_1::\mu_{:1}\neq\mu_2$$

因为检验统计量

$$t=\frac{(\bar{x}-\bar{y})-(\mu_1-\mu_2)}{\sqrt{\dfrac{(n-1)s_1^2+(m-1)s_2^2}{n_1+n_2-2}}\sqrt{\dfrac{1}{n_1}+\dfrac{1}{n_2}}}=\frac{17.0143-16.5143}{\sqrt{\dfrac{6\times0.631^2+6\times0.505^2}{7+7-2}}\sqrt{\dfrac{1}{7}+\dfrac{1}{7}}}=1.637,$$

对应的 P 值为 0.128,$\alpha=0.05$,$0.128>0.05$,

所以接受 H_0，又因为 $\mu_1-\mu_2$ 的 95%的置信区间为(−0.165 4,1.165 4),跨越 0,

所以区间估计的结论验证了假设检验的结论,即有 95%的把握认为两种激励方法下的平均激励效果相同。

三、两个总体比率的假设检验

在实际工作中,有时需要检验服从二项分布的两个样本百分数差异是否显著。这样做的目的在于检验两个样本比率 p_1、p_2 所在的两个二项总体比率 P_1、P_2 是否相同。当两样本的 np、nq 均大于 5 时,可以把两个二项分布的分布近似看成正态分布。根据正态分布的性质,两个正态分布的和或差仍然服从正态分布。因此,可以近似地采用 Z 检验法进行检验,但在 np 和(或)nq 小于或等于 30 时,需做连续性矫正。

一般地,提出检验假设:

$$H_0:P_1=P_2$$

$$H_1:P_1\neq P_2$$

根据中心极限定理,$(P_1-P_2)\sim N[P_1-P_2,P_1(1-P_1)/n_1+P_2(1-P_2)/n_2]$，当原假设成立时,$(P_1-P_2)\sim N[0,\bar{p}(1-\bar{p})(1/n_1+1/n_2)]$，其中 $\bar{p}$ 为合并样本比率,

$$\bar{p}=\frac{n_1p_1+n_2p_2}{n_1+n_2}=\frac{x_1+x_2}{n_1+n_2}$$

于是,统计量可以这样计算:

$$Z=\frac{p_1-p_2}{S_{p_1-p_2}}$$

式中 p_1——样本比率，$p_1=x_1/n_1$；

p_2——样本比率，$p_2=x_2/n_2$；

$S_{p_1-p_2}$——样本比率差异标准误差，计算公式为：

$$S_{p_1-p_2}=\sqrt{\bar{p}(1-\bar{p})\left(\frac{1}{n_1}+\frac{1}{n_2}\right)}$$

这时 Z 检验的临界值仍分别等于 1.96($\alpha=0.05$)和 2.58($\alpha=0.01$)。

例 4-17 某养猪场第一年饲养长大商品仔猪 9 800 头，死亡 980 头；第二年饲养长大商品仔猪 10 000 头，死亡 950 头，试检验第一年仔猪死亡率与第二年仔猪死亡率是否有显著差异。

此例，两样本死亡率分别为：

$$p_1=\frac{x_1}{n_1}=\frac{980}{9\ 800}=10\%,p_2=\frac{x_2}{n_2}=\frac{950}{10\ 000}=9.5\%,$$

合并样本死亡率为：

$$\bar{p}=\frac{x_1+x_2}{n_1+n_2}=\frac{980+950}{9\ 800+10\ 000}=9.747\%,$$

因为 $n_1\bar{p}=9\ 800\times9.747\%=955.206$，

$n_1\bar{q}=n_1(1-\bar{p})=9\ 800\times(1-9.747\%)=8\ 844.794$，

$n_2\bar{p}=10\ 000\times9.747\%=974.7$，

$n_2\bar{q}=n_2(1-\bar{p})=10\ 000\times(1-9.747\%)=9\ 025.3$，

即 n_1p、n_1q、n_2p、n_2q 均大于 5，并且都大于 30，可利用 Z 检验法，不需做连续矫正。检验基本步骤如下。

(1) 提出检验假设：

$$H_0:P_1=P_2$$
$$H_1:P_1\neq P_2$$

(2) 在假定 H_0 成立的前提下计算检验统计量 Z。

因为 $S_{p_1-p_2}=\sqrt{\bar{p}(1-\bar{p})\left(\frac{1}{n_1}+\frac{1}{n_2}\right)}$

$=\sqrt{9.747\%\times(1-9.747\%)\times\left(\frac{1}{9\ 800}+\frac{1}{10\ 000}\right)}$

$=0.004\ 22$，

所以 $Z=\frac{p_1-p_2}{S_{p_1-p_2}}=\frac{10\%-9.5\%}{0.004\ 22}=1.185$。

(3) 根据临界值进行统计推断。

由于 $Z<1.96$，所以不能拒绝 H_0，即有 95%的把握表明第一年仔猪死亡率与第二年仔猪死亡率差异不显著。

需要说明的是，样本频率的假设检验也可以利用 χ^2 检验。

第五章　方 差 分 析

第四章介绍的 t 检验法适用于样本平均数与总体平均数，以及两样本平均数间的差异显著性检验，但在生产和科学研究中经常会遇到比较多个处理优劣的问题，即需进行多个平均数间的差异显著性检验。这时，若仍采用 t 检验法就不适宜了，原因如下。

第一，检验过程烦琐。如果一个试验包含 5 个处理，采用 t 检验法就要进行 $C_5^2=10$ 次两两平均数的差异显著性检验；若有 k 个处理，则要进行 $k(k-1)/2$ 次类似的检验。

第二，无统一的试验误差，误差估计的精确性和检验的灵敏性低。对同一试验的多个处理进行比较时，应该有一个统一的试验误差的估计值。若用 t 检验法做两两比较，由于每次比较都需计算一个 $S_{\bar{x}_1-\bar{x}_2}$，故使得各次比较误差的估计都不统一，同时由于没有充分利用资料所提供的信息而使误差估计的精确性降低，从而降低检验的灵敏性。例如，试验有 5 个处理，每个处理重复 6 次，共有 30 个观测值。进行 t 检验时，每次只能利用两个处理共 12 个观测值估计试验误差，误差自由度为 $2\times(6-1)=10$；若利用整个试验的 30 个观测值估计试验误差，显然估计的精确性高，且误差自由度为 $5\times(6-1)=25$。可见，在用 t 检法进行检验时，由于估计误差的精确性低，误差自由度小，使检验的灵敏性降低，容易掩盖差异的显著性。

第三，推断的可靠性低，检验的第一类错误率大。即使利用资料所提供的全部信息估计了试验误差，若用 t 检验法进行多个处理平均数间的差异显著性检验，由于没有考虑相互比较的两个平均数的秩次问题，因而会增大犯第一类错误的概率，降低推断的可靠性。

鉴于上述原因，多个平均数的差异显著性检验不宜用 t 检验，须采用方差分析法。本章将介绍 $k(k\geqslant3)$ 个总体平均数的假设检验方法，即方差分析（ANOVA）。方差分析就是将总变异剖分为各个变异来源的相应部分，从而发现各变异原因在总变异中相对重要程度的一种统计分析方法。其中，扣除了各种试验原因所引起的变异后的剩余变异提供了试验误差的无偏估计，作为假设检验的依据。因而，方差分析如第四章的 t 检验一样，也是通过将试验处理的表面效应与其误差的比较进行统计推断，只不过这里是采用均方度量试验处理产生的变异和误差引起的变异。

第一节 方差分析概述

一、方差分析的涵义

方差分析又称变异数分析或 F 检验，是由英国统计学家费尔希提出的，是用于两个及两个以上样本均数差别的显著性检验。这种方法是将 k 个处理的观测值作为一个整体看待，把观测值总变异的平方和及自由度分解为相应的不同变异来源的平方和及自由度，进而获得不同变异来源总体方差估计值。通过计算这些总体方差估计值的适当比值，能检验各样本所属总体平均数是否相等。方差分析实质上是关于观测值变异原因的数量分析，是科学的试验设计和分析中的一个十分重要的工具，在科学研究中应用十分广泛。

由于各种因素的影响，研究所得的数据呈现波动状。造成波动的原因可分成两类，一类是不可控的随机因素，另一类是研究中施加的对结果形成影响的可控因素。方差分析解决的基本问题是多个总体均值是否相等的检验问题，包括单因素方差分析和双因素方差分析。

二、方差分析的假定条件

(1) 各处理条件下的样本是随机的。

(2) 各处理条件下的样本是相互独立的，否则可能出现无法解析的输出结果。

(3) 各处理条件下的样本分别来自正态分布总体，否则使用非参数分析。

(4) 各处理条件下的样本方差相同，即具有齐效性。

三、方差分析的作用

一个复杂的事物，往往包含许多因素，它们互相制约又互相依存。方差分析的目的是通过数据分析找出对该事物有显著影响的因素、各因素之间的交互作用及显著影响因素的最佳水平等。方差分析是在可比较的数组中，把数据间的总的变差按各指定的变差来源进行分解的一种技术。对变差的度量，采用离差平方和。方差分析方法就是从总离差平方和分解出可追溯到指定来源的部分离差平方和，这是一个很重要的思想。

经过方差分析，若拒绝了检验假设，只能说明多个样本总体均数不相等或不全相等。若想要得到各组均数间更详细的信息，应在方差分析的基础上进行多个样本均数的两两比较。

四、方差分析的常用术语

试验指标：为衡量试验结果的好坏或处理效应的高低，在试验中具体测定的性状或观测的项目。由于试验目的不同，选择的试验指标也不相同。在畜禽、水产试验中，常用的试验指标有：日增重、产仔数、产奶量、产蛋率、瘦肉率、某些生理生化和体型指标（如血糖含量、体重）等。

试验因素：试验中所研究的影响试验指标的因素。如研究如何提高猪的日增重时，饲料的配方、猪的品种、饲养方式、环境温湿度等都对日增重有影响，均可作为试验因素来考虑。当试验中考察的因素只有一个时，称为单因素试验；若同时研究两个或两个以上的因素对试验指标的影响时，则称为两因素或双因素试验。试验因素常用大写字母 A、B、C 等表示。

因素水平：试验因素所处的某种特定状态或数量等级，简称水平。如比较 3 个品种奶牛产奶量的高低，这 3 个品种就是奶牛品种这个试验因素的 3 个水平；研究某种饲料中 4 种不同能量水平对肥育猪瘦肉率的影响，这 4 种特定的能量水平就是饲料能量这一试验因素的 4 个水平。因素水平用代表该因素的字母加下脚标 1、2、3 等来表示，如 A_1、A_2、A_3、B_1、B_2等。

第二节　单因素方差分析

一、单因素方差分析的概念理解

单因素方差分析研究的是，一个控制变量的不同水平是否对观测变量产生了显著影响。由于试验仅研究单个因素对观测变量的影响，因此称为单因素方差分析。例如，分析不同施肥量是否对农作物产量带来显著影响，考察地区差异是否影响妇女的生育率，研究学历对工资收入的影响等，这些问题都可以通过单因素方差分析得到答案。

理解单因素方差分析，首先，要明确观测变量和控制变量。例如，上述问题中的观测变量分别是农作物产量、妇女的生育率、工资收入；控制变量分别为施肥量、地区、学历。其次，要剖析观测变量的方差。方差分析认为，观测变量值的变动受控制变量和随机变量两方面的影响。据此，单因素方差分析将观测变量总的离差平方和分解为组间离差平方和和组内离差平方和两部分，用数学形式表述为：$SST = SSA + SSE$。再次，要通过比较观测变量总离差平方和各部分所占的比例，推断控制变量是否给观测变量带来了显著影响。

二、平方和与自由度的剖分

方差与标准差都可以用来度量样本的变异程度。因为方差在统计分析上有许多优点，而且不用开方，所以，在方差分析中是用样本方差即均方来度量资料的变异程度的。全部观测值的总变异可以用总均方来度量。将总变异分解为处理间变异和处理内变异，就是要将总均方分解为处理间均方和处理内均方。但这种分解是通过将总均方的分子——总离均差平方和（简称总平方和）剖分成处理间平方和与处理内平方和两部分，以及将总均方的分母——总自由度剖分成处理间自由度与处理内自由度两部分来实现的。

（一）总平方和的剖分

反映全部观测值总变异的总平方和是各观测值 x_{ij} 与总平均数 $\bar{x}_{..}$ 的离均差平方和，记为 SST，即：

$$SST = \sum_{i=1}^{k}\sum_{j=1}^{n}(x_{ij} - \bar{x}_{..})^2$$

因为：

$$\sum_{i=1}^{k}\sum_{j=1}^{n}(x_{ij}-\bar{x}_{..})^2 = \sum_{i=1}^{k}\sum_{j=1}^{n}[(\bar{x}_{i.}-\bar{x}_{..})+(x_{ij}-\bar{x}_{i.})]^2$$

$$=\sum_{i=1}^{k}\sum_{j=1}^{n}[(\bar{x}_{i.}-\bar{x}_{..})^2+2(\bar{x}_{i.}-\bar{x}_{..})(x_{ij}-\bar{x}_{i.})+(x_{ij}-\bar{x}_{i.})^2]$$

$$=n\sum_{i=1}^{k}(\bar{x}_{i.}-\bar{x}_{..})^2+2\sum_{i=1}^{k}[(\bar{x}_{i.}-\bar{x}_{..})\sum_{j=1}^{n}(x_{ij}-\bar{x}_{i.})]+\sum_{i=1}^{k}\sum_{j=1}^{n}(x_{ij}-\bar{x}_{i.})^2$$

其中：

$$\sum_{j=1}^{n}(x_{ij}-\bar{x}_{i.})=0$$

所以：

$$\sum_{i=1}^{k}\sum_{j=1}^{n}(x_{ij}-\bar{x}_{..})^2=n\sum_{i=1}^{k}(\bar{x}_{i.}-\bar{x}_{..})^2+\sum_{i=1}^{k}\sum_{j=1}^{n}(x_{ij}-\bar{x}_{i.})^2$$

式中　$n\sum_{i=1}^{k}(\bar{x}_{i.}-\bar{x}_{..})^2$——各处理平均数 $\bar{x}_{i.}$ 与总平均数 $\bar{x}_{..}$ 的离均差平方和与重复数 n 的乘积，反映了重复 n 次的处理间变异，称为处理间平方和，记为 SSA，即：

$$SSA=n\sum_{i=1}^{k}(\bar{x}_{i.}-\bar{x}_{..})^2$$

$\sum_{i=1}^{k}\sum_{j=1}^{n}(x_{ij}-\bar{x}_{i.})^2$——各处理内离均差平方和之和，反映了各处理内的变异，即误差，称为处理内平方和或误差平方和，记为 SSE，即：

$$SSE=\sum_{i=1}^{k}\sum_{j=1}^{n}(x_{ij}-\bar{x}_{i.})^2$$

于是有：

$$SST=SSA+SSE$$

（二）总自由度的剖分

在计算总平方和时，资料中的各个观测值要受 $\sum_{i=1}^{k}\sum_{j=1}^{n}(x_{ij}-\bar{x}_{..})=0$ 这一条件的约束，故总自由度等于资料中观测值的总个数减一，即 $kn-1$。总自由度记为 df_T，即 $df_T=kn-1$。

在计算处理间平方和时，各处理均数 $\bar{x}_{i.}$ 要受 $\sum_{i=1}^{k}(\bar{x}_{i.}-\bar{x}_{..})=0$ 这一条件的约束，故处理间自由度为处理数减一，即 $k-1$。处理间自由度记为 df_A，即 $df_A=k-1$。

在计算处理内平方和时，要受 k 个条件的约束，即 $\sum_{j=1}^{n}(x_{ij}-\bar{x}_{i.})=0(i=1,2,\cdots,k)$，故处理内自由度为资料中观测值的总个数减 k，即 $kn-k$ 。处理内自由度记为 df_E，即 $df_E=kn-k=k(n-1)$。

因为：

$$nk-1=(k-1)+(nk-k)=(k-1)+k(n-1)$$

所以：

$$df_T=df_A+df_E$$

综合以上各式得：

$$df_T = kn - 1$$

$$df_A = k - 1$$

$$df_E = df_T - df_A$$

三、单因素方差分析基本原理

观察值之间的差异包括系统性差异和随机性差异。系统性差异的产生是由因素中的不同水平造成的，随机性差异的产生是由选样的随机性造成的。衡量系统性差异的大小应使用水平间方差，衡量随机性差异的大小应使用水平内方差。水平间方差受系统因素和随机因素影响，水平内方差只受随机因素影响。

若不同水平对结果无影响，即系统因素为零，则

$$\frac{\text{水平间方差}}{\text{水平内方差}} \approx 1$$

反之

$$\frac{\text{水平间方差}}{\text{水平内方差}} \gg 1$$

即显著大于 1，由于

$$F = \frac{\text{水平间方差 / 自由度}}{\text{水平内方差 / 自由度}} \sim F(n, m)$$

所以可以利用 F 分布的临界点做出判断。

因为若 $X_i \sim N(\mu_i, \sigma^2)$，则：$\frac{(n-1)s^2}{\sigma^2} \sim \chi^2(n-1)$，

所以 $\frac{SSA}{\sigma^2} \sim \chi^2(m-1)$，$\frac{SSE}{\sigma^2} \sim \chi^2(n-m)$，

因为两个服从 χ^2 分布的随机变量各自除以自己的自由度之后再进行比值就服从 F 分布，

所以 $F = \frac{SSA/m-1}{SSE/n-m} \sim F(m-1, n-m)$。

在观测变量总离差平方和中，如果组间离差平方和所占比例较大，则说明观测变量的变动主要是由控制变量引起的，可以主要由控制变量来解释，控制变量给观测变量带来了显著影响；反之，如果组间离差平方和所占比例较小，则说明观测变量的变动不是主要由控制变量引起的，不可以主要由控制变量来解释，控制变量的不同水平没有给观测变量带来显著影响，观测变量值的变动是由随机变量因素引起的。

四、单因素方差分析基本步骤

(1) 提出检验假设：

$$H_0: \mu_{1.} = \mu_{2.} = \cdots = \mu_{m.} = \mu$$

$$H_1: \mu_{i.} (i = 1, 2, \cdots, m) \text{ 不全相等}$$

(2) 在假定 H_0 成立的前提下，寻找并计算检验统计量：

$$F = \frac{SSA/m-1}{SSE/n-m}$$

式中

$$SSA = \sum\sum(\bar{x}-\mu)^2 = \sum\frac{T_{i.}^2}{n_i}-\frac{1}{n}T^2$$

$$SSE = \sum_{i=1}\sum_{j=1}(x_{ij}-\bar{x})^2 = SST - SSA$$

平方和中的样本均值 $\bar{x}=\dfrac{\sum x}{n}$，总均值 $\mu=\dfrac{\sum\sum x_{ij}}{n}$，总和的平方 $T^2=\left(\sum\sum x_{ij}\right)^2$。

(3) 根据给定的显著性水平，利用 F 分布的临界点得出检验结论：若 $F > F_{\alpha}(m-1, n-m)$，则拒绝 H_0。

五、单因素方差分析的补充分析

在完成上述单因素方差分析的基本分析后，可得到关于控制变量是否对观测变量造成显著影响的结论。此外，还应补充两个重要分析，即方差齐性检验和多重比较检验。

(一) 方差齐性检验

方差齐性检验，是对控制变量不同水平下各观测变量总体方差是否相等进行的检验。

控制变量不同各水平下观测变量总体方差无显著差异，是方差分析的前提。如果没有满足这个前提，就不能认为各总体分布相同。因此，有必要对方差是否齐性进行检验。

SPSS 单因素方差分析中，方差齐性检验采用了方差同质性检验方法，其原假设是：各水平下观测变量总体的方差无显著差异。

(二) 多重比较检验

F 值显著或极显著，否定了无效假设 H_0，表明试验的总变异主要来源于处理间的变异。虽然试验中各处理平均数间存在显著或极显著差异，但并不意味着每两个处理平均数间的差异都显著或极显著，也不能具体说明哪些处理平均数间有显著或极显著差异、哪些差异不显著。

因而，有必要进行两两处理平均数间的比较，以具体判断两两处理平均数间的差异显著性。统计上把多个平均数两两间的相互比较称为多重比较。

多重比较的方法很多，常用的有最小显著差数法（*LSD* 法）和最小显著极差法（*LSR* 法），本书仅介绍 *LSD* 法。

LSD 法的基本做法是：在 F 检验显著的前提下，先计算出显著水平为 α 的最小显著差数 LSD_{α}，然后将任意两个处理平均数的差数的绝对值 $|\bar{x}_{i.}-\bar{x}_{j.}|$ 与其比较。若 $|\bar{x}_{i.}-\bar{x}_{j.}| > LSD_{\alpha}$ 时，则 $\bar{x}_{i.}$ 与 $\bar{x}_{j.}$ 在 α 水平上差异显著；反之，则在 α 水平上差异不显著。最小显著差数由下式计算：

$$LSD_{\alpha} = t_{\alpha(df_e)}S_{\bar{x}_{i.}-\bar{x}_{j.}}$$

$$S_{\bar{x}_{i.}-\bar{x}_{j.}} = \sqrt{2MS_E/n}$$

式中 $t_{\alpha(df_e)}$ ——在 F 检验中误差自由度下，显著水平为 α 的临界 t 值；

$S_{\bar{x}_{i.}-\bar{x}_{j.}}$ ——均数差异标准误差；

MS_E ——F 检验中的误差均方；

n ——各处理的重复数。

当显著水平 α 为0.05和0.01时，从 t 值表中查出 $t_{0.05(df_e)}$ 和 $t_{0.01(df_e)}$ 的值，代入 LSD_α 式，得：

$$LSD_{0.05}=t_{0.05(df_e)}S_{\bar{x}_{i.}-\bar{x}_{j.}}$$

$$LSD_{0.01}=t_{0.01(df_e)}S_{\bar{x}_{i.}-\bar{x}_{j.}}$$

多重比较检验利用了全部观测变量值，实现对各个水平下观测变量总体均值的逐对比较。由于多重比较检验问题也是假设检验问题，因此也遵循假设检验的基本步骤。

例 5-1 某企业培训科想对过去几年培训工人的3种方法进行评估，随机抽取15人，分3组培训后观察他们的日产量如表5-1所示。

表 5-1 3 种方法培训后的工人日产量情况 单位：件

培训方法	产量					T_i
1	15	18	19	22	11	85
2	22	27	18	21	17	105
3	18	24	16	22	15	95

请以95%的概率判断3种培训方法对工人的日产量是否有显著影响。

解 首先，对培训方法因素提出检验假设：

$$H_0:\mu_{1.}=\mu_{2.}=\mu_{3.}=\mu$$

$$H_1:\mu_{1.},\mu_{2.},\mu_{3.}\text{ 不全相等}$$

其次，在假定 H_0 成立的前提下寻找并计算检验统计量。

因为 $SST=\sum\sum x_{ij}^2-\frac{1}{n}T^2$

$$=(15^2+18^2+19^2+\cdots+22^2+15^2)-\frac{(85+105+95)^2}{15}$$

$$=5\ 647-5\ 415=232,$$

$SSA=\sum\frac{T_{i.}^2}{n_i}-\frac{1}{n}T^2=\left(\frac{85^2}{5}+\frac{105^2}{5}+\frac{95^2}{5}\right)-5\ 415=5\ 455-5\ 415=40,$

所以 $SSE=SST-SSA=232-40=192,$

所以 $F=\frac{SSA/m-1}{SSE/n-m}=\frac{40/2}{192/12}=1.25,$

最后，查 F 分布表，当 $\alpha=0.05$ 时，有 $F_{0.05}(2,12)=3.88$，$F_{0.05}(2,12)>F$，

所以接受 H_0，即有95%的把握认为3种训练方法对工人日产量没有显著影响。

用 SPSS 的解题的过程如下：

(1) 定义“产量”和“培训方法”两个变量。

(2) 对“培训方法”做变量值标签，令“1=方法 1”“2=方法 2”“3=方法 3”。

(3) 依次录入表中的数据。

(4) 选择 Analyze 下拉菜单中的 Compare Means 子菜单，选择 One-Way ANOVA 模

块，如图 5-1 所示。

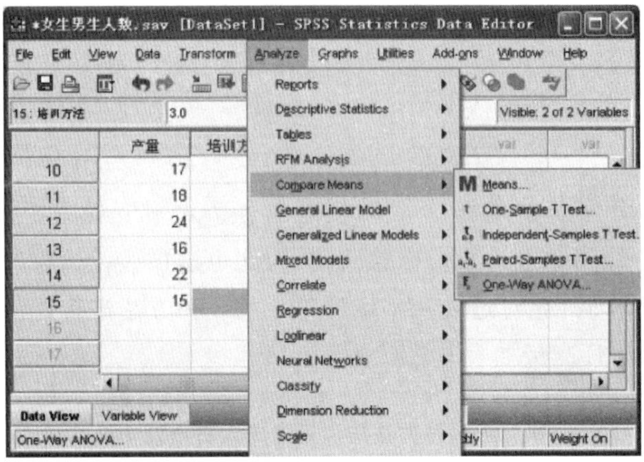

图 5-1　SPSS 的 Analyze 下拉菜单界面

(5) 进入 One-Way ANOVA 模块，将“产量”变量移入 Dependent List 栏，将“培训方法”移入 Factor 栏。

(6) 点击 OK，SPSS 输出计算结果，如图 5-2、图 5-3 所示。

Descriptives

产量

	N	Mean	Std. Deviation	Std. Error	95% Confidence Interval for Mean Lower Bound	95% Confidence Interval for Mean Upper Bound	Minimum	Maximum
方法1	5	17.00	4.183	1.871	11.81	22.19	11	22
方法2	5	21.00	3.937	1.761	16.11	25.89	17	27
方法3	5	19.00	3.873	1.732	14.19	23.81	15	24
Total	15	19.00	4.071	1.051	16.75	21.25	11	27

图 5-2　SPSS 输出的计算结果(1)

ANOVA

产量

	Sum of Squares	df	Mean Square	F	Sig.
Between Groups	40.000	2	20.000	1.250	.321
Within Groups	192.000	12	16.000		
Total	232.000	14			

图 5-3　SPSS 输出的计算结果(2)

若同时进行单因素方差分析的补充分析，则在 One-Way ANOVA 界面，先点击Options 按钮，进入 One-Way ANOVA:Options 界面，选择 Homogeneity of variance test，如图 5-4 所示。点击 Continue，返回One-Way ANOVA 界面，点击 Post Hoc 按钮，进入One-Way ANOVA:Post Hoc Multiple Comparisons 界面，如图 5-5 所示。点击 Continue，返回 One-Way ANOVA 界面，点击 Contrasts 按钮，进入 One-Way ANOVA:Contrasts 界面，如

图 5-6 所示。点击 Continue,返回 One-Way ANOVA 界面,点击 OK,SPSS 输出计算结果,如图 5-7～图 5-10 所示。

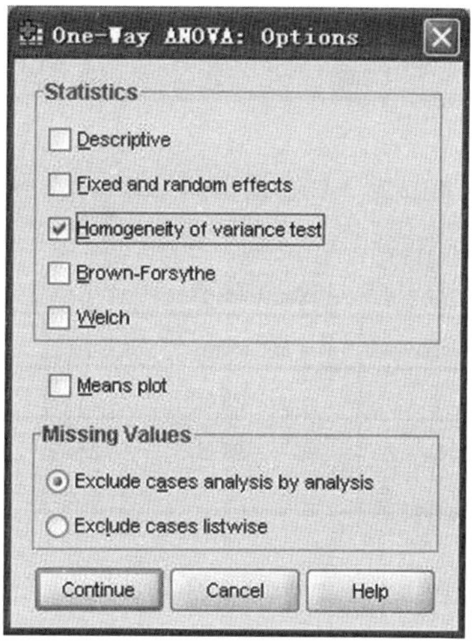

图 5-4　SPSS 的 One-Way ANOVA:Options 界面

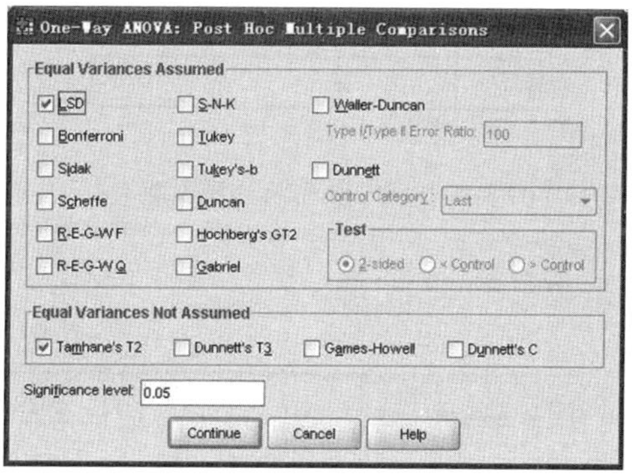

图 5-5　SPSS 的 One-Way ANOVA:Post Hoc Multiple Comparisons 界面

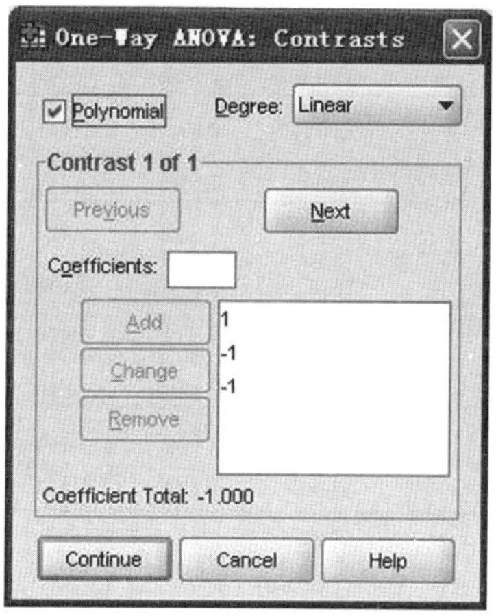

图 5-6　SPSS 的 One-Way ANOVA:Contrasts 界面

Test of Homogeneity of Variances

产量

Levene Statistic	df1	df2	Sig.
.063	2	12	.939

图 5-7　SPSS 输出的计算结果(1)

Contrast Tests

		Contrast	Value of Contrast	Std. Error	t	df	Sig. (2-tailed)
产量	Assume equal variances	1	-23.00[a]	3.098	-7.423	12	.000
	Does not assume equal variances	1	-23.00[a]	3.098	-7.423	11.946	.000

图 5-8　SPSS 输出的计算结果(2)

Contrast Coefficients

Contrast	培训方法		
	方法1	方法2	方法3
1	1	-1	-1

图 5-9　SPSS 输出的计算结果(3)

Multiple Comparisons

Dependent Variable:产量

	(I) 培训方法	(J) 培训方法	Mean Difference (I-J)	Std. Error	Sig.	95% Confidence Interval	
						Lower Bound	Upper Bound
LSD	方法1	方法2	-4.000	2.530	.140	-9.51	1.51
		方法3	-2.000	2.530	.445	-7.51	3.51
	方法2	方法1	4.000	2.530	.140	-1.51	9.51
		方法3	2.000	2.530	.445	-3.51	7.51
	方法3	方法1	2.000	2.530	.445	-3.51	7.51
		方法2	-2.000	2.530	.445	-7.51	3.51
Tamhane	方法1	方法2	-4.000	2.569	.404	-11.73	3.73
		方法3	-2.000	2.550	.839	-9.67	5.67
	方法2	方法1	4.000	2.569	.404	-3.73	11.73
		方法3	2.000	2.470	.826	-5.42	9.42
	方法3	方法1	2.000	2.550	.839	-5.67	9.67
		方法2	-2.000	2.470	.826	-9.42	5.42

图 5-10　SPSS 输出的计算结果(4)

第三节 双因素方差分析

双因素方差分析包括无交互作用的双因素方差分析和有交互作用的双因素方差分析，本书仅介绍无交互作用的双因素方差分析。

一、双因素方差分析基本思想

双因素方差分析用来研究两个及两个以上控制变量是否对观测变量产生显著影响。由于研究的是多个因素对观测变量的影响，因此称为双因素方差分析。双因素方差分析不仅能够分析多个因素对观测变量的独立影响，更能够分析多个因素的交互作用能否对观测变量的分布产生显著影响，进而最终找到有利于观测变量的最优组合。

例如：分析不同品种、不同施肥量对农作物产量的影响时，可将农作物产量作为观测变量，品种和施肥量作为控制变量。可以利用双因素方差分析方法，研究不同品种、不同施肥量是如何影响农作物产量的，并进一步研究哪种品种与哪种施肥量是提高农作物产量的最优组合。

二、双因素方差分析的其他功能

（一）均值检验

在 SPSS 中，利用双因素方差分析功能，可以对各控制变量不同水平下观测变量的均值是否存在显著差异进行比较，实现方式有两种，即多重比较检验和对比检验。多重比较检验的方法与单因素方差分析类似。对比检验采用的是单样本 t 检验的方法，它将控制变量不同水平下的观测变量值看作来自不同总体的样本，并依次检验这些总体的均值是否与某个指定的检验值存在显著差异。其中，检验值可以指定为以下几种：

（1）观测变量的均值；

（2）第一水平或最后一个水平上观测变量的均值；

（3）前一水平上观测变量的均值；

（4）后一水平上观测变量的均值。

（二）控制变量交互作用的图形分析

控制变量的交互作用可以通过图形进行直观分析。

三、双因素方差分析的理论基础

假设在 A_i 与 B_j 下的总体 X_{ij}，服从 $N(\mu_{ij},\sigma^2)$ 分布。

设 $\mu = \dfrac{1}{s \times n}\sum_{i=1}^{s}\sum_{j=1}^{n}\mu_{ij}$ 为总体 X_{ij} 的总平均，

$\mu_{i.} = \dfrac{1}{n}\sum_{j=1}^{n}\mu_{ij}$ 为第 i 行总体的平均，

$\mu_{.j} = \dfrac{1}{s}\sum_{i=1}^{s}\mu_{ij}$ 为第 j 列总体的平均，

则在无交互影响的双因素模型下，有如下结论成立：

（1）服从 SSA、SSB、SSE 相互独立，且 $SST = SSA + SSB + SSE$；

（2）$\dfrac{SSE}{\sigma^2}$ 服从 $\chi^2[(m-1)(n-1)]$ 分布；

(3) 当 H_{0_A} 成立时，有 $\frac{SSA}{\sigma^2}$ 服从 $\chi^2(m-1)$ 分布；

(4) 当 H_{0_B} 成立时，有 $\frac{SSB}{\sigma^2}$ 服从 $\chi^2(n-1)$ 分布；

(5) $F_A = \dfrac{\dfrac{SSA}{(m-1)}}{\dfrac{SSE}{(m-1)(n-1)}} = \dfrac{(n-1)SSA}{SSE} \sim F[(m-1),(m-1)(n-1)]$；

(6) $F_B = \dfrac{\dfrac{SSB}{(n-1)}}{\dfrac{SSE}{(m-1)(n-1)}} = \dfrac{(m-1)SSB}{SSE} \sim F[(n-1),(m-1)(n-1)]$。

例 5-2 某单位随机抽取不同学历的 15 位职工，分别用 3 种培训方法进行培训，培训后的日产量情况见表 5-2 所示。

表 5-2 3 种方法培训后的职工日产量情况 单位：件

学历	小学	初中	高中	大学	研究生	T_i
培训方法 1	15	18	19	22	11	85
培训方法 2	22	27	18	21	17	105
培训方法 3	18	24	16	22	15	95
T_j	55	69	53	65	43	285

请以 95%的概率判断不同的培训方法及不同的学历对职工日产量是否有显著影响。

解 首先，对培训方法因素 A 和学历因素 B 提出检验假设：

$$H_{0_A}: \mu_{i.} = \mu(i = 1,2,\cdots,m)$$

$$H_{0_B}: \mu_{.j} = \mu(j = 1,2,\cdots,n)$$

$$H_{1_A}: \mu_{1.}, \mu_{2.}, \cdots, \mu_{s.} \text{ 之间不完全相等}$$

$$H_{1_B}: \mu_{1.}, \mu_{2.}, \cdots, \mu_{n.} \text{ 之间不完全相等}$$

其次，在假定 H_{0_A} 和 H_{0_B} 成立的前提下寻找并计算检验统计量。

$$SST = \sum\sum x_{ij}^2 - \frac{1}{n_i \cdot n_j}T^2$$

$$= (15^2 + 18^2 + 19^2 + \cdots + 22^2 + 15^2) - \frac{285^2}{3 \times 5}$$

$$= 5\ 647 - 5\ 415 = 232$$

$$SSA = \sum \frac{T_{i.}^2}{n_i} - \frac{1}{n_i \cdot n_j}T^2$$

$$= \left(\frac{85^2}{5} + \frac{105^2}{5} + \frac{95^2}{5}\right) - 5\ 415$$

$$= 5\ 455 - 5\ 415 = 40$$

$$SSB = \sum \frac{T_{.j}^2}{n_j} - \frac{1}{n_i \cdot n_j}T^2 = \frac{1}{3}(55^2 + 69^2 + 53^2 + 65^2 + 43^2)$$

$$= 5\ 556.33 - 5\ 415 = 141.33$$

$$SSE = SST - SSA - SSB = 232 - 40 - 141.33 = 50.67$$

所以 $F_A = \dfrac{SSA/m-1}{SSE/(m-1)(n-1)} = \dfrac{40/2}{50.67/8} = 3.158$

$$F_B = \frac{SSB/n-1}{SSE/(m-1)(n-1)} = \frac{141.33/4}{50.67/8} = 5.578$$

最后,查 F 分布表,当 $\alpha = 0.05$ 时,有

$$F_{0.05}(2,8) = 4.46, F_{0.05}(2,8) > F_A$$

$$F_{0.05}(4,8) = 3.84, F_{0.05}(4,8) < F_B$$

所以接受 H_{0_A},拒绝 H_{0_B},即有95%的把握认为不同的训练方法对职工的日产量没有显著影响,不同的学历对职工的日产量有显著影响。

用 SPSS 的解题过程如下:

(1) 定义“产量”“学历”“培训方法”三个变量。

(2) 分别对“培训方法”和“学历”做变量值标签,令“1=方法 1”“2=方法 2”“3=方法 3”;令“1=小学”“2=初中”“3=高中”“4=大学”“5=研究生”。

(3) 依次录入表中的数据。

(4) 选择 Analyze 下拉菜单中的 General Linear Model 子菜单,选择 Univariate 模块,如图 5-11 所示。

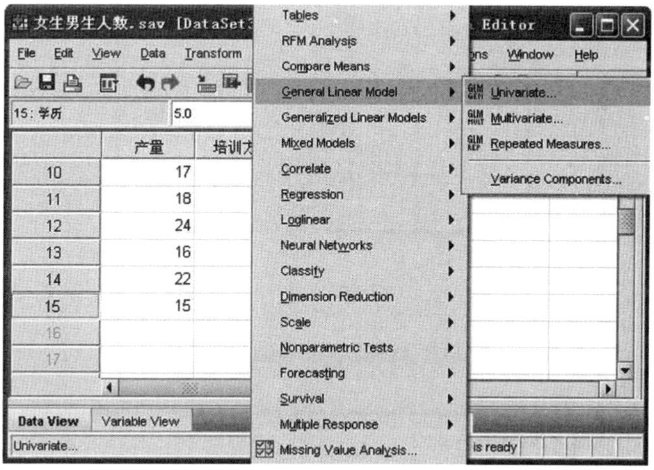

图 5-11　SPSS 的 Analyze 下拉菜单界面

(5) 进入 Univariate 模块后,将“产量”移入 Dependent Variable 栏,将“培训方法”和“学历”移入 Fixed Factor(s)栏。

(6) 点击 Model 按钮,进入 Univariate:Model 界面,如图 5-12 所示。

(7) 在 Specify Model 框选择 Custom,在 Factors&Covariates 栏将“培训方法”和“学历”移入 Model 栏,在 Build Term(s)里选择 Main effects,点击 Continue 返回 Univariate 界面,点击 OK,SPSS 输出计算结果,如图 5-13、图 5-14 所示。

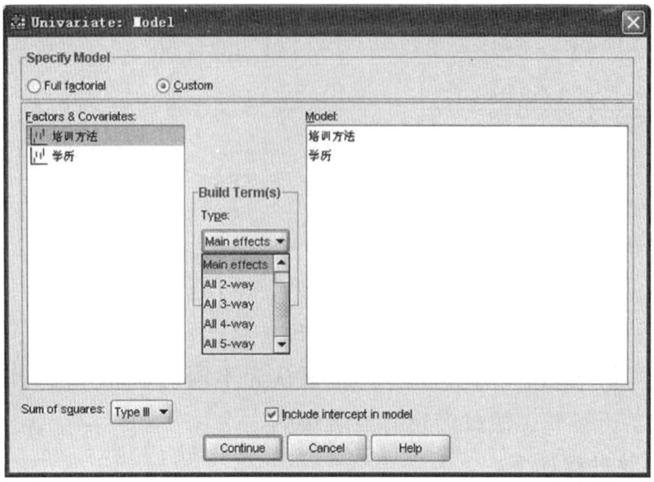

图 5-12　SPSS 的 Univariate：Model 界面

Between-Subjects Factors

		Value Label	N
培训方法	1	方法1	5
	2	方法2	5
	3	方法3	5
学历	1	小学	3
	2	初中	3
	3	高中	3
	4	大学	3
	5	研究生	3

图 5-13　SPSS 输出的计算结果(1)

Tests of Between-Subjects Effects

Dependent Variable:产量

Source	Type III Sum of Squares	df	Mean Square	F	Sig.
Model	5596.333ª	7	799.476	126.233	.000
培训方法	40.000	2	20.000	3.158	.098
学历	141.333	4	35.333	5.579	.019
Error	50.667	8	6.333		
Total	5647.000	15			

a. R Squared = .991 (Adjusted R Squared = .983)

图 5-14　SPSS 输出的计算结果(2)

若同时进行双因素方差分析的补充分析，则在 Univariate 界面先点击 Options 按钮，进入 Univariate:Options 界面，选择 Homogeneity tests，如图 5-15 所示。点击 Continue，返回 Univariate 界面，点击 Post Hoc 按钮，进入 Univariate: Post Hoc Multiple Comparisons for... 界面，如图 5-16 所示。点击 Continue，返回 Univariate 界面，点击 Contrasts 按钮，进入 Univariate:Contrasts 界面，在 Change Contrast 栏选择 Simple，如图 5-17 所示。点击 Continue，返回 Univariate 界面，点击 OK，SPSS 输出计算结果，如图 5-18～图 5-22 所示。

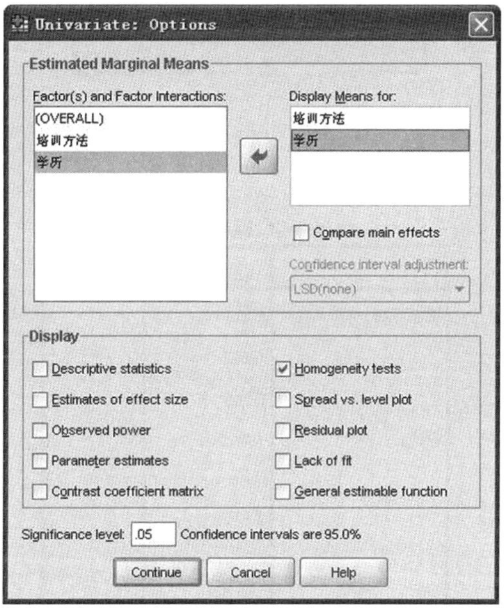

图 5-15　SPSS 的 Univariate:Options 界面

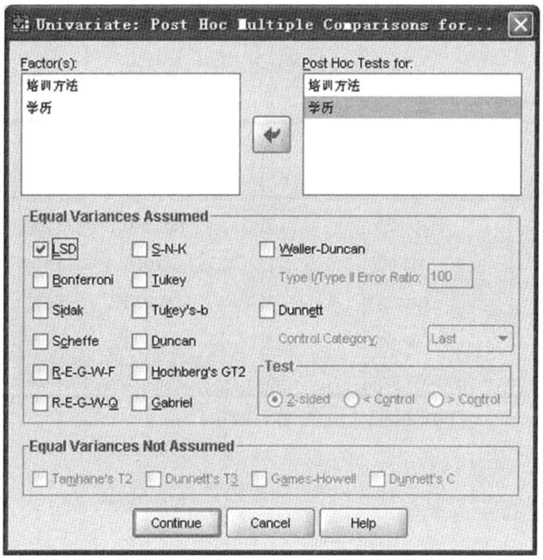

图 5-16　SPSS 的 Univariate: Post Hoc Multiple Comparisons 界面

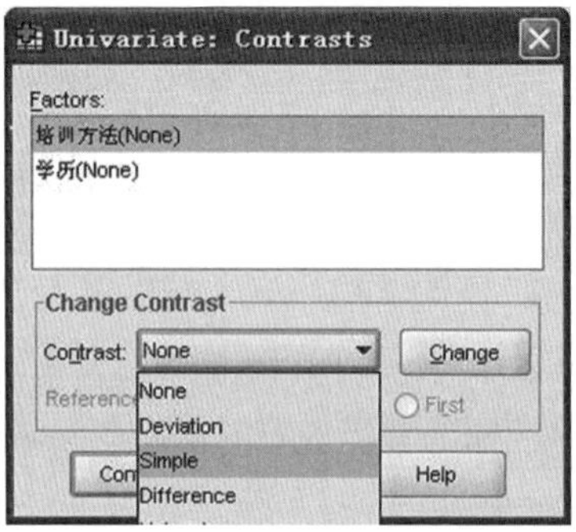

图 5-17　SPSS 的 Univariate:Contrasts 界面

Between-Subjects Factors

		Value Label	N
培训方法	1	方法1	5
	2	方法2	5
	3	方法3	5
学历	1	小学	3
	2	初中	3
	3	高中	3
	4	大学	3
	5	研究生	3

图 5-18　SPSS 输出的计算结果(1)

Tests of Between-Subjects Effects

Dependent Variable:产量

Source	Type III Sum of Squares	df	Mean Square	F	Sig.
Model	5596.333a	7	799.476	126.233	.000
培训方法	40.000	2	20.000	3.158	.098
学历	141.333	4	35.333	5.579	.019
Error	50.667	8	6.333		
Total	5647.000	15			

a. R Squared = .991 (Adjusted R Squared = .983)

图 5-19　SPSS 输出的计算结果(2)

1. 培训方法

Dependent Variable:产量

培训方法	Mean	Std. Error	95% Confidence Interval	
			Lower Bound	Upper Bound
方法1	17.000	1.125	14.405	19.595
方法2	21.000	1.125	18.405	23.595
方法3	19.000	1.125	16.405	21.595

图 5-20 SPSS 输出的计算结果(3)

2. 学历

Dependent Variable:产量

学历	Mean	Std. Error	95% Confidence Interval	
			Lower Bound	Upper Bound
小学	18.333	1.453	14.983	21.684
初中	23.000	1.453	19.649	26.351
高中	17.667	1.453	14.316	21.017
大学	21.667	1.453	18.316	25.017
研究生	14.333	1.453	10.983	17.684

图 5-21 SPSS 输出的计算结果(4)

产量

LSD

(I) 培训方法	(J) 培训方法	Mean Difference (I-J)	Std. Error	Sig.	95% Confidence Interval	
					Lower Bound	Upper Bound
方法1	方法2	-4.00*	1.592	.036	-7.67	-.33
	方法3	-2.00	1.592	.244	-5.67	1.67
方法2	方法1	4.00*	1.592	.036	.33	7.67
	方法3	2.00	1.592	.244	-1.67	5.67
方法3	方法1	2.00	1.592	.244	-1.67	5.67
	方法2	-2.00	1.592	.244	-5.67	1.67

Based on observed means.

The error term is Mean Square(Error) = 6.333.

*. The mean difference is significant at the .05 level.

图 5-22 SPSS 输出的计算结果(5)

第六章　相关分析

辩证唯物主义认为，物质世界是一个普遍联系的统一整体，即世界上的事物或多或少都存在着某种联系。例如：身高与体重之间、投资与利润之间都存在着一定的联系。

研究这种联系，无论是在经营决策还是在科学研究中都是有必要的。比如，投资方只有在考虑了投资和利润的关系后，才能大致预测出投资能带来多少利润；再如，在工程技术中，对于混凝土的抗压强度和抗拉强度的研究，有助于应对不同的施工要求。研究这些变量之间的关系，可以利用统计的方法，包括相关分析和回归分析。

第一节　相关分析概述

一、相关分析的定义

相关分析是研究现象之间是否存在某种依存关系，并对具体有依存关系的现象探讨其相关方向及相关程度；是研究随机变量之间的相关关系的一种统计方法。

二、相关分析的种类

相关分析包括线性相关分析、偏相关分析和距离相关分析。线性相关分析研究两个变量间线性关系的程度。偏相关分析指研究两个变量之间的线性相关关系时，控制可能对其产生影响的变量。如控制年龄和工作经验的影响，估计工资收入与受教育水平之间的相关关系。距离相关分析是对观测量之间或变量之间相似或不相似程度的一种测度，分为观测量之间的距离分析和变量之间的距离分析。

三、相关分析的主要内容

相关分析的目的是分析现象间相关关系的形式和密切程度，以及依存变动的规律性。在实际工作中，相关分析有着非常广泛的应用，其主要内容如下。

(1) 确定变量之间有无相关关系，以及相关关系的表现形式。这是相关分析的出发点。有相关关系才能用相应的方法去分析，否则，只会得出错误的结论。相关关系表现为何种形式就用什么样的方法分析，若把本属于直线相关的变量用曲线的方法来分析，就会产生认识上的偏差。

(2) 确定相关关系的密切程度。直线相关用相关系数表示，曲线相关用相关指数表示。相关系数的用途很广泛。

第二节 简单线性相关分析

一、相关关系的含义

变量之间存在着相互联系,这些联系可以分为函数关系和相关关系。

(一) 函数关系

函数关系反映现象之间存在着严格的依存关系,其特点如下。

(1) 变量之间的数值与确定的关系相对应。在这种关系中,对于某一变量的每一个数值,都有另一个变量的确定数值与之相对应。

(2) 变量间的关系可以用一个确定的公式来反映。例如,$S = \pi R^2$,圆的面积随着半径的变动而变动;$V = pq$,产值 V 和产量 p、单位生产成本 q 之间也是确定的函数关系。

(二) 相关关系

相关关系是指现象之间确实存在依存关系,但这种关系不确定、不严格。例如,每公顷施肥量与每公顷小麦产量,它们之间显然有关系,但其关系没有确切到可由其中的一个现象去精确地决定另一个现象的程度,这就是相关关系。相关关系的特点如下。

(1) 变量之间确实存在数量上的依存关系。如身高与体重之间、投资与利润之间都存在着某种依存关系。

(2) 数量依存关系的具体关系值是不固定的。在这种关系中,对于某个变量的某个数值,另一个变量可以有若干个数值与之对应,这些数值表现出一定的波动性。例如:身高与体重之间存在一定的依存关系,但是体重除了与身高有关外,还受年龄、性别、区域、种族等因素的影响。身高与体重并无严格的对应关系,同一身高的人,体重大多数情况下是不相等的。但即便如此,这两个变量之间仍旧存在一定的规律性,在一般条件下,身高越高,体重越大。

统计在研究变量的相关关系时,应当首先根据有关科学理论,通过观察和试验,才能建立这种联系,并且还要通过理论与实践的检验。只有这样,才能得出科学的、有意义的结论。

二、相关关系的种类

变量之间的相关关系很复杂,它们以不同的方式和程度相互作用,表现出不同的类型和形态。

(1) 按相关关系涉及的变量多少不同,相关关系可分为单相关和复相关。

两个变量之间的相关关系叫单相关(也称一元相关),即研究只涉及一个自变量和一个因变量。三个或三个以上的变量之间的相关关系叫复相关(也称多元相关),即研究涉及一个因变量和两个或两个以上的自变量。

(2) 按相关的方向不同,相关关系可分为正相关和负相关。

自变量的数值增加,因变量的数值也基本随之增加,即为正相关,如商品价格上升,供给量也上升。若这种相关关系相反,称为负相关,如商品价格上升,商品的需求量就下降。

(3) 按相关的表现形式不同,相关关系可分为线性相关(直线相关)和非线性相关(曲线相关)。

变量间的相关关系近似地表现为直线,称为直线相关,其特点是当一个变量增减一个单位时,另一个变量也按一个大致固定的量变化。若这种相关关系近似为曲线,称为曲线相关。按具体形态不同,曲线相关可分为抛物线、指数曲线、双曲线等。

(4) 按照相关的密切程度不同,相关关系可分为完全相关、不完全相关和无相关。

当一个变量的值完全由另一个变量的值所决定,称为完全相关,即函数关系。如 $S=\pi R^2$。两个变量各自独立,互不影响,称为无相关。如股票价格和气温之间,一般是无相关的。介于完全相关和无相关之间的,称为不完全相关。通常情况下,相关分析是指对不完全相关的分析。

以上相关关系的种类,如图 6-1 所示。

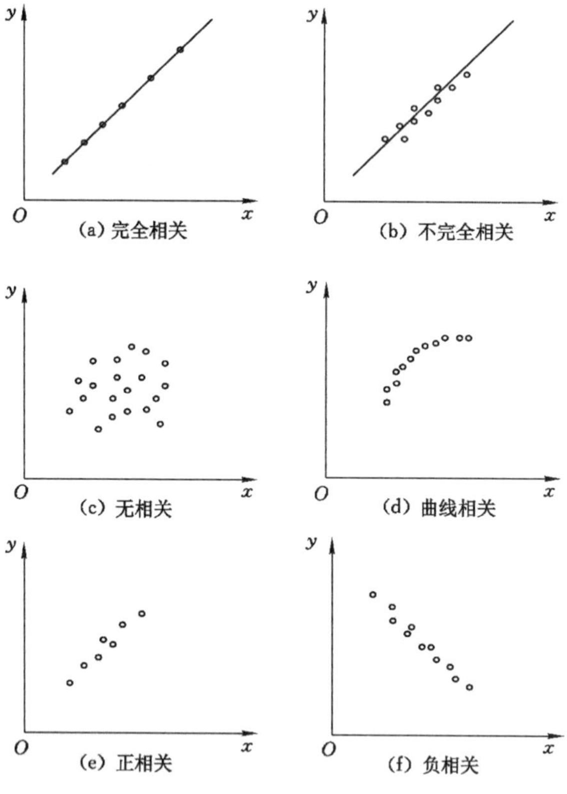

图 6-1　相关关系的种类

需要注意的是,现实中的相关关系一般以组合形态出现,如图 6-1(a)为完全线性正相关,图 6-1(b)为不完全线性正相关,而相应的完全线性负相关和不完全线性负相关如图 6-2(a)和图 6-2(b)所示。

此外,线性关系还有其他的组合类型,在此不一一列举。

三、相关关系的判定:散点图和相关表

和许多其他统计研究一样,进行相关分析时基本都是采用定性和定量相结合的方法,即先进行定性分析,再进行定量分析。定性分析需要根据有关专业知识和实际经验,来判

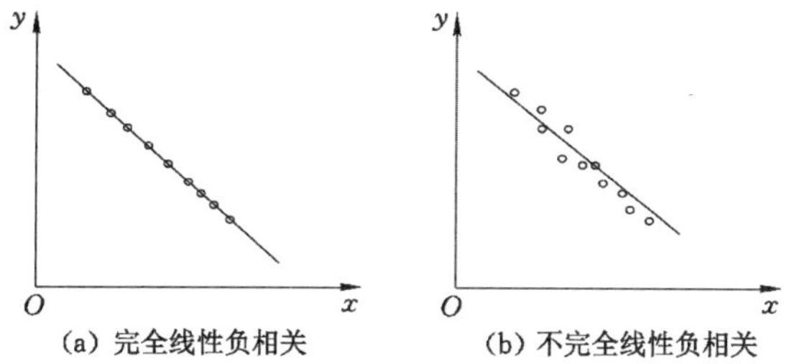

图 6-2　相关关系的组合类型

断变量之间是否存在一定的相关性。如果确实存在关系，再通过绘制散点图和编制相关表，对变量之间的相关关系的类型做出大致判断。上述工作完成后，再进行定量分析，便可以计算相关系数，以精确反映相关关系的方向和程度。

（一）绘制散点图

例 6-1　某地区抽取 9 家生产同类产品的企业，其月产量和单位成本情况如表 6-1 所示。请分析月产量和单位成本之间的关系。

表 6-1　9 家企业月产量和单位成本情况

企业编号	1	2	3	4	5	6	7	8	9
月产量 x/万件	4.1	6.3	5.4	7.6	3.2	8.5	9.7	6.8	2.1
单位成本 y/元	80	72	71	58	86	50	42	63	91

根据规模经济理论，可以判断产品的产量和单位成本之间存在着相关关系，再绘制散点图，可以比较直观地看出这两个变量之间的关系，如图 6-3 所示。

从图 6-3 可以看出，月产量和单位成本是负相关，而且有形成一条直线的倾向。如果与某个变量相关的因素不止一个，可以分别绘制许多相关图。从许多相关图的对比中，大致可以看出变量与各因素关系的密切程度，从中判断哪个是主要因素、哪个是次要因素。

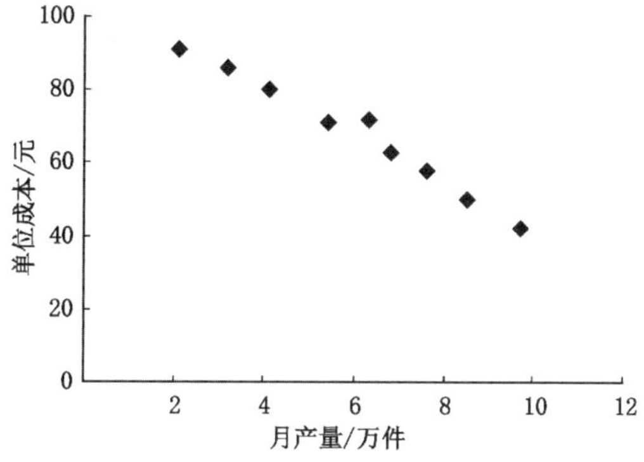

图 6-3　9 家企业月产量和单位成本散点图

（二）相关表

根据总体单位的原始数据可以编制相关表，根据例 6-1 的数据，将月产量按照升序排列，即得相关表，如表 6-2 所示。

表 6-2　9 家企业月产量和单位成本相关表

序号	月产量 x/万件	单位产本 y/元
9	2.1	91
5	3.2	86
1	4.1	80
3	5.4	71
2	6.3	72
8	6.8	63
4	7.6	58
6	8.5	50
7	9.7	42
合计	53.7	613

从表 6-2 中可以看出，月产量和单位成本之间存在着明显的负相关关系。

（三）分组相关表

在实际统计工作中，原始数据是非常多的，如果直接编制相关表会很长，散点图也不好绘制，这时需要编制分组相关表。

根据分组情况不同，分组表分为单变量分组表和双变量分组表。在实际操作中，单变量分组表应用较为广泛。

1. 单变量分组表

单变量分组表是指，在有相关关系的两个变量中，只根据一个变量进行分组，另一个变量不进行分组，只是计算其频次和平均值，如表 6-3 所示。

表 6-3　380 名女大学生的体重和身高相关表

按体重分组/kg	人数/人	每组平均身高/m
62 及以上	4	1.70
60～<62	6	1.65
55～<60	72	1.63
50～<55	64	1.60
47～<50	110	1.58
45～<47	121	1.56
45 以下	3	1.53
合计	380	11.25

从表 6-3 和图 6-4 可以看出，这 380 名女大学生的身高和体重之间存在着明显的正相关关系。

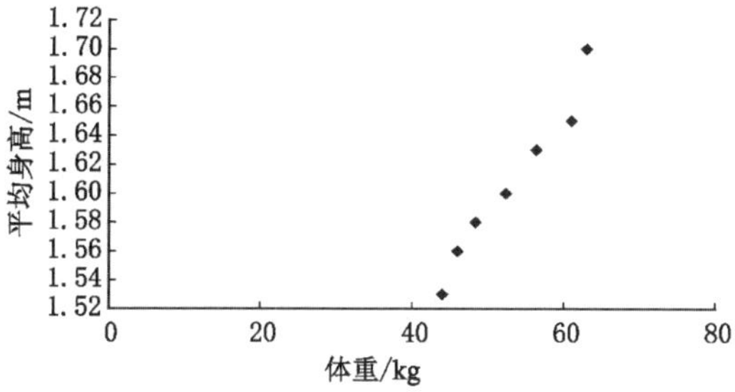

图 6-4　380 名女大学生的体重和身高散点图

2. 双变量分组表

如果对表 6-3 中的身高和体重两个变量都进行分组，可以得到双变量分组表。但是，由于这种分组后的相关表加权方法比较复杂，而且并不实用，所以在实际中已很少采用。

四、相关关系密切程度的判定：相关系数的计算

通过前述相关表和散点图，可以基本判断变量间相关关系的方向和程度，但这只是相关分析的开始。如果通过散点图发现变量间基本是线性相关，那么还需要利用相关系数衡量其线性关系的密切程度。

（一）积矩相关系数

1. 总体相关系数

$$\rho_{xy}=\frac{\sigma_{xy}^2}{\sigma_x\cdot\sigma_y}$$

式中　ρ_{xy} ——总体相关系数；

σ_{xy}^2 ——变量 x 与变量 y 的协方差；

σ_x ——变量 x 的标准差；

σ_y ——变量 y 的标准差。

2. 样本相关系数（用 r 来描述）

$$r_{xy}=\frac{s_{xy}^2}{s_x\cdot s_y}$$

(1) 未分组资料的样本相关系数的计算。

$$s_{xy}^2=\frac{\sum(x-\bar{x})(y-\bar{y})}{n-1}$$

$$s_x=\sqrt{\frac{1}{n-1}\sum(x-\bar{x})^2}$$

$$s_y=\sqrt{\frac{1}{n-1}\sum(y-\bar{y})^2}$$

将以上各式代入 r 的定义式，可得：

$$r=\frac{\sum(x-\bar{x})(y-\bar{y})}{\sqrt{\sum(x-\bar{x})^2\sum(y-\bar{y})^2}} \tag{6-1}$$

式(6-1)为相关系数 r 的基本计算公式。经推算，还可形成相关系数 r 的简便计算公式：

$$r=\frac{n\sum xy-\sum x\sum y}{\sqrt{n\sum x^2-(\sum x)^2}\sqrt{n\sum y^2-(\sum y)^2}} \tag{6-2}$$

或

$$r=\frac{\sum xy-n\bar{x}\cdot\bar{y}}{\sqrt{\sum x^2-n\bar{x}^2}\sqrt{\sum y^2-n\bar{y}^2}} \tag{6-3}$$

需要说明的是，相关系数 r 是对定距连续变量的数据进行计算。如果 x，y 变化的方向一致，如身高与体重的关系，称为正相关，此时 $r>0$；如果 x，y 变化的方向相反，如吸烟与肺功能的关系，称为负相关，此时 $r<0$；如果 x，y 无线性相关，称为不相关，此时 $r=0$。可以证明，样本相关系数是区间[−1,1]之间的一个量。即使相关系数为 0 的两个随机变量不相关，也不一定相互独立。相互独立的随机变量间的相关系数，必然为 0。相关系数为 0 的两个服从正态分布的随机变量，一定相互独立。当 $|r|=1$ 时，表明变量之间为完全的线性相关关系；当 $|r|=0$ 时，表明变量之间没有线性关系，但要注意，有可能是曲线关系。

当 $0<|r|<1$ 时，变量之间有不同程度的线性关系，由此，可以确定一个对相关程度评价的标准：

$0<|r|\leqslant 0.3$ 为弱相关；

$0.3<|r|\leqslant 0.5$ 为低度相关；

$0.5<|r|\leqslant 0.8$ 为显著相关；

$0.8<|r|\leqslant 0.95$ 为高度相关；

$0.95<|r|<1$ 为极度相关。

现用表 6-4 来说明相关系数的计算过程。

表 6-4　相关系数计算

序号	月产量 x/万件	单位成本 y/元	x^2	y^2	xy
1	4.1	80	16.81	6 400	328
2	6.3	72	39.69	5 184	453.6
3	5.4	71	29.16	5 041	383.4
4	7.6	58	57.76	3 364	440.8
5	3.2	86	10.24	7 396	275.2
6	8.5	50	72.25	2 500	425
7	9.7	42	94.09	1 764	407.4
8	6.8	63	46.24	3 969	428.4
9	2.1	91	4.41	8 281	191.1
合计	53.7	613	370.65	43 899	3 332.9

用式(6-2)计算：

$$r=\frac{n\sum xy-\sum x\sum y}{\sqrt{n\sum x^2-(\sum x)^2}\sqrt{n\sum y^2-(\sum y)^2}}$$

$$=\frac{9\times 3\ 332.9-53.7\times 613}{\sqrt{9\times 370.65-(53.7)^2}\sqrt{9\times 43\ 899-(613)^2}}$$

$$=-0.988\ 6$$

在已有平均值的情况下，还可以用式(6-3)计算，即 $\bar{x}=5.97$(万件)，$\bar{y}=68.11$(元)

$$r=\frac{\sum xy-n\bar{x}\cdot\bar{y}}{\sqrt{\sum x^2-n\bar{x}^2}\sqrt{\sum y^2-n\bar{y}^2}}$$

$$=\frac{3\ 332.9-9\times 53.7\times 613}{\sqrt{370.65-9\times 5.97^2}\sqrt{43\ 899-9\times 68.11^2}}$$

$$=-0.988\ 6$$

(2) 分组资料的样本相关系数计算。

当原始数据较多，且已分组编成二元频次分布表时，应用各组频次加权计算相关系数，公式为：

$$r=\frac{\sum(x-\bar{x})(y-\bar{y})f_{xy}}{\sqrt{\sum(x-\bar{x})^2 f_x(y-\bar{y})^2 f_y}} \tag{6-4}$$

式中 f_x——x 的频次；

f_y——y 的频次；

f_{xy}——xy 的联合频次。

(二) 等级相关系数(非参数相关)

讨论两个定序变量间的相关程度与方向，又称等级相关。等级相关系数有 R 系数和 γ 系数。R 系数的公式为：

$$R=\frac{\sum(X_i-\bar{x})(Y_i-\bar{Y})}{\sqrt{\sum(X_i-\bar{x})^2}\sqrt{\sum(Y_i-\bar{Y})^2}}$$

式中 X——x 的测量值的等级；

Y——y 的测量值的等级。

R 系数是一种非参数测度，根据数据的秩使用 Pearson 相关系数公式计算的，而不是根据实际值计算的。它适合有序数据或不满足正态分布假设的等间隔数据。英国统计学家斯皮尔曼从 R 系数中推导出简捷式，称斯皮尔曼等级相关系数：

$$R=1-\frac{6\sum d_i^2}{N(N^2-1)}$$

式中 $d_i=x_i-y_i, i=1,2,\cdots,N$($N$ 为次数)。

等级相关系数 R 具有与简单直线相关相同的性质：取值范围是$[-1,+1]$。R 的绝对值愈大，变量间的等级相关程度愈大。

γ 系数适用于资料次数 N 很大的情况。计算公式为：

$$\gamma = \frac{N_s - N_d}{N_s + N_d}$$

式中　N_s——同序对数目；

N_d——异序对数目。

同序对表示两个个案 (x_i, y_i) 和 (x_j, y_j) 相比时，具有若 $x_i > x_j$、则 $y_i > y_j$ 的性质；反之，若 $x_i > x_j$，但 $y_i < y_j$，则称作一个异序对。

γ 系数的取值范围是 $[-1, +1]$。γ 的绝对值愈大，变量间的等级相关程度愈大。

（三）偏相关系数

偏相关研究在多变量的情况下，当控制其他变量影响后，两个变量间的直线相关程度，又称净相关或部分相关。偏相关系数较简单直线相关系数更能真实反映两变量间的联系。

1. 剔除了一个变量 Z 的影响后，两个变量 x、y 之间的偏相关系数

$$r_{xy,z} = \frac{r_{xy} - r_{xz} r_{yz}}{\sqrt{(1 - r_{xz}^2)}\sqrt{(1 - r_{yz}^2)}}$$

式中　r——普通相关系数。

2. 剔除了两个变量 Z_1、Z_2 的影响后，两个变量 x、y 之间的偏相关系数

$$r_{xy,z_1 z_2} = \frac{r_{xy,z_1} - r_{xz_2,z_1} r_{yz_2,z_1}}{\sqrt{(1 - r_{xz_2,z_1}^2)}\sqrt{(1 - r_{yz_2,z_1}^2)}}$$

（四）复相关系数

复相关研究一个变量 x_0 与另一组变量 $(x_1, x_2, \cdots, x_n)$ 之间的相关程度。例如，职业声望同时受到一系列因素，如收入、文化、权力等的影响，那么这一系列因素的总和与职业声望之间的关系，就是复相关。复相关系数 $R_{0,1,2,\cdots,n}$ 的测定，可先求出 x_0 对一组变量 $x_1, x_2, \cdots, x_n$ 的回归直线，再计算 x_0 与用回归直线估计值之间的简单直线回归。$R_{0,1,2,\cdots,n}$ 的取值范围为 $0 \leqslant R_{0,1,2,\cdots,n} \leqslant 1$。复相关系数值愈大，变量间的关系愈密切。样本复相关系数的定义式如下：

$$R = \frac{\sum (Y - \overline{Y})(\hat{Y} - \overline{Y})}{\sqrt{\sum (Y - \overline{Y})^2}\sqrt{\sum (\hat{Y} - \overline{Y})^2}}$$

五、相关系数的显著性检验

测算两个变量的相关系数，是从二元总体中随机抽取一个样本，再用样本的相关系数去推断，因为推断误差的存在，不可能保证百分之百的可靠。也就是说，因为样本是随机抽取的，根据其计算出的相关系数虽然很大，但总体却可能并不具备相关性。那么，总体到底有没有线性相关性，在得出结论前，就必须要进行假设检验。

检验样本（相关系数为 r）是否来自一个无线性关系的总体（总体的相关系数为 ρ），可以采用 t 检验法。

（1）提出检验假设：

$$H_0: \rho = 0$$

$$H_1: \rho \neq 0$$

(2) 在假定原假设成立的前提下寻找并计算检验统计量。

① 积矩相关系数的检验统计量：

$$t=\frac{r\sqrt{n-2}}{\sqrt{1-r^2}}\sim t(n-2)$$

式中 n——样本容量；

r——简单相关系数。

② 等级相关系数的检验统计量同积矩相关系数，r 是等级相关系数。

③ 偏相关系数的检验统计量：

$$t=\frac{r\sqrt{n-k-2}}{\sqrt{1-r^2}}\sim t(n-k-2)$$

式中 n——样本容量；

k——剔除了的变量数；

r——偏相关系数。

(3) 判断。

若显著性水平为 α，查 t 表的临界值 $t_{\alpha/2}(n-2)$，若 $|t|>t_{\alpha/2}(n-2)$，则拒绝 H_0，接受备择假设，即有 $(1-\alpha)\%$ 的把握认为样本的相关系数显著，可以说明总体两个变量间存在着线性相关，检验通过；反之，则结论相反。

例 6-2 用上述方法，对例 6-1 中 9 家企业的月产量和单位成本的样本相关系数进行显著性检验。

解 已知 $r=-0.9886$，$n=9$，提出如下检验假设：

$$H_0:\rho=0$$

$$H_1:\rho\neq 0$$

因为 $t=|r|\sqrt{\dfrac{n-2}{1-r^2}}=0.9886\times\sqrt{\dfrac{9-2}{1-0.9886^2}}=17.37$，

设显著性水平 $\alpha=0.05$，查 t 表得 $t_{\alpha/2}(n-2)=t_{0.025}(7)=2.3646$，

所以 $|t|>t_{\alpha/2}(n-2)$，表明总体相关系数 $\rho=0$ 的可能性小于 $\alpha=0.05$，

所以拒绝原假设 $H_0:\rho=0$，即有 95%的把握认为样本的相关关系具有显著性，即不能否认总体(全部的同类企业)的两变量存在线性相关。

用 SPSS 的解题过程如下：

(1) 在定义变量窗口定义“月产量”和“单位成本”两个变量。

(2) 在录入数据窗口依次录入题中数据。

(3) 选择 Analyze 下拉菜单中的 Correlate 子菜单，选择 Bivariate 模块，如图 6-5 所示。

(4) 进入 Bivariate 模块，将“月产量”和“单位成本”移入 Variables 栏，其他选项采用计算机默认项，如图 6-6 所示。

(5) 点击 Options 按钮，进入 Bivariate Correlations:Options 界面，选中 Statistics 中的两个选项，如图 6-7 所示。

(6) 点击 Continue 返回 Bivariate Correlations 界面，点击 OK，SPSS 输出计算结果，如

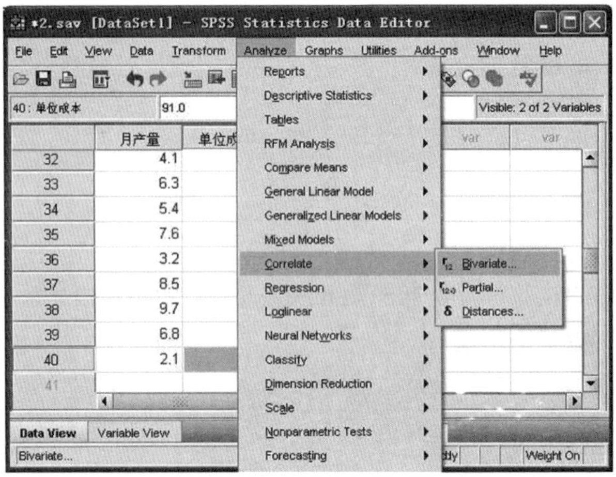

图 6-5　SPSS 的 Analyze 下拉菜单界面

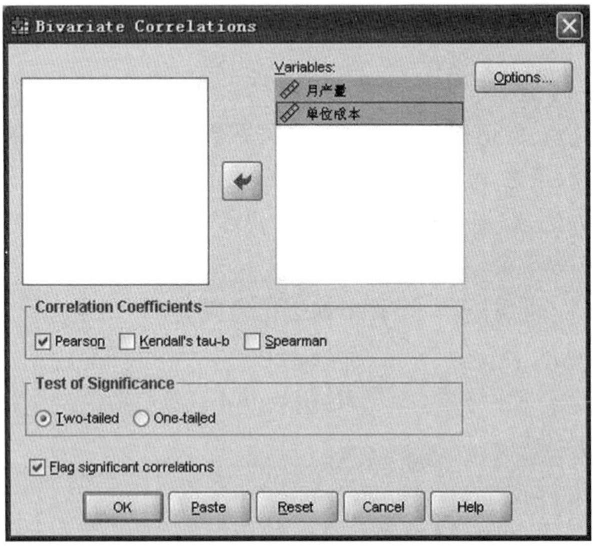

图 6-6　SPSS 的 Bivariate Correlations 界面

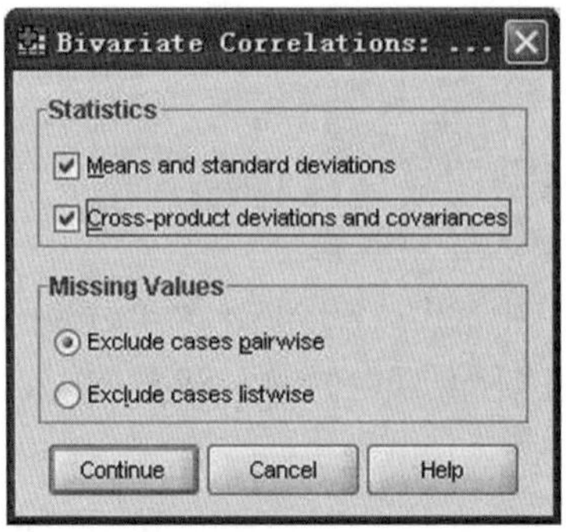

图 6-7　SPSS 的 Bivariate Correlations:Options 界面

图 6-8、图 6-9 所示。

Descriptive Statistics

	Mean	Std. Deviation	N
月产量	5.437	2.3084	613
单位成本	71.61	14.757	613

图 6-8 SPSS 输出的计算结果(1)

Correlations

		月产量	单位成本
月产量	Pearson Correlation	1	-.987**
	Sig. (2-tailed)		.000
	Sum of Squares and Cross-products	3261.189	-20585.924
	Covariance	5.329	-33.637
	N	613	613
单位成本	Pearson Correlation	-.987**	1
	Sig. (2-tailed)	.000	
	Sum of Squares and Cross-products	-20585.924	133277.370
	Covariance	-33.637	217.773
	N	613	613

**. Correlation is significant at the 0.01 level (2-tailed).

图 6-9 SPSS 输出的计算结果(2)

若做相关分析的变量在三个以上,则在 Bivariate Correlations 界面执行上述操作后继续点击 Paste 按钮,进入修改语句界面,在"单位成本"和"月销售量"之间通过键盘输入 with,如图 6-10 所示。点击 Run All,如图 6-11 所示。SPSS 输出计算结果,如图 6-12、图 6-13 所示。

若不执行运行语句的修改,则 SPSS 输出的计算结果如图 6-14 所示。

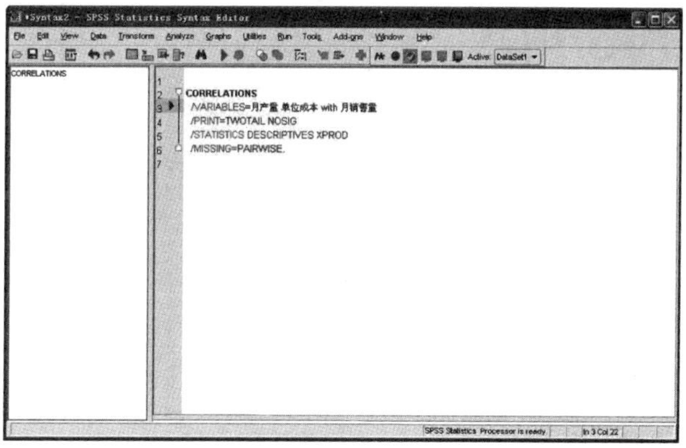

图 6-10 SPSS 的 Statistics Syntax Editor 界面

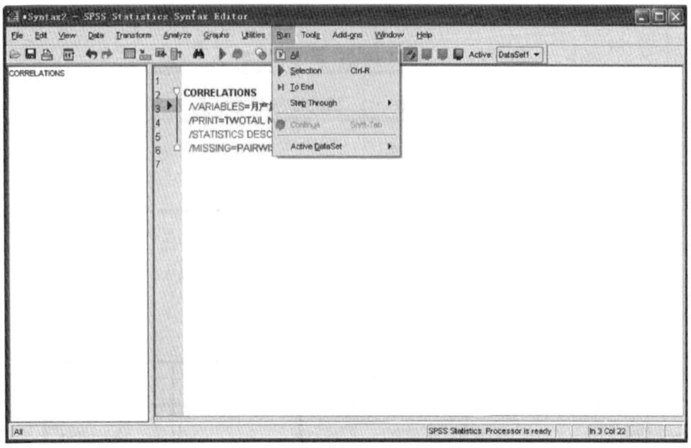

图 6-11　SPSS 的 Run 下拉菜单界面

Descriptive Statistics

	Mean	Std. Deviation	N
月产量	5.437	2.3084	613
单位成本	71.61	14.757	613
月销售量	4.999	2.4608	613

图 6-12　SPSS 输出的计算结果(1)

Correlations

		月销售量
月产量	Pearson Correlation	.982**
	Sig. (2-tailed)	.000
	Sum of Squares and Cross-products	3414.353
	Covariance	5.579
	N	613
单位成本	Pearson Correlation	-.961**
	Sig. (2-tailed)	.000
	Sum of Squares and Cross-products	-21367.448
	Covariance	-34.914
	N	613

**. Correlation is significant at the 0.01 level (2-tailed).

图 6-13　SPSS 输出的计算结果(2)

Correlations

		月产量	单位成本	月销售量
月产量	Pearson Correlation	1	-.987**	.982**
	Sig. (2-tailed)		.000	.000
	Sum of Squares and Cross-products	3261.189	-20585.924	3414.353
	Covariance	5.329	-33.637	5.579
	N	613	613	613
单位成本	Pearson Correlation	-.987**	1	-.961**
	Sig. (2-tailed)	.000		.000
	Sum of Squares and Cross-products	-20585.924	133277.370	-21367.448
	Covariance	-33.637	217.773	-34.914
	N	613	613	613
月销售量	Pearson Correlation	.982**	-.961**	1
	Sig. (2-tailed)	.000	.000	
	Sum of Squares and Cross-products	3414.353	-21367.448	3705.909
	Covariance	5.579	-34.914	6.055
	N	613	613	613

**. Correlation is significant at the 0.01 level (2-tailed).

图 6-14 SPSS 输出的计算结果(3)

例 6-3 某研究者收集了 26 个旅游风景区某年的商业投资额、游客增长率和风景区的经济增长率数据,如表 6-5 所示。请从变量之间的相关关系寻求与风景区经济增长密切相关的因素。

表 6-5 26 个旅游风景区某年的商业投资额、游客增长率和风景区的经济增长率数据情况

旅游区号	1	2	3	4	5	6	7	8	9	10
商业投资额/万元	1 636	1 465	1 562	1 564	1 655	1 350	1 530	1 520	1 605	1 530
游客增长率	4.62%	3.35%	3.71%	3.55%	4.95%	2.76%	4.10%	3.20%	4.72%	3.20%
经济增长率	2.75%	2.50%	2.75%	2.00%	3.00%	1.25%	2.75%	1.75%	2.25%	1.75%
旅游区号	11	12	13	14	15	16	17	18	19	20
商业投资额/万元	1 476	1 575	1 430	1 499	1 608	1 590	1 582	1 445	1 546	1 565
游客增长率	4.05%	4.33%	3.15%	3.39%	4.04%	3.85%	3.75%	3.47%	3.95%	3.20%
经济增长率	2.00%	2.25%	1.75%	2.25%	2.75%	2.25%	2.00%	2.25%	2.50%	1.75%
旅游区号	21	22	23	24	25	26				
商业投资额/万元	1 351	1 399	1 497	1 450	1 485	1 655				
游客增长率	3.20%	3.04%	3.10%	3.30%	3.72%	4.95%				
经济增长率	1.75%	1.75%	1.50%	2.50%	2.25%	3.00%				

解 用 SPSS 解题的过程如下：

（1）在定义变量窗口定义变量“旅游区号”“ 商业投资额”“游客增长率”“经济增长率”。

（2）在录入数据窗口依次录入题中数据。

（3）选择 Analyze 下拉菜单中的 Correlate 子菜单，选择 Partial 模块，如图 6-15 所示。

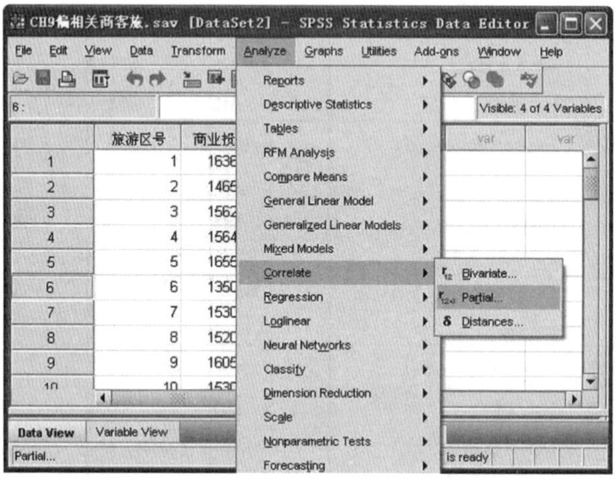

图 6-15 SPSS 的 Analyze 下拉菜单界面

（4）进入 Partial Correlations 界面，将“商业投资额”和“经济增长率”移入 Variables 栏，将“游客增长率”移入 Controlling for 栏。

（5）点击 OK，SPSS 输出计算结果，如图 6-16 所示。

Correlations

Control Variables			商业投资额	经济增长率
游客增长率	商业投资额	Correlation	1.000	.083
		Significance (2-tailed)	.	.695
		df	0	23
	经济增长率	Correlation	.083	1.000
		Significance (2-tailed)	.695	.
		df	23	0

图 6-16 SPSS 输出的计算结果

由图 6-16 可以看出，检验统计量的自由度 $n-k-2=26-1-2=23$，偏相关系数为 0.083，检验统计量对应的 P 值为 0.695，$\alpha=0.05$，$0.695>0.05$，说明剔除变量“游客增长率”的影响后，风景区商业投资额与经济增长率没有显著性关系。

若在 Partial Correlations 界面点击 Options 按钮，则进入 Partial Correlations：Options 界面，选中 Statistics 中的两个选项，如图 6-17 所示。点击 Continue，返回 Partial Correlations 界面，点击 OK，SPSS 输出计算结果，如图 6-18、图 6-19 所示。

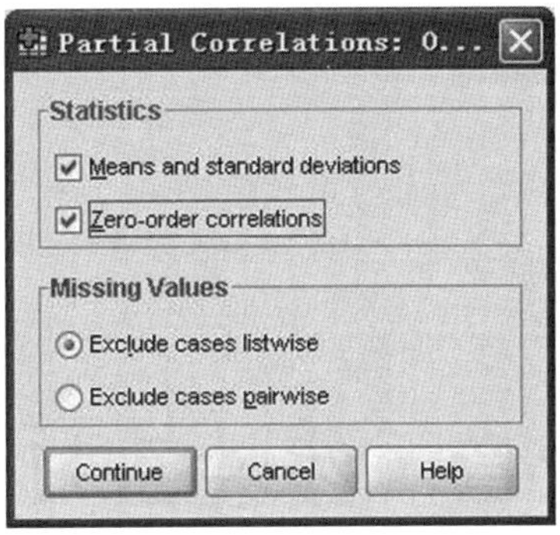

图 6-17 SPSS 的 Partial Correlations:Options 界面

Correlations

Control Variables			商业投资额	经济增长率	游客增长率
-none-[a]	商业投资额	Correlation	1.000	.644	.791
		Significance (2-tailed)	.	.000	.000
		df	0	24	24
	经济增长率	Correlation	.644	1.000	.773
		Significance (2-tailed)	.000	.	.000
		df	24	0	24
	游客增长率	Correlation	.791	.773	1.000
		Significance (2-tailed)	.000	.000	.
		df	24	24	0
游客增长率	商业投资额	Correlation	1.000	.083	
		Significance (2-tailed)	.	.695	
		df	0	23	
	经济增长率	Correlation	.083	1.000	
		Significance (2-tailed)	.695	.	
		df	23	0	

a. Cells contain zero-order (Pearson) correlations.

图 6-18 SPSS 输出的计算结果(1)

Descriptive Statistics

	Mean	Std. Deviation	N
商业投资额	1521.9231	85.09567	26
经济增长率	2.2019	.46914	26
游客增长率	3.7173	.61066	26

图 6-19 SPSS 输出的计算结果(2)

图 6-18 输出的是两两积矩相关系数矩阵和偏相关系数矩阵。

图 6-19 输出的是"商业投资额""游客增长率""经济增长率"三个变量的均值、标准差和样本容量。

第七章　线性回归分析

第一节　回归分析概述

一、回归分析的概念

通过相关分析可以说明变量之间相关关系的方向和程度,但是不能说明变量之间具体的数量因果关系。当自变量给出一个数值时,因变量可能取值是多少,这是相关分析不能解决的,需要进行回归分析。

回归分析,就是建立一个数学方程来反映变量之间具体的相互依存关系,并最终通过给定的自变量数值来估计或预测因变量可能的数值,该数学方程称为回归模型。

二、相关分析与回归分析的关系

相关分析与回归分析在实际应用中有着密切关系。回归分析关心的是一个随机变量 Y 对另一个(或一组)随机变量 X 的依赖关系的函数形式。而在相关分析中,讨论的变量的地位是一样的,分析的是侧重于随机变量之间的种种相关特征。例如,以 X、Y 分别记小学生的数学与语文成绩,相关分析感兴趣的是二者的关系如何,而不是由 X 去预测 Y。所以,相关分析与回归分析侧重的点和应用的面不同,具体如下。

(1) 相关分析的两个变量必须都是随机变量;回归分析的因变量是随机变量。

(2) 相关分析的两个变量是平等的;回归分析的因变量是被解释变量,解释变量可以是刻度级、顺序级、名义级的变量,但不论是什么级别的数据,都必须用数字型来表示。

(3) 相关分析揭示的是两个变量的密切程度,并通过相关系数完成;回归分析揭示的是两个变量的内在数量变化规律,并通过回归方程完成。

三、回归分析的任务

(一) 选择合适的数学方程式

确定了变量之间确实有相关关系和密切程度,就要通过分析大量的样本数据,确定变量之间的数学表达式。选择合适的数学方程式来对变量之间的关系进行描述,并用自变量的数值去推测因变量的数值,称为回归分析。如果变量之间为直线相关,则采用直线方程,称为线性回归;如果变量之间为曲线相关,则采用曲线方程,称为非线性回归。

(二) 测定变量估计值的准确程度

在相关分析中,必须用数学方程式对因变量进行估值,并将因变量的估计值和实际值之间进行对比。因变量估计值的准确程度可以用估计标准误差来衡量。对确定的数学关系式的可信度进行统计检验,可以找出对某一特定变量影响较为显著的变量和不显著的变量。

（三）对回归方程进行显著性检验

对前几步变量之间建立的回归方程,要进行显著性检验;检验变量之间是否真的具备这种关系,以及这种关系是不是因为数据的选取偶然形成的;利用确定的数学关系式,根据自变量预测或控制因变量的取值,找出这种预测或控制的精确度。

四、线性回归分析

在回归分析中,如果变量之间的回归模型是直线方程,则这类回归分析为线性回归分析(直线回归),该直线方程称为线性回归方程。如果直线方程中只有一个自变量和一个因变量,称为简单线性回归分析;如果存在一组自变量和多个因变量,称为多元线性回归分析。线性回归分析是整个回归分析的基础,本书对其进行重点介绍。

五、曲线回归分析

若回归模型表现为曲线形式,则是曲线回归分析。曲线模型种类多样,常见的有二次抛物线、指数曲线、双曲线等。在建立曲线回归方程时,最重要的问题是如何选择合适的曲线类型。解决这个问题,首先要作图,然后凭借经验判断出拟合度最高的曲线。

在多数情况下,曲线回归问题可以通过变量的变换,将其化为线性回归问题,并利用线性回归方法来解决。

第二节　简单线性回归分析

简单线性回归分析的主要任务是在唯一的自变量 x 和因变量 y 之间建立一个直线函数,其表现形式为:

$$\hat{y} = a + bx$$

该数学表达式中,x 是自变量;$\hat{y}$ 是因变量 y 的估计值,又称理论值。实际观测值 y 和理论值 $\hat{y}$ 的关系是:$y = \hat{y} + \varepsilon$,其中 ε 称为离差,反映的是因各种偶然因素、观察误差以及被忽略的其他影响因素带来的随机误差。

一、一般简单线性回归方程

确定 $\hat{y} = a + bx$,主要是确定 a 和 b。那么,如何选择最为满意的 a 和 b 呢?

最小平方法给出了解决方案,其基本思想是让 $\sum (y - \hat{y})^2$ 的值为最小,因此又称最小二乘法。

将 $\hat{y} = a + bx$ 代入 $\sum (y - \hat{y})^2$。令 $Q = \sum (y - \hat{y})^2 = \sum (y - a - bx)^2$,根据微分求极值的原理,分别对 a 和 b 求偏导,令其为零。得:

$$\frac{\partial Q}{\partial a} = -2\sum (y - a - bx) = 0$$

$$\frac{\partial Q}{\partial b} = -2\sum (y - a - bx)x = 0$$

整理得：

$$\begin{cases}\sum y = na + b\sum x \\ \sum xy = a\sum x + b\sum x^2\end{cases}$$

求解方程组，可得 a 和 b：

$$\begin{cases}b = \dfrac{n\sum xy - \sum x \cdot \sum y}{n\sum x^2 - (\sum x)^2} \\ a = \overline{y} - b\overline{x}\end{cases} \tag{7-1}$$

则可得直线回归方程 $\hat{y} = a + bx$。

例 7-1 请根据表 7-1 中的某产品月产量和单位成本数据，建立月产量 x 和单位成本 y 之间的直线方程，并估计当月产量 x=10(万件)时，单位成本的数值。

表 7-1 某产品月产量和单位成本直线回归方程计算表

序号	月产量 x/万件	单位成本 y/元	x^2	y^2	xy
1	4.1	80	16.81	6 400	328
2	6.3	72	39.69	5 184	453.6
3	5.4	71	29.16	5 041	383.4
4	7.6	58	57.76	3 364	440.8
5	3.2	86	10.24	7 396	275.2
6	8.5	50	72.25	2 500	425
7	9.7	42	94.09	1 764	407.4
8	6.8	63	46.24	3 969	428.4
9	2.1	91	4.41	8 281	191.1
合计	53.7	613	370.65	43 899	3 332.9

将表 7-1 有关数据代入式(7-1)，得：

$$b = \frac{n\sum xy - \sum x \cdot \sum y}{n\sum x^2 - (\sum x)^2} = \frac{9 \times 3332.9 - 53.7 \times 613}{9 \times 370.65 - 53.7^2} = -6.46,$$

$\overline{x} = 5.97$(万件)，$\overline{y} = 68.11$(元)，

$a = \overline{y} - b\overline{x} = 68.11 - (-6.46) \times 5.97 = 106.68$(元)，

所以回归方程为：$\hat{y} = 106.68 - 6.46x$。

当 x=10(万件)时，$\hat{y} = 106.68 - 6.46x = 42.08$ (元)，直线回归方程如图 7-1 所示。

二、当时间为解释变量时的简单线性回归方程

若自变量为时间，则用 t 表示，此时，直线方程为：$\hat{y} = a + bt$。

由最小平方原理可得：

$$b = \frac{n\sum ty - \sum t \cdot \sum y}{n\sum t^2 - \left(\sum t\right)^2}$$

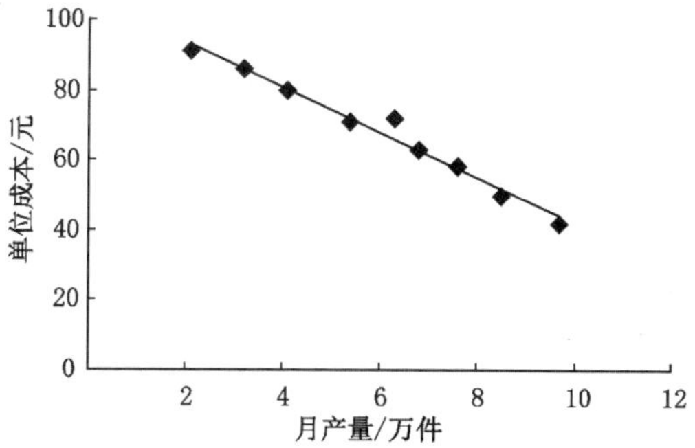

图 7-1　某产品月产量和单位成本的直线回归方程图

$$a = \frac{\sum y}{n} - b\frac{\sum t}{n} = \bar{y} - b\bar{t}$$

若令 $\sum t = 0$，

则：

$$b = \frac{\sum ty}{\sum t^2}$$

$$a = \frac{\sum y}{n} = \bar{y} \qquad (7\text{-}2)$$

使 $\sum t = 0$ 的方法如表 7-2 所示。

表 7-2　使 $\sum t = 0$ 的解释表

年编(序)号	奇数	偶数
2018	−2	−5
2019	−1	−3
2020	0	−1
2021	1	+1
2022	2	+3
2023	$\sum t = 0$	+5
		$\sum t = 0$

例 7-2　某游览点 2016—2022 年观光游客的数量如表 7-3 所示。请用最小平方法建立直线方程，并预测 2028 年的游客数量。

表 7-3　某游览点 2016—2022 年观光游客的数量情况

年份	时间序号 t		游客 y/万人	t^2		ty	
2016	1	−3	100	1	9	100	−300
2017	2	−2	112	4	4	224	−224
2018	3	−1	125	9	1	375	−125
2019	4	0	140	16	0	560	0
2020	5	1	155	25	1	775	155
2021	6	2	168	36	4	1 008	336
2022	7	3	180	49	9	1 260	540
合计	28	0	980	140	28	4 302	382

解　设直线回归方程为：

$$\hat{y} = a + bt$$

因为 $b = \dfrac{n\sum ty - \sum t \cdot \sum y}{n\sum t^2 - \left(\sum t\right)^2} = \dfrac{7 \times 4302 - 28 \times 980}{7 \times 140 - 28^2} = 13.64$，

$a = \dfrac{\sum y}{n} - b\dfrac{\sum t}{n} = \dfrac{980}{7} - 13.64 \times \dfrac{28}{7} = 85.44$，

所以 $\hat{y} = 85.44 + 13.64t$。

因为 2028 年对应的时间序号为 13，

所以 2028 年的游客数量预计为：$\hat{y} = 85.44 + 13.64t = 85.44 + 13.64 \times 13 = 262.76$（万人）。

若令 $\sum t = 0$，

则：

$$b = \frac{\sum ty}{\sum t^2} = \frac{382}{28} = 13.64,$$

$$a = \frac{\sum y}{n} = \frac{980}{7} = 140,$$

所以回归方程为：$\hat{y} = 140 + 13.64t$。

因为此时 2028 年对应的时间序号为 9，

所以 2028 年的游客数量预计为：$\hat{y} = 140 + 13.64t = 140 + 13.64 \times 9 = 262.76$（万人）。

第三节　多元线性回归分析

简单线性回归反映的是一个自变量和一个因变量之间的关系，但实际上客观事物非常复杂，许多现象的变动涉及多个影响因素。例如，一个企业的利润，受产值、成本、价格等多种因素的影响；粮食产量受施肥量、温度、播种量、土壤的酸碱性、降雨量等多种因素的影响。所以,我们在实践中经常要进行一个变量和多个自变量的多元线性回归分析。

多元线性回归分析的一般形式为:

$$\hat{y} = a + b_1x_1 + b_2x_2 + b_3x_3 + \cdots + b_nx_n$$

本书以二元线性回归为例,即以一个因变量 y 和两个自变量 x_1、x_2 的线性回归为例进行讲解,其方程为:

$$\hat{y} = a + b_1x_1 + b_2x_2$$

利用最小二乘原理,可以得出如下方程组:

$$\begin{cases} \sum y = na + b_1 \sum x_1 + b_2 \sum x_2 \\ \sum x_1 y = a \sum x_1 + b_1 \sum x_1^2 + b_2 \sum x_1 x_2 \\ \sum x_2 y = a \sum x_2 + b_1 \sum x_1 x_2 + b_2 \sum x_2^2 \end{cases} \tag{7-3}$$

解该方程组可得 a, b_1, b_2。

例 7-3　某服装企业有 10 家销售公司分布在不同的城市,决策者通过反复调查分析后认为,影响该企业年销售额的因素为各销售公司所在的人均月收入和广告投入额。经过一年的统计,有关数据如表 7-4 所示。

表 7-4　某企业各销售公司年销售额与其所在城市的人均月收入及广告投入额情况　单元:万元

城市	年销售额 y	广告投入额 x_1	人均月收入 x_2
1	5 540	192	2.63
2	5 439	210	2.42
3	4 290	146	1.71
4	5 502	200	3.12
5	4 871	130	2.63
6	4 708	110	2.70
7	4 627	103	2.30
8	4 110	90	2.39
9	4 122	98	1.78
10	4 230	132	1.96
合计	47 439	1 411	23.65

多元线性回归方程也可以按照上述最小二乘法通过求解方程组得出,但在实际操作中不要求手算,可用 SPSS 进行求解,具体操作过程如下:

(1) 在定义变量窗口定义变量"城市"" 销售额""广告投入""人均月收入"。

(2) 在录入数据窗口依次录入表中的数据。

(3) 选择 Analyze 下拉菜单中的 Regression 子菜单,选择 Linear 模块,如图 7-2 所示。

(4) 进入 Linear Regression 界面,将"销售额"移入 Dpendent 栏,将"广告投入"和"人均月收入"移入 Indpendent(s)栏,如图 7-3 所示。

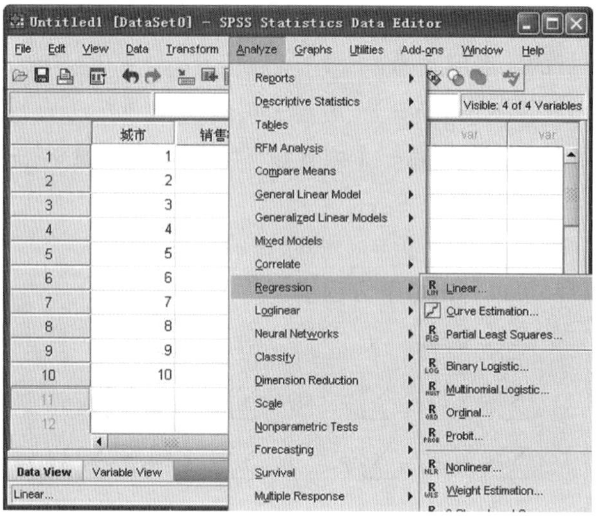

图 7-2　SPSS 的 Analyze 下拉菜单界面

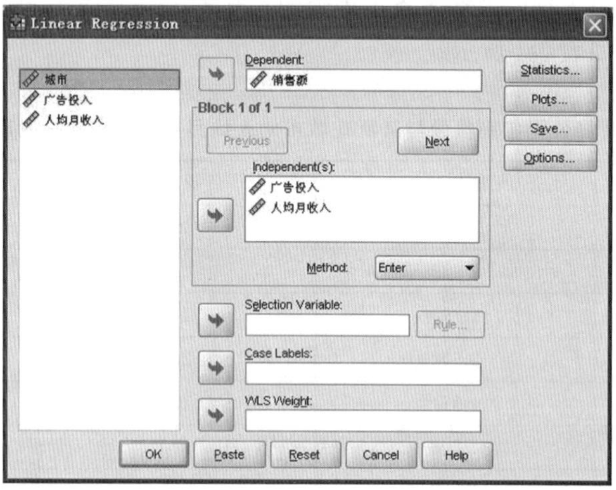

图 7-3　SPSS 的 Linear Regression 界面

(5) 点击 OK，SPSS 输出计算结果，如图 7-4 所示。

Coefficients[a]

Model		Unstandardized Coefficients		Standardized Coefficients	t	Sig.
		B	Std. Error	Beta		
1	(Constant)	2116.516	349.994		6.047	.001
	广告投入	8.577	1.570	.665	5.462	.001
	人均月收入	599.454	158.221	.461	3.789	.007

a. Dependent Variable: 销售额

图 7-4　SPSS 输出的计算结果

由图 7-4 可知，回归方程为：

$$\hat{y} = 2\,116.52 + 8.58x_1 + 599.45x_2$$

如果广告投入 $x_1 = 300$ 万元，人均月收入 $x_2 = 2.03$ 万元，则销售额的估计值为 $\hat{y} = 5\,907.4$ 万元。

上面的方法可以推广到 n 个自变量的情况，对回归方程 $\hat{y} = a + b_1x_1 + b_2x_2 + b_3x_3 + \cdots + b_nx_n$，同样可用最小平方法，建立一个 $(n+1)\times n$ 阶方程组[式(7-4)]，解该方程组可求出有关参数。

$$\begin{cases} \sum y = na + b_1 \sum x_1 + b_2 \sum x_2 + \cdots + b_n \sum x_n \\ \sum x_1 y = a \sum x_1 + b_1 \sum x_1^2 + b_2 \sum x_1 x_2 + \cdots + b_n \sum x_1 x_n \\ \sum x_2 y = a \sum x_2 + b_1 \sum x_1 x_2 + b_2 \sum x_2^2 + \cdots + b_n \sum x_2 x_n \\ \vdots \\ \sum x_n y = a \sum x_n + b_1 \sum x_1 x_n + b_2 \sum x_2 x_n + \cdots + b_n \sum x_n^2 \end{cases} \tag{7-4}$$

第四节　曲线回归分析

一、曲线模型的种类

若回归模型表现为曲线形式，则是曲线回归分析。曲线模型种类多样，在统计研究中常用的曲线模型主要有二次抛物线、指数曲线、双曲线等。

(1) 二次抛物线：$\hat{y} = a + b_1x + b_2x^2$，如图 7-5 所示。

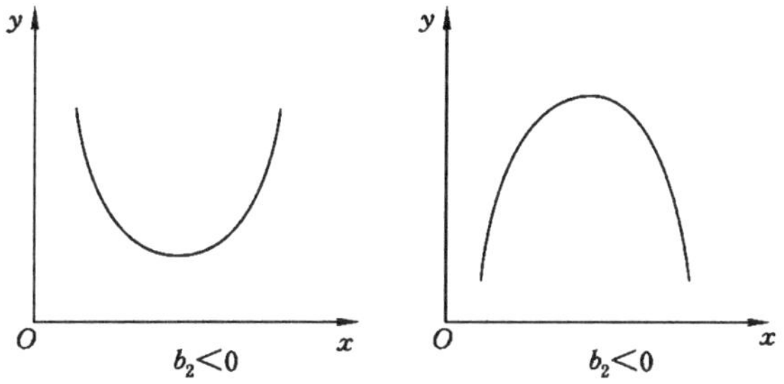

图 7-5　二次抛物线

(2) 指数曲线：$\hat{y} = ab^x$，如图 7-6 所示。

(3) 双曲线：$\frac{1}{\hat{y}} = a + b\frac{1}{x}$，如图 7-7 所示。

在建立曲线回归方程时，最重要的问题是如何选择合适的曲线类型。解决这个问题，首先要通过作图，然后凭借经验从图形显示的曲线形状来判断应当拟合的曲线。

在多数情况下，曲线回归问题可以通过变量的变换，将其化成线性回归问题，并利用线性回归的方法来解决。

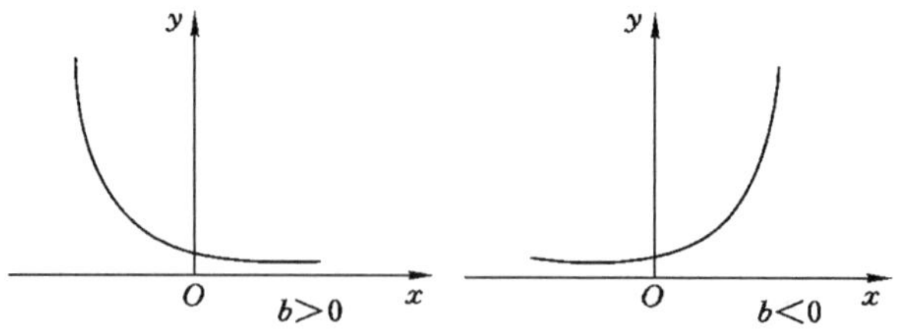

图 7-6 指数曲线

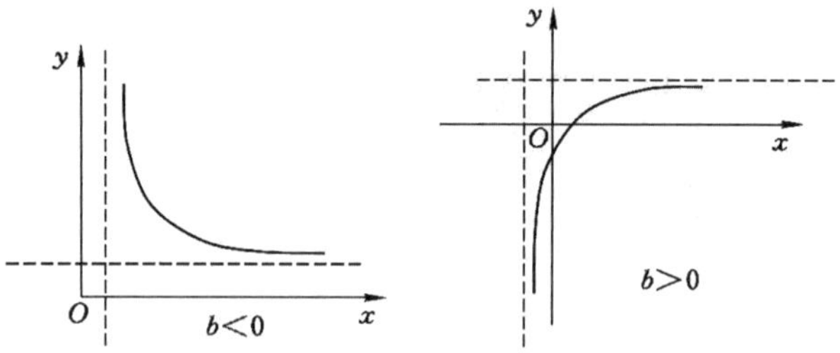

图 7-7 双曲线

二、双曲线回归

令 $\hat{y}'=\dfrac{1}{\hat{y}}, x'=\dfrac{1}{x}$，则有 $\hat{y}'=a+bx'$。

例 7-4 x 和 y 两个变量的数据如表 7-5，请建立这两个变量的回归方程。

表 7-5 变量 x 和 y 的数据资料

x	9.3	10.4	12.6	15.4	17.5	19.6	21.7	23.4	25.3	27.5
y	17.1	24.2	31.3	37.9	43.3	46.2	47.5	50.1	51.1	51.3

解 根据表 7-5 的数据，作散点图(如图 7-8 所示)：

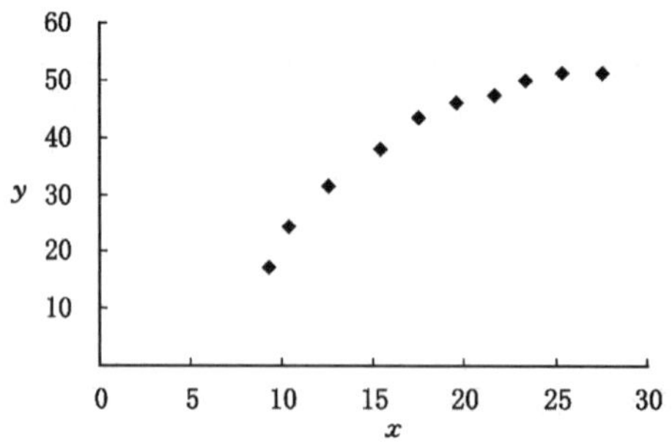

图 7-8 变量 x 和 y 的散点图

从图 7-8 中可以看出，x 和 y 这两个变量之间的变动关系基本上是一个递增的双曲线，所以用双曲线模型去分析两个变量的关系，计算结果如表 7-6 所示。

表 7-6　x 和 y 双曲线回归方程计算表

序号	x	y	$x'=1/x$	$y'=1/y$	$(x')^2$	$x'y'$
1	9.3	17.1	0.108	0.058	0.012	0.006 288
2	10.4	24.2	0.096	0.041	0.009	0.003 973
3	12.6	31.3	0.079	0.032	0.006	0.002 536
4	15.4	37.9	0.065	0.026	0.004	0.001 713
5	17.5	43.3	0.057	0.023	0.003	0.001 32
6	19.6	46.2	0.051	0.022	0.003	0.001 104
7	21.7	47.5	0.046	0.021	0.002	0.000 97
8	23.4	50.1	0.043	0.02	0.002	0.000 853
9	25.3	51.1	0.04	0.02	0.002	0.000 773
10	27.5	51.3	0.036	0.019	0.001	0.000 709
合计	182.7	400	0.621	0.283	0.044	0.020 24

将表 7-6 中的数据代入以下公式：

$$\begin{cases} b = \dfrac{n\sum x'y' - \sum x' \cdot \sum y'}{n\sum (x')^2 - (\sum x')^2} \\ a = \overline{y}' - b\overline{x}' \end{cases}$$

得：

$$\begin{cases} b = \dfrac{10 \times 0.020\ 24 - 0.621 \times 0.283}{10 \times 0.044 - 0.621^2} = 0.026\ 7 \\ a = 0.028\ 3 - 0.026\ 7 \times 0.062\ 1 = 0.026\ 6 \end{cases}$$

于是有：

$$\hat{y}' = 0.026\ 6 + 0.026\ 7x'$$

将 $\hat{y}' = \dfrac{1}{\hat{y}}, x' = \dfrac{1}{x}$ 代入后，得：

$$\frac{1}{\hat{y}} = 0.026\ 6 + 0.026\ 7\ \frac{1}{x}$$

在实际操作中，一元曲线回归不需用手算来完成，多是先将数据进行变换，再按照线性回归添加趋势线的方法来拟合曲线。

三、指数曲线回归和抛物线回归

（1）指数曲线：$\hat{y} = ab^x$。

两边取对数：$\ln \hat{y} = \ln a + x\ln b$

令 $\hat{y}' = \ln \hat{y}, A = \ln a, B = \ln b$，则得到一元线性回归模型：

$$\hat{y}' = A + Bx$$

（2）二次抛物线：$\hat{y} = a + b_1 x + b_2 x^2$。

令 $x_1 = x, x_2 = x^2$，则原方程转化为二元线性回归模型：

$$\hat{y} = a + b_1 x_1 + b_2 x_2$$

第五节 线性回归分析的评价和检验

通过以上方法可以得出回归方程，但变量之间的回归方程是根据随机抽取的样本来计算的一个“经验公式”，因此根据回归模型计算的 $\hat{y}$ 值是一个“估计值”，它和实际的 y 值之间存在差异，因而会出现两个问题：

(1) 如何去评价回归模型的准确性？

(2) 如何去检验回归模型的可靠性？

线性回归分析是各类回归分析的基础，本节以线性回归分析为例对以上两个问题进行说明。

一、判定系数 R^2 和估计标准误差

评价回归模型的精确性，主要是运用判定系数 R^2 和估计标准误差这两个统计量。

(一) 判定系数 R^2

回归方程的准确性又称拟合优度，判定系数是测定回归方程拟合优度的一个重要指标。为此，先引入几个概念。

总变差：$\sum(y-\overline{y})^2$，记作 SST。

回归变差：$\sum(\hat{y}-\overline{y})^2$，记作 SSR。

残余变差：$\sum(y-\hat{y})^2$，记作 SSE。

可以证明：

$$SST=SSR+SSE \tag{7-5}$$

判定系数 R^2 的定义为：

$$R^2=\frac{SSR}{SST}=\frac{\sum(\hat{y}-\overline{y})^2}{\sum(y-\overline{y})^2} \tag{7-6}$$

结合式(7-5)和式(7-6)可以看出，R^2 越大，回归变差 SSR 在总变差 SST 中占的比例越大。因而，$SSE=\sum(y-\hat{y})^2$ 越小，即 y 与 $\hat{y}$ 的差距越小，$\hat{y}$ 对 y 的拟合优度越好，也就是说，该回归模型的准确度越强。

可以证明：$0\leqslant R^2\leqslant 1$，即 R^2 越接近于 1，回归模型的拟合优度越好。

1. 简单线性回归方程的 R^2

用式(7-6)计算 R^2 会非常烦琐，可以证明若一元线性回归方程的相关系数 r 有这样的结论：$R^2=r^2$。

用第六章例 6-1 中的数据来计算其判定系数 R^2，其相关系数 $r=-0.988\,6$，所以 $R^2=(-0.988\,6)^2=0.977\,3$。

计算结果表明，单位成本的总变差 $\sum(y-\overline{y})^2$ 中，有 97.73% 可以由回归变差 $\sum(\hat{y}-\overline{y})^2$ 来解释，这说明月产量和单位成本的回归方程 $\hat{y}=106.68-6.46x$ 对真实的 y

值有很好的拟合效果。

2. 多元线性回归方程的 R^2

多元线性回归方程的 R^2 不需要手算，在 SPSS 的“回归”结果中会给出。

（二）估计标准误差

我们用判定系数 R^2 对回归模型的准确度做了评价，而还可以通过 $SSE=\sum(y-\hat{y})^2$ 来衡量回归模型的准确度，在 SSE 的基础上形成估计标准误差的概念。

1. 简单线性回归方程的估计标准误差 S_{xy}

定义：

$$S_{xy}=\sqrt{\frac{\sum(y-\hat{y})^2}{n-2}} \tag{7-7}$$

估计标准误差 S_{xy} 越小，说明 y 与 $\hat{y}$ 越接近。

将 $\hat{y}=a+bx$ 代入式(7-7)，可得如下公式：

$$S_{xy}=\sqrt{\frac{\sum y^2-a\sum y-b\sum xy}{n-2}} \tag{7-8}$$

同样将第六章例 6-1 中的数据代入式(7-8)，可得：

$$S_{xy}=2.640(\text{元})$$

2. 二元线性回归方程的 $S_{x_1x_2y}$

定义：

$$S_{x_1x_2y}=\sqrt{\frac{\sum(y-\hat{y})^2}{n-3}} \tag{7-9}$$

多元线性回归的估计标准误差也不需要手算，在 SPSS 的“回归”结果中也会给出。

二、线性回归方程的显著性检验

（一）简单线性回归方程的显著性检验

对于变量 x 和 y，一元直线方程 $\hat{y}=a+bx$ 根据样本的数据计算，带有样本抽取的随机性。那么，根据一个样本计算的结果是否具有代表性？是否真正描述了在总体中变量 x 和 y 之间的关系，即 x 和 y 之间的关系是否真的是直线函数？这些都需要检验，这个问题就称为对 $\hat{y}=a+bx$ 的显著性检验。

根据样本，得出变量 x 和 y 之间的回归直线为 $\hat{y}=a+bx$，而总体变量 x 和 y 之间的回归直线为 $y=A+Bx$。

因此可以认为，a,b 是 A,B 的估计值。检验估计的可靠性主要有两种办法：t 检验和 F 检验。如果总体变量 x 和 y 之间不存在直线关系，则意味着 $B=0$，即根据样本计算的回归直线方程：$\hat{y}=a+bx$ 并不显著。因而，对一元直线回归模型的检验最主要是对回归系数 b 进行检验。

1. t 检验

t 检验是用来检验回归系数 b 的显著性。

（1）提出检验假设：

$$H_0: B = 0$$

$$H_0: B \neq 0$$

（2）在假定 H_0 成立的前提下，构造 t 检验统计量：

$$t = \frac{b - B}{\sigma_b} \tag{7-10}$$

式中　σ_b ——回归系数 b 的标准差，可以证明其计算公式为：

$$\sigma_b = \frac{S_{xy}}{\sqrt{\sum x^2 - n(\bar{x})^2}} \tag{7-11}$$

（3）根据给定的显著性水平为 α，在 t 表中查找临界值 $t_{\alpha/2}(n-2)$。

（4）判断：若 $|t| > t_{\alpha/2}(n-2)$，则拒绝 $H_0: B = 0$，得出 $B \neq 0$ 的结论，即线性方程 $\hat{y} = a + bx$ 显著，检验通过。若 $|t| < t_{\alpha/2}(n-2)$，则结论相反。

例 7-5　在例 7-1 中的一元直线回归方程 $\hat{y} = 106.68 - 6.46x$ 的回归系数为 $b = -6.46$，请对其进行显著性检验（$\alpha = 0.05$）。

解　$\bar{x} = \frac{53.7}{9} = 5.97$，又知 $S_{xy} = 2.640$，

则：$\sigma_b = \frac{2.640}{\sqrt{370.65 - 9 \times 5.97^2}} = 0.3738$，

于是有：$t = \frac{-6.46 - 0}{0.3738} = -17.28$。

可见 $|t| > t_{\alpha/2}(n-2)$，即总体回归系数 $B = 0$ 的可能性小于 5%，则拒绝 $H_0: B = 0$，因而认为根据样本计算的回归系数 b 是显著的。这进一步说明了月产量和单位成本间确实存在线性关系，且产量是影响单位成本的显著因素。

2. F 检验

对线性回归模型进行显著性检验，除了 t 检验外，还有 F 检验，即对回归方程的显著性进行检验。

（1）提出检验假设：

H_0：方程不显著

H_1：方程显著

（2）在假定 H_0 成立的前提下，构造 F 检验统计量：

$$F = \frac{SSR/1}{SSE/(n-2)} = \frac{\sum(\hat{y} - \bar{y})^2/1}{\sum(y - \hat{y})^2/(n-2)} \tag{7-12}$$

可以证明，若回归方程的判定系数为 R^2，则：

$$F = \frac{R^2(n-2)}{1 - R^2} \tag{7-13}$$

（3）根据给定的显著性水平为 α，在 t 表中查找临界值 $F_\alpha(1, n-2)$。

若 $F > F_\alpha$，则拒绝原假设“H_0：方程不显著”，检验通过；若 $F < F_\alpha$，则接受原假设“H_0：

方程不显著”，即认为线性方程不显著。

需要指出的是，在一元直线回归中，F 检验和 t 检验是等价的，一种检验通过，另一种检验也必然通过。

（二）二元线性回归方程的显著性检验

y 和变量 x_1、x_2 的二元线性回归模型 $\hat{y}=a+b_1x_1+b_2x_2$ 是否显著，要看总体中是否有 $y=A+B_1x_1+B_2x_2$ 这样的关系。若这种关系不成立，则 $\hat{y}=a+b_1x_1+b_2x_2$ 不显著。

1. t 检验

该检验方法与简单线性回归方程的检验方法基本相同，并且对每一个偏回归系数 b_1，b_2 分别进行显著性检验。

（1）提出检验假设（$i=1,2$）：

$$H_0:B_i=0$$

$$H_1:B_i\neq 0$$

（2）在假定 H_0 成立的前提下，构造 t 检验统计量：

$$t_i=\frac{b_i-B_i}{\sigma_{bi}} \tag{7-14}$$

式中　σ_{bi}——回归系数 b_i 的标准差。

（3）根据给定的显著性水平为 α，在 t 表中查找临界值 $t_{\alpha/2}(n-2)$。

（4）判断：若 $|t|>t_{\alpha/2}(n-2)$，则拒绝 $H_0:B_i=0$，得出 $B\neq 0$ 的结论，即线性方程 $\hat{y}=a+bx$ 显著，检验通过。若 $|t|<t_{\alpha/2}(n-2)$，则结论相反。

针对回归系数的 t 统计量的显著性检验，决定了相应的变量能否作为解释变量进入回归方程。

在实际统计研究中，对于二元线性回归方程的 t 检验一般不需要人工计算，有多种软件（如 Excel、SPSS 等）可以代替人工进行烦琐的计算，从而直接得出所需要的结果。

2. F 检验

同一元线性回归一样，F 检验也是用来检验回归方程的显著性的。

（1）提出检验假设：

$$H_0:B_1=B_2=0\text{（即方程不显著）}$$

$$H_1:B_1,B_2\text{ 不全为零（即方程显著）}$$

（2）在假定 H_0 成立的前提下，构造 F 检验统计量：

$$F=\frac{SSR/k}{SSE/(n-k-1)}=\frac{\sum(\hat{y}-\overline{y})^2/2}{\sum(y-\hat{y})^2/(n-3)} \tag{7-15}$$

式中　SSE——剩余平方和/残差平方和，$SSE=\sum(y-\hat{y})^2$；

SSR——回归离差平方和，$SSR=\sum(\hat{y}-\overline{y})^2$；

SST——总离差平方和，$SST=\sum(y-\overline{y})^2$；

k——自变量的个数，在二元线性回归方程中 $k=2$。

可以证明，若回归方程的判定系数为 R^2，则：

$$F = \frac{R^2(n-3)}{2(1-R^2)} \tag{7-16}$$

(3) 根据给定的显著性水平为 α，在 t 表中查找临界值 $F_\alpha(2,n-3)$。

若 $F > F_\alpha$，则拒绝原假设"H_0：方程不显著"，检验通过；若 $F < F_\alpha$，则接受原假设"H_0：方程不显著"，即认为线性方程不显著。

3. 回归效果的检验——判定相关系数检验

若全部观测值都落在回归直线上，则 $R^2=1$；若 x 完全无助于解释 y 的变动，则 $R^2=0$。判定相关系数越接近 1，表明回归平方和占总离差平方和的比例越大，用 x 的变动解释 y 值变动的部分就越多，回归的效果就越好。

附表　常用数理统计表

附表 1　标准正态分布表

$$\Phi(x)=\frac{1}{\sqrt{2\pi}}\int_{-\infty}^{x}\mathrm{e}^{-\frac{x^2}{2}}\mathrm{d}t=P(X\leqslant x)$$

x	0.00	0.01	0.02	0.03	0.04	0.05	0.06	0.07	0.08	0.09
0.0	0.500 0	0.504 0	0.508 0	0.512 0	0.516 0	0.519 9	0.523 9	0.527 9	0.531 9	0.535 9
0.1	0.539 8	0.543 8	0.547 8	0.511 7	0.555 7	0.559 6	0.563 6	0.567 5	0.571 4	0.575 3
0.2	0.579 3	0.583 2	0.587 1	0.591 0	0.594 8	0.598 7	0.602 6	0.606 4	0.610 3	0.614 1
0.3	0.617 9	0.621 7	0.625 5	0.629 3	0.633 1	0.636 8	0.640 4	0.644 3	0.648 0	0.651 7
0.4	0.655 4	0.659 1	0.662 8	0.666 4	0.670 0	0.673 6	0.677 2	0.680 8	0.684 4	0.687 9
0.5	0.691 5	0.695 0	0.698 5	0.701 9	0.705 4	0.708 8	0.712 3	0.715 7	0.719 0	0.722 4
0.6	0.725 7	0.729 1	0.732 4	0.735 7	0.738 9	0.742 2	0.745 4	0.748 6	0.751 7	0.754 9
0.7	0.758 0	0.761 1	0.764 2	0.767 3	0.770 3	0.773 4	0.776 4	0.779 4	0.782 3	0.785 2
0.8	0.788 1	0.791 0	0.793 9	0.796 7	0.799 5	0.802 3	0.805 1	0.807 8	0.810 6	0.813 3
0.9	0.815 9	0.816 8	0.821 2	0.823 8	0.826 4	0.828 9	0.835 5	0.834 0	0.836 5	0.838 9
1.0	0.841 3	0.843 8	0.846 1	0.848 5	0.850 8	0.853 1	0.855 4	0.857 7	0.859 9	0.862 1
1.1	0.864 3	0.866 5	0.868 6	0.870 8	0.872 9	0.874 9	0.877 0	0.879 0	0.881 0	0.883 0
1.2	0.884 9	0.886 9	0.888 8	0.890 7	0.892 5	0.894 4	0.896 2	0.898 0	0.899 7	0.901 5
1.3	0.903 2	0.904 9	0.906 6	0.908 2	0.909 9	0.911 5	0.913 1	0.914 7	0.916 2	0.917 7
1.4	0.919 2	0.920 7	0.922 2	0.923 6	0.925 1	0.926 5	0.927 9	0.929 2	0.930 6	0.931 9
1.5	0.933 2	0.934 5	0.935 7	0.937 0	0.938 2	0.939 4	0.940 6	0.941 8	0.943 0	0.944 1
1.6	0.945 2	0.946 3	0.9474	0.948 4	0.949 5	0.950 5	0.951 5	0.952 5	0.953 5	0.953 5
1.7	0.955 4	0.956 4	0.957 3	0.958 2	0.959 1	0.959 9	0.960 8	0.961 6	0.962 5	0.963 3
1.8	0.964 1	0.964 8	0.965 6	0.966 4	0.967 2	0.967 8	0.968 6	0.969 3	0.970 0	0.970 6
1.9	0.971 3	0.971 6	0.972 6	0.973 2	0.973 8	0.974 4	0.975 0	0.975 6	0.976 2	0.976 7
2.0	0.977 2	0.977 8	0.978 3	0.978 8	0.979 3	0.979 8	0.980 3	0.980 8	0.981 2	0.981 7
2.1	0.982 1	0.982 6	0.983 0	0.983 4	0.983 8	0.984 2	0.984 6	0.985 0	0.985 4	0.985 7
2.2	0.986 1	0.986 4	0.986 8	0.987 1	0.987 4	0.987 8	0.988 1	0.988 4	0.988 7	0.989 0
2.3	0.989 3	0.989 6	0.989 8	0.990 1	0.990 4	0.990 6	0.990 9	0.991 1	0.991 3	0.991 6
2.4	0.991 8	0.992 0	0.992 2	0.992 5	0.992 7	0.992 9	0.993 1	0.993 2	0.993 4	0.993 6
2.5	0.993 8	0.994 0	0.994 1	0.994 3	0.994 5	0.994 6	0.994 8	0.994 9	0.995 1	0.995 2
2.6	0.995 3	0.995 5	0.995 6	0.995 7	0.995 9	0.996 0	0.996 1	0.996 2	0.996 3	0.996 4
2.7	0.996 5	0.996 6	0.996 7	0.996 8	0.996 9	0.997 0	0.997 1	0.997 2	0.997 3	0.997 4
2.8	0.997 4	0.997 5	0.997 6	0.997 7	0.997 7	0.997 8	0.997 9	0.997 9	0.998 0	0.998 1
2.9	0.998 1	0.998 2	0.998 2	0.998 3	0.998 4	0.998 4	0.998 5	0.998 5	0.998 6	0.998 6
3	0.998 7	0.999 0	0.999 3	0.999 5	0.999 7	0.999 8	0.999 8	0.999 9	0.999 9	0.999 9

附表 2　t 分布分位数表

$P[T \leqslant t_p(n)] = p$

	0.9	0.95	0.975	0.99	0.995	0.999	0.999 5
1	3.078	6.314	12.706	31.821	63.657	318.309	636.619
2	1.886	2.920	4.303	6.965	9.925	22.327	31.599
3	1.638	2.353	3.182	4.541	5.841	10.215	12.924
4	1.533	2.132	2.776	3.747	4.604	7.173	8.610
5	1.476	2.015	2.571	3.365	4.032	5.893	6.869
6	1.440	1.943	2.447	3.143	3.707	5.208	5.959
7	1.415	1.895	2.365	2.998	3.499	4.785	5.408
8	1.397	1.860	2.306	2.896	3.355	4.501	5.041
9	1.383	1.833	2.262	2.821	3.250	4.297	4.781
10	1.372	1.812	2.228	2.764	3.169	4.144	4.587
11	1.363	1.796	2.201	2.718	3.106	4.025	4.437
12	1.356	1.782	2.179	2.681	3.055	3.930	4.318
13	1.350	1.771	2.160	2.650	3.012	3.852	4.221
14	1.345	1.761	2.145	2.624	2.977	3.787	4.140
15	1.341	1.753	2.131	2.602	2.947	3.733	4.037
16	1.337	1.746	2.120	2.583	2.921	3.686	4.015
17	1.333	1.740	2.110	2.567	2.898	3.646	3.965
18	1.330	1.734	2.101	2.552	2.878	3.610	3.922
19	1.328	1.729	2.093	2.539	2.861	3.579	3.883
20	1.325	1.725	2.086	2.528	2.845	3.552	3.850
21	1.323	1.721	2.080	2.518	2.831	3.527	3.819
22	1.321	1.717	2.074	2.508	2.819	3.505	3.792
23	1.319	1.714	2.069	2.500	2.807	3.485	3.768
24	1.318	1.711	2.064	2.492	2.797	3.467	3.745
25	1.316	1.708	2.060	2.485	2.787	3.450	3.725
26	1.315	1.706	2.056	2.479	2.779	3.435	3.707
27	1.314	1.703	2.052	2.473	2.771	3.421	3.690
28	1.313	1.701	2.048	2.467	2.763	3.408	3.674
29	1.311	1.699	2.045	2.462	2.756	3.396	3.659
30	1.310	1.697	2.042	2.457	2.750	3.385	3.646
40	1.303	1.684	2.021	2.423	2.704	3.307	3.551
60	1.296	1.671	2.000	2.390 0	2.660	3.232	3.460
120	1.289	1.658	1.980	2.358	2.617	3.160	3.373
∞	1.282	1.645	1.960	2.326	2.576	3.090	3.291

附表 3　χ^2 分布分位数表

$$P[\chi^2 \leqslant \chi_p^2(n)] = p$$

	0.005	0.01	0.025	0.05	0.1	0.25	0.5	0.75	0.9	0.95	0.975	0.99	0.995
1	0.00	0.00	0.00	0.00	0.02	0.10	0.45	1.32	2.71	3.84	5.02	6.63	7.88
2	0.01	0.02	0.05	0.10	0.21	0.58	1.39	2.77	4.61	5.99	7.38	9.21	10.60
3	0.07	0.11	0.22	0.35	0.58	1.21	2.37	4.11	6.25	7.81	9.35	11.34	12.84
4	0.21	0.30	0.48	0.71	1.06	1.92	3.36	5.39	7.78	9.49	11.14	13.28	14.86
5	0.41	0.55	0.83	1.15	1.61	2.67	4.35	6.63	9.24	11.07	12.83	15.09	16.75
6	0.68	0.87	1.24	1.64	2.20	3.45	5.35	7.84	10.64	12.59	14.45	16.81	18.55
7	0.99	1.24	1.69	2.17	2.83	4.25	6.35	9.04	12.02	14.07	16.01	18.48	20.28
8	1.34	1.65	2.18	2.73	3.49	5.07	7.34	10.22	13.36	15.51	17.53	20.09	21.95
9	1.73	2.09	2.70	3.33	4.17	5.90	8.34	11.39	14.68	16.92	19.02	21.67	23.59
10	2.16	2.56	3.25	3.94	4.87	6.74	9.34	12.55	15.99	18.31	20.48	23.21	25.19
11	2.60	3.05	3.82	4.57	5.58	7.58	10.34	13.70	17.28	19.68	21.92	24.72	26.76
12	3.07	3.57	4.40	5.23	6.30	8.44	11.34	14.85	18.55	21.03	23.34	26.22	28.30
13	3.57	4.11	5.01	5.89	7.04	9.30	12.34	15.98	19.81	22.36	24.74	27.69	29.82
14	4.07	4.66	5.63	6.57	7.79	10.17	13.34	17.12	21.06	23.68	26.12	29.14	31.32
15	4.60	5.23	6.26	7.26	8.55	11.04	14.34	18.25	22.31	25.00	27.49	30.58	32.80
16	5.14	5.81	6.91	7.96	9.31	11.91	15.34	19.37	23.54	26.30	28.85	32.00	34.27
17	5.70	6.41	7.56	8.67	10.09	12.79	16.34	20.49	24.77	27.59	30.19	33.41	35.72
18	6.26	7.01	8.23	9.39	10.86	13.68	17.34	21.60	25.99	28.87	31.53	34.81	37.16
19	6.84	7.63	8.91	10.12	11.65	14.56	18.34	22.72	27.20	30.14	32.85	36.19	38.58
20	7.43	8.26	9.59	10.85	12.44	15.45	19.34	23.83	28.41	31.41	34.17	37.57	40.00
21	8.03	8.90	10.28	11.59	13.24	16.34	20.34	24.93	29.62	32.67	35.48	38.93	41.40
22	8.64	9.54	10.98	12.34	14.04	17.24	21.34	26.04	30.81	33.92	36.78	40.29	42.80
23	9.26	10.20	11.69	13.09	14.85	18.14	22.34	27.14	32.01	35.17	38.08	41.64	44.18
24	9.89	10.86	12.40	13.85	15.66	19.04	23.34	28.24	33.20	36.42	39.36	42.98	45.56
25	10.52	11.52	13.12	14.61	16.47	19.94	24.34	29.34	34.38	37.65	40.65	44.31	46.93
26	11.16	12.20	13.84	15.38	17.29	20.84	25.34	30.43	35.56	38.89	41.92	45.64	48.29
27	11.81	12.88	14.57	16.15	18.11	21.75	26.34	31.53	36.74	40.11	43.19	46.96	49.64
28	12.46	13.56	15.31	16.93	18.94	22.66	27.34	32.62	37.92	41.34	44.46	48.28	50.99
29	13.12	14.26	16.05	17.71	19.77	23.57	28.34	33.71	39.09	42.56	45.72	49.59	52.34
30	13.79	14.95	16.79	18.49	20.60	24.48	29.34	34.80	40.26	43.77	46.98	50.89	53.67
31	14.46	15.66	17.54	19.28	21.43	25.39	30.34	35.89	41.42	44.99	48.23	52.19	55.00
32	15.13	16.36	18.29	20.07	22.27	26.30	31.34	36.97	42.58	46.19	49.48	53.49	56.33
33	15.82	17.07	19.05	20.87	23.11	27.22	32.34	38.06	43.75	47.40	50.73	54.78	57.65
34	16.50	17.79	19.81	21.66	23.95	28.14	33.34	39.14	44.90	48.60	51.97	56.06	58.96
35	17.19	18.51	20.57	22.47	24.80	29.05	34.34	40.22	46.06	49.80	53.20	57.34	60.27
36	17.89	19.23	21.34	23.27	25.64	29.97	35.34	41.30	47.21	51.00	54.44	58.62	61.58
37	18.59	19.96	22.11	24.07	26.49	30.89	36.34	42.38	48.36	52.19	55.67	59.89	62.88
38	19.29	20.69	22.88	24.88	27.34	31.81	37.34	43.46	49.51	53.38	56.90	61.16	64.18
39	20.00	21.43	23.65	25.70	28.20	32.74	38.34	44.54	50.66	54.57	58.12	62.43	65.48
40	20.71	22.16	24.43	26.51	29.05	33.66	39.34	45.62	51.81	55.76	59.34	63.69	66.77
41	21.42	22.91	25.21	27.33	29.91	34.58	40.34	46.69	52.95	56.94	60.56	64.95	68.05
42	22.14	23.65	26.00	28.14	30.77	35.51	41.34	47.77	54.09	58.12	61.78	66.21	69.34
43	22.86	24.40	26.79	28.96	31.63	36.44	42.34	48.84	55.23	59.30	62.99	67.46	70.62
44	23.58	25.15	27.57	29.79	32.49	37.36	43.34	49.91	56.37	60.48	64.20	68.71	71.89
45	24.31	25.90	28.37	30.61	33.35	38.29	44.34	5.98	57.51	61.66	65.41	69.96	73.17

附表 4　F 分布表

（一）$P[F \leqslant F_p(m,n)] = p$　　$(p=0.90)$

	1	2	3	4	5	6	7	8	9	10	11	12	15	20	30	50	∞
1	39.86	49.50	53.59	55.83	57.24	58.20	58.9	59.44	59.9	60.2	60.5	60.71	61.2	61.7	62.3	62.7	63.33
2	8.53	9.00	9.16	9.24	9.29	9.33	9.35	9.37	9.38	9.39	9.40	9.41	9.42	9.44	9.46	9.47	9.49
3	5.54	5.46	5.36	5.32	5.31	5.28	5.27	5.25	5.24	5.23	5.22	5.22	5.20	5.18	5.17	5.15	5.13
4	4.54	4.32	4.19	4.11	4.05	4.01	3.98	3.95	3.94	3.92	3.91	3.90	3.87	3.84	3.82	3.80	3.76
5	4.06	3.78	3.62	3.52	3.45	3.40	3.37	3.34	3.32	3.30	3.28	3.27	3.24	3.21	3.17	3.15	3.10
6	3.78	3.46	3.29	3.18	3.11	3.05	3.01	2.98	2.96	2.94	2.92	2.90	2.87	2.84	2.80	2.77	2.72
7	3.59	3.26	3.07	2.96	2.88	2.83	2.78	2.75	2.72	2.70	2.68	2.67	2.63	2.59	2.56	2.52	2.47
8	3.46	3.11	2.92	2.81	2.73	2.67	2.62	2.59	2.56	2.54	2.52	2.50	2.46	2.42	2.38	2.35	2.29
9	3.36	3.01	2.81	2.69	2.61	2.55	2.51	2.47	2.44	2.42	2.40	2.38	2.34	2.30	2.25	2.22	2.16
10	3.29	2.92	2.73	2.61	2.52	2.46	2.41	2.38	2.35	2.32	2.30	2.28	2.24	2.20	2.16	2.12	2.06
11	3.23	2.86	2.66	2.54	2.45	2.39	2.34	2.30	2.27	2.25	2.23	2.21	2.17	2.12	2.08	2.04	1.97
12	3.18	2.81	2.61	2.48	2.39	2.33	2.28	2.24	2.21	2.19	2.17	2.15	2.10	2.06	2.01	1.97	1.90
13	3.14	2.76	2.56	2.43	2.35	2.28	2.23	2.20	2.16	2.14	2.12	2.10	2.05	2.01	1.96	1.92	1.85
14	3.10	2.73	2.52	2.39	2.31	2.24	2.19	2.15	2.12	2.10	2.07	2.05	2.01	1.96	1.91	1.87	1.80
15	3.07	2.70	2.49	2.36	2.27	2.21	2.16	2.12	2.09	2.06	2.04	2.02	1.97	1.92	1.87	1.83	1.76
16	3.05	2.67	2.46	2.33	2.24	2.18	2.13	2.09	2.06	2.03	2.01	1.99	1.94	1.89	1.84	1.79	1.72
17	3.03	2.64	2.44	2.31	2.22	2.15	2.10	2.06	2.03	2.00	1.98	1.96	1.91	1.86	1.81	1.76	1.69
18	3.01	2.62	2.42	2.29	2.20	2.13	2.08	2.04	2.00	1.98	1.95	1.93	1.89	1.84	1.78	1.74	1.66
19	2.99	2.61	2.40	2.27	2.18	2.11	2.06	2.02	1.98	1.96	1.93	1.91	1.86	1.81	1.76	1.71	1.63
20	2.97	2.59	2.38	2.25	2.16	2.09	2.04	2.00	1.96	1.94	1.91	1.89	1.84	1.79	1.74	1.69	1.61
22	2.95	2.56	2.35	2.22	2.13	2.06	2.01	1.97	1.93	1.90	1.88	1.86	1.81	1.76	1.70	1.65	1.57
24	2.93	2.54	2.33	2.19	2.10	2.04	1.98	1.94	1.91	1.88	1.85	1.83	1.78	1.73	1.67	1.62	1.53
26	2.91	2.52	2.31	2.17	2.08	2.01	1.96	1.92	1.88	1.86	1.83	1.81	1.76	1.71	1.65	1.59	1.50
28	2.89	2.50	2.29	2.16	2.06	2.00	1.94	1.90	1.87	1.84	1.81	1.79	1.74	1.69	1.63	1.57	1.48
30	2.88	2.49	2.28	2.14	2.05	1.98	1.93	1.88	1.85	1.82	1.79	1.77	1.72	1.67	1.61	1.55	1.46
35	2.85	2.46	2.25	2.11	2.02	1.95	1.90	1.85	1.82	1.79	1.76	1.74	1.69	1.63	1.57	1.51	1.41
40	2.84	2.44	2.23	2.09	2.00	1.93	1.87	1.83	1.79	1.76	1.74	1.71	1.66	1.61	1.54	1.48	1.38
45	2.82	2.42	2.21	2.07	1.98	1.91	1.85	1.81	1.77	1.74	1.72	1.70	1.64	1.58	1.52	1.46	1.35
50	2.81	2.41	2.20	2.06	1.97	1.90	1.84	1.80	1.76	1.73	1.70	1.68	1.63	1.57	1.50	1.44	1.33
55	2.80	2.40	2.19	2.05	1.95	1.88	1.83	1.78	1.75	1.72	1.69	1.67	1.61	1.55	1.49	1.43	1.31
60	2.79	2.39	2.18	2.04	1.95	1.87	1.82	1.77	1.74	1.71	1.68	1.66	1.60	1.54	1.48	1.41	1.29
70	2.78	2.38	2.16	2.03	1.93	1.86	1.80	1.76	1.72	1.69	1.66	1.64	1.59	1.53	1.46	1.39	1.27
80	2.77	2.37	2.15	2.02	1.92	1.85	1.79	1.75	1.71	1.68	1.65	1.63	1.57	1.51	1.44	1.38	1.24
100	2.76	2.36	2.14	2.00	1.91	1.83	1.78	1.73	1.69	1.66	1.64	1.61	1.56	1.49	1.42	1.35	1.21
200	2.73	2.33	2.11	1.97	1.88	1.80	1.75	1.70	1.66	1.63	1.60	1.58	1.52	1.46	1.38	1.31	1.14
∞	2.71	2.30	2.08	1.94	1.85	1.77	1.72	1.67	1.63	1.60	1.57	1.55	1.49	1.42	1.34	1.26	1.00

（二）$P[F \leqslant F_p(m,n)]=p$　　（$p=0.95$）

	1	2	3	4	5	6	7	8	9	10	11	12	15	20	30	50	∞
1	161.4	199.5	215.7	224.6	230.2	234.0	236.8	238.9	240.5	241.9	243.0	243.9	245.9	248.0	250.1	251.8	254.3
2	18.51	19.00	19.16	19.25	19.30	19.33	19.35	19.37	19.38	19.40	19.40	19.41	19.43	19.45	19.46	19.48	19.50
3	10.13	9.55	9.28	9.12	9.01	8.94	8.89	8.84	8.81	8.79	8.76	8.74	8.70	8.66	8.62	8.58	8.53
4	7.71	6.94	6.59	6.39	6.26	6.16	6.09	6.04	6.00	5.96	5.94	5.91	5.86	5.80	5.75	5.70	5.63
5	6.61	5.79	5.41	5.19	5.05	4.95	4.88	4.82	4.77	4.74	4.70	4.68	4.62	4.56	4.50	4.44	4.36
6	5.99	5.14	4.76	4.53	4.39	4.28	4.21	4.15	4.10	4.06	4.03	4.00	3.94	3.87	3.81	3.75	3.67
7	5.59	4.74	4.35	4.12	3.97	3.87	3.79	3.73	3.68	3.64	3.60	3.57	3.51	3.44	3.38	3.32	3.23
8	5.32	4.46	4.07	3.84	3.69	3.58	3.50	3.44	3.39	3.35	3.31	3.28	3.22	3.15	3.08	3.02	2.93
9	5.12	4.26	3.86	3.63	3.48	3.37	3.29	3.23	3.18	3.14	3.10	3.07	3.01	2.94	2.86	2.80	2.71
10	4.96	4.10	3.71	3.48	3.33	3.22	3.14	3.07	3.02	2.98	2.94	2.91	2.85	2.77	2.70	2.64	2.54
11	4.84	3.98	3.59	3.36	3.20	3.09	3.01	2.95	2.90	2.85	2.82	2.79	2.72	2.65	2.57	2.51	2.40
12	4.75	3.88	3.49	3.26	3.11	3.00	2.91	2.85	2.80	2.75	2.72	2.69	2.62	2.54	2.47	2.40	2.30
13	4.67	3.80	3.41	3.18	3.02	2.92	2.83	2.77	2.71	2.67	2.63	2.60	2.53	2.46	2.38	2.31	2.21
14	4.60	3.74	3.34	3.11	2.96	2.85	2.76	2.70	2.65	2.60	2.57	2.53	2.46	2.39	2.31	2.24	2.13
15	4.54	3.68	3.29	3.06	2.90	2.79	2.71	2.64	2.59	2.54	2.51	2.48	2.40	2.33	2.25	2.18	2.07
16	4.49	3.63	3.24	3.01	2.85	2.74	2.66	2.59	2.54	2.49	2.46	2.42	2.35	2.28	2.19	2.12	2.01
17	4.45	3.59	3.20	2.96	2.81	2.70	2.61	2.55	2.49	2.45	2.41	2.38	2.31	2.23	2.15	2.08	1.96
18	4.41	3.55	3.16	2.93	2.77	2.66	2.58	2.51	2.46	2.41	2.37	2.34	2.27	2.19	2.11	2.04	1.92
19	4.38	3.52	3.13	2.90	2.74	2.63	2.54	2.48	2.42	2.38	2.34	2.31	2.23	2.16	2.07	2.00	1.88
20	4.35	3.49	3.10	2.87	2.71	2.60	2.51	2.45	2.39	2.35	2.31	2.28	2.20	2.12	2.04	1.97	1.84
22	4.30	3.44	3.05	2.82	2.66	2.55	2.46	2.40	2.34	2.30	2.26	2.23	2.15	2.07	1.98	1.91	1.78
24	4.26	3.40	3.01	2.78	2.62	2.51	2.42	2.36	2.30	2.25	2.22	2.18	2.11	2.03	1.94	1.86	1.73
26	4.22	3.37	2.98	2.74	2.59	2.47	2.39	2.32	2.27	2.22	2.18	2.15	2.07	1.99	1.90	1.82	1.69
28	4.20	3.34	2.95	2.71	2.56	2.44	2.36	2.29	2.24	2.19	2.15	2.12	2.04	1.96	1.87	1.79	1.65
30	4.17	3.32	2.92	2.69	2.53	2.42	2.33	2.27	2.21	2.16	2.13	2.09	2.01	1.93	1.84	1.76	1.62
35	4.12	3.27	2.87	2.64	2.49	2.37	2.29	2.22	2.16	2.11	2.07	2.04	1.96	1.88	1.79	1.70	1.56
40	4.08	3.23	2.84	2.61	2.45	2.34	2.25	2.18	2.12	2.08	2.04	2.00	1.92	1.84	1.74	1.66	1.51
45	4.06	3.20	2.81	2.58	2.42	2.31	2.22	2.15	2.10	2.05	2.01	1.97	1.89	1.81	1.71	1.63	1.47
50	4.03	3.18	2.79	2.56	2.40	2.29	2.20	2.13	2.07	2.03	1.99	1.95	1.87	1.78	1.69	1.60	1.44
55	4.02	3.16	2.77	2.54	2.38	2.27	2.18	2.11	2.06	2.01	1.97	1.93	1.85	1.76	1.67	1.58	1.41
60	4.00	3.15	2.76	2.52	2.37	2.25	2.17	2.10	2.04	1.99	1.95	1.92	1.84	1.75	1.65	1.56	1.39
70	3.98	3.13	2.74	2.50	2.35	2.23	2.14	2.07	2.02	1.97	1.93	1.89	1.81	1.72	1.62	1.53	1.35
80	3.96	3.11	2.72	2.49	2.33	2.21	2.13	2.06	2.00	1.95	1.91	1.88	1.79	1.70	1.60	1.51	1.32
100	3.94	3.09	2.70	2.46	2.31	2.19	2.10	2.03	1.97	1.93	1.89	1.85	1.77	1.68	1.57	1.48	1.28
200	3.89	3.04	2.65	2.42	2.26	2.14	2.06	1.98	1.93	1.88	1.84	1.80	1.72	1.62	1.52	1.41	1.19
∞	3.84	2.99	2.60	2.37	2.21	2.09	2.01	1.94	1.88	1.83	1.79	1.75	1.67	1.57	1.46	1.35	1.00

（三）$P[F \leqslant F_p(m,n)] = p$　　($p=0.975$)

	1	2	3	4	5	6	7	8	9	10	11	12	15	20	30	50	∞
1	647.8	799.5	864.2	899.6	921.8	937.1	948.2	956.7	963.3	968.6	973.0	976.7	984.9	993.1	1 001	1 008	1 018
2	38.51	39.00	39.17	39.25	39.30	39.33	39.36	39.37	39.39	39.40	39.41	39.41	39.43	39.45	39.46	39.48	39.50
3	17.44	16.04	15.44	15.10	14.88	14.73	14.62	14.54	14.47	14.42	14.37	14.34	14.25	14.17	14.08	14.01	13.90
4	12.22	10.65	9.98	9.60	9.36	9.20	9.07	8.98	8.90	8.84	8.79	8.75	8.66	8.56	8.46	8.38	8.26
5	10.01	8.43	7.76	7.39	7.15	6.98	6.85	6.76	6.68	6.62	6.57	6.52	6.43	6.33	6.23	6.14	6.02
6	8.81	7.26	6.60	6.23	5.99	5.82	5.70	5.60	5.52	5.46	5.41	5.37	5.27	5.17	5.07	4.98	4.85
7	8.07	6.54	5.89	5.52	5.29	5.12	4.99	4.90	4.82	4.76	4.71	4.67	4.57	4.47	4.36	4.28	4.14
8	7.57	6.06	5.42	5.05	4.82	4.65	4.53	4.43	4.36	4.30	4.24	4.20	4.10	4.00	3.89	3.81	3.67
9	7.21	5.71	5.08	4.72	4.48	4.32	4.20	4.10	4.03	3.96	3.91	3.87	3.77	3.67	3.56	3.47	3.33
10	6.94	5.46	4.83	4.47	4.24	4.07	3.95	3.85	3.78	3.72	3.66	3.62	3.52	3.42	3.31	3.22	3.08
11	6.72	5.26	4.63	4.28	4.04	3.88	3.76	3.66	3.59	3.53	3.47	3.43	3.33	3.23	3.12	3.03	2.88
12	6.55	5.10	4.47	4.12	3.89	3.73	3.61	3.51	3.44	3.37	3.32	3.28	3.18	3.07	2.96	2.87	2.72
13	6.41	4.97	4.35	4.00	3.77	3.60	3.48	3.39	3.31	3.25	3.20	3.15	3.05	2.95	2.84	2.74	2.60
14	6.30	4.86	4.24	3.89	3.66	3.50	3.38	3.29	3.21	3.15	3.09	3.05	2.95	2.84	2.73	2.64	2.49
15	6.20	4.77	4.15	3.80	3.58	3.41	3.29	3.20	3.12	3.06	3.01	2.96	2.86	2.76	2.64	2.55	2.40
16	6.12	4.69	4.08	3.73	3.50	3.34	3.22	3.12	3.05	2.99	2.93	2.89	2.79	2.68	2.57	2.47	2.32
17	6.04	4.62	4.01	3.66	3.44	3.28	3.16	3.06	2.98	2.92	2.87	2.82	2.72	2.62	2.50	2.41	2.25
18	5.98	4.56	3.95	3.61	3.38	3.22	3.10	3.01	2.93	2.87	2.81	2.77	2.67	2.56	2.44	2.35	2.19
19	5.92	4.51	3.90	3.56	3.33	3.17	3.05	2.96	2.88	2.82	2.76	2.72	2.62	2.51	2.39	2.30	2.13
20	5.87	4.46	3.86	3.51	3.29	3.13	3.01	2.91	2.84	2.77	2.72	2.68	2.57	246	2.35	2.25	2.09
22	5.79	4.38	3.78	3.44	3.22	3.05	2.93	2.84	2.76	2.70	2.65	2.60	2.50	2.39	2.27	2.17	2.00
24	5.72	4.32	3.72	3.38	3.15	2.99	2.87	2.78	2.70	2.64	2.59	2.54	2.44	2.33	2.21	2.11	1.94
26	5.66	4.27	3.67	3.33	3.10	2.94	2.82	2.73	2.65	2.59	2.54	2.49	2.39	2.28	2.16	2.05	1.88
28	5.61	4.22	3.63	3.29	3.06	2.90	2.78	2.69	2.61	2.55	2.49	2.45	2.34	2.23	2.11	2.01	1.83
30	5.57	4.18	3.59	3.25	3.03	2.87	2.75	2.65	2.57	2.51	2.46	2.41	2.31	2.20	2.07	1.97	1.79
35	5.48	4.11	3.52	3.18	2.96	2.80	2.68	2.58	2.50	2.44	2.39	2.34	2.23	2.12	2.00	1.89	1.70
40	5.42	4.05	3.46	3.13	2.90	2.74	2.62	2.53	2.45	2.39	2.33	2.29	2.18	2.07	1.94	1.83	1.64
45	5.38	4.01	3.42	3.09	2.86	2.70	2.58	2.49	2.41	2.35	2.29	2.25	2.14	2.03	1.90	1.79	1.59
50	5.34	3.97	3.39	3.05	2.83	2.67	2.55	2.46	2.38	2.32	2.26	2.22	2.11	1.99	1.87	1.75	1.55
55	5.31	3.95	3.36	3.03	2.81	2.65	2.53	2.43	2.36	2.29	2.24	2.19	2.08	1.97	1.84	1.72	1.51
60	5.29	3.93	3.34	3.01	2.79	2.63	2.51	2.41	2.33	2.27	2.22	2.17	2.06	1.94	1.82	1.70	1.48
70	5.25	3.89	3.31	2.97	2.75	2.59	2.47	2.38	2.30	2.24	2.18	2.14	2.03	1.91	1.78	1.66	1.44
80	5.22	3.86	3.28	2.95	2.73	2.57	2.45	2.35	2.28	2.21	2.16	2.11	2.00	1.88	1.75	1.63	1.40
100	5.18	3.83	3.25	2.92	2.70	2.54	2.42	2.32	2.24	2.18	2.12	2.08	1.97	1.85	1.71	1.59	1.35
200	5.10	3.76	3.18	2.85	2.63	2.47	2.35	2.26	2.18	2.11	2.06	2.01	1.90	1.78	1.64	1.51	1.23
∞	5.02	3.69	3.12	2.79	2.57	2.41	2.29	2.19	2.11	2.05	1.99	1.94	1.83	1.71	1.57	1.43	1.00

（四）$P[F \leqslant F_p(m,n)] = p$　　（$p=0.99$）

	1	2	3	4	5	6	7	8	9	10	11	12	15	20	30	50	∞
1	4 052	4 999	5 403	5 625	5 764	5 859	5 928	5 981	6 022	6 056	6 083	6 106	6 157	6 209	6 261	6 303	6 366
2	98.49	99.01	99.17	99.25	99.30	99.33	99.36	99.36	99.39	99.40	99.41	99.42	99.43	99.45	99.47	99.48	99.50
3	34.12	30.81	29.46	28.71	28.24	27.91	27.67	27.49	27.35	27.23	27.13	27.05	26.87	26.69	26.50	26.35	26.12
4	21.20	18.00	16.69	15.98	15.52	15.21	14.98	14.80	14.66	14.55	14.45	14.37	14.20	14.02	13.84	13.69	13.46
5	16.26	13.27	12.06	11.39	10.97	10.67	10.46	10.29	10.16	10.05	9.96	9.89	9.72	9.55	9.38	9.24	9.02
6	13.74	10.92	9.78	9.15	8.75	8.47	8.26	8.10	7.98	7.87	7.79	7.72	7.56	7.40	7.23	7.09	6.88
7	12.25	9.55	8.45	7.85	7.46	7.19	6.99	6.84	6.72	6.62	6.54	6.47	6.31	6.16	5.99	5.86	5.65
8	11.26	8.65	7.59	7.01	6.63	6.37	6.18	6.03	5.91	5.81	5.73	5.67	5.52	5.36	5.20	5.07	4.86
9	10.56	8.02	6.99	6.42	6.06	5.80	5.61	5.47	5.35	5.26	5.18	5.11	4.96	4.81	4.65	4.52	4.31
10	10.04	7.56	6.55	5.99	5.64	5.39	5.20	5.06	4.94	4.85	4.77	4.71	4.56	4.41	4.25	4.12	3.91
11	9.65	7.20	6.22	5.67	5.32	5.07	4.89	4.74	4.63	4.54	4.46	4.40	4.25	4.10	3.94	3.81	3.60
12	9.33	6.93	5.95	5.41	5.06	4.82	4.64	4.50	4.39	4.30	4.22	4.16	4.01	3.86	3.70	3.57	3.36
13	9.07	6.70	5.74	5.20	4.86	4.62	4.44	4.30	4.19	4.10	4.02	3.96	3.82	3.66	3.51	3.38	3.16
14	8.86	6.51	5.56	5.03	4.69	4.46	4.28	4.14	4.03	3.94	3.86	3.80	3.66	3.51	3.35	3.22	3.00
15	8.68	6.36	5.42	4.89	4.56	4.32	4.14	4.00	3.89	3.80	3.73	3.67	3.52	3.37	3.21	3.08	2.87
16	8.53	6.23	5.29	4.77	4.44	4.20	4.03	3.89	3.78	3.69	3.62	3.55	3.41	3.26	3.10	2.97	2.75
17	8.40	6.11	5.18	4.67	4.34	4.10	3.93	3.79	3.68	3.59	3.52	3.45	3.31	3.16	3.00	2.87	2.65
18	8.29	6.01	5.09	4.58	4.25	4.01	3.84	3.71	3.60	3.51	3.43	3.37	3.23	3.08	2.92	2.78	2.57
19	8.18	5.93	5.01	4.50	4.17	3.94	3.77	3.63	3.52	3.43	3.36	3.30	3.15	3.00	2.84	2.71	2.49
20	8.10	5.85	4.94	4.43	4.10	3.87	3.70	3.56	3.46	3.37	3.29	3.23	3.09	2.94	2.78	2.64	2.42
22	7.94	5.72	4.82	4.31	3.99	3.76	3.59	3.45	3.35	3.26	3.18	3.12	2.98	2.83	2.67	2.53	2.31
24	7.82	5.61	4.72	4.22	3.90	3.67	3.50	3.36	3.26	3.17	3.09	3.03	2.89	2.74	2.58	2.44	2.21
26	7.72	5.53	4.64	4.14	3.82	3.59	3.42	3.29	3.18	3.09	3.02	2.96	2.81	2.66	2.50	2.36	2.13
28	7.64	5.45	4.57	4.07	3.75	3.53	3.36	3.23	3.12	3.03	2.96	2.90	2.75	2.60	2.44	2.30	2.06
30	7.56	5.39	4.51	4.02	3.70	3.47	3.30	3.17	3.07	2.98	2.91	2.84	2.70	2.55	2.39	2.25	2.01
35	7.42	5.27	4.40	3.91	3.59	3.37	3.20	3.07	2.96	2.88	2.80	2.74	2.60	2.44	2.28	2.14	1.89
40	7.31	5.18	4.31	3.83	3.51	3.29	3.12	2.99	2.89	2.80	2.73	2.66	2.52	2.37	2.20	2.06	1.80
45	7.23	5.11	4.25	3.77	3.45	3.23	3.07	2.94	2.83	2.74	2.67	2.61	2.46	2.31	2.14	2.00	1.74
50	7.17	5.06	4.20	3.72	3.41	3.19	3.02	2.89	2.78	2.70	2.63	2.56	2.42	2.27	2.10	1.95	1.68
55	7.12	5.01	4.16	3.68	3.37	3.15	2.98	2.85	2.75	2.66	2.59	2.53	2.38	2.23	2.06	1.91	1.64
60	7.08	4.98	4.13	3.65	3.34	3.12	2.95	2.82	2.72	2.63	2.56	2.50	2.35	2.20	2.03	1.88	1.60
70	7.01	4.92	4.07	3.60	3.29	3.07	2.91	2.78	2.67	2.59	2.51	2.45	2.31	2.15	1.98	1.83	1.54
80	6.96	4.88	4.04	3.56	3.26	3.04	2.87	2.74	2.64	2.55	2.48	2.42	2.27	2.12	1.94	1.79	1.49
100	6.90	4.82	3.98	3.51	3.21	2.99	2.82	2.69	2.59	2.50	2.43	2.37	2.22	2.07	1.89	1.74	1.43
200	6.76	4.71	3.88	3.41	3.11	2.89	2.73	2.60	2.50	2.41	2.34	2.27	2.13	1.97	1.79	1.63	1.28
∞	6.63	4.60	3.78	3.32	3.02	2.80	2.64	2.51	2.41	3.32	2.25	2.18	2.04	1.88	1.70	1.52	1.00

（五）$P[F \leqslant F_p(m,n)]=p \quad (p=0.995)$

	1	2	3	4	5	6	7	8	9	10	11	12	15	20	30	50	∞
1	16 211	20 000	21 615	22 500	23 056	23 437	23 715	23 925	24 091	24 224	24 334	24 426	24 630	24 836	25 044	25 211	25 464
2	198.5	199.0	199.2	199.2	199.3	199.3	199.4	199.4	199.4	199.4	199.4	199.4	199.4	199.4	199.5	199.5	199.5
3	55.55	49.80	47.47	46.19	45.39	44.84	44.43	44.13	43.88	43.69	43.52	43.39	43.08	42.78	42.47	42.21	41.83
4	31.33	26.28	24.26	23.15	22.46	21.97	21.62	21.35	21.14	20.97	20.82	20.70	20.44	20.17	19.89	19.67	19.32
5	22.78	18.31	16.53	15.56	14.94	14.51	14.20	13.96	13.77	13.62	13.49	13.38	13.15	12.90	12.66	12.45	12.14
6	18.63	14.45	12.92	12.03	11.46	11.07	10.79	10.57	10.39	10.25	10.13	10.03	9.81	9.59	9.36	9.17	8.88
7	16.24	12.40	10.88	10.05	9.52	9.16	8.89	8.68	8.51	8.38	8.27	8.18	7.97	7.75	7.53	7.35	7.08
8	14.69	11.04	9.60	8.81	8.30	7.95	7.69	7.50	7.34	7.21	7.10	7.01	6.81	6.61	6.40	6.22	5.95
9	13.61	10.11	8.72	7.96	7.47	7.13	6.88	6.69	6.54	6.42	6.31	6.23	6.03	5.83	5.62	5.45	5.19
10	12.83	9.43	8.08	7.34	6.87	6.54	6.30	6.12	5.97	5.85	5.75	5.66	5.47	5.27	5.07	4.90	4.64
11	12.23	8.91	7.60	6.88	6.42	6.10	5.86	5.68	5.54	5.42	5.32	5.24	5.05	4.86	4.65	4.49	4.23
12	11.75	8.51	7.23	6.52	6.07	5.76	5.52	5.35	5.20	5.09	4.99	4.91	4.72	4.53	4.33	4.17	3.90
13	11.37	8.19	6.93	6.23	5.79	5.48	5.25	5.08	4.94	4.82	4.72	4.64	4.46	4.27	4.07	3.91	3.65
14	11.06	7.92	6.68	6.00	5.56	5.26	5.03	4.86	4.72	4.60	4.51	4.43	4.25	4.06	3.86	3.70	3.44
15	10.80	7.70	6.48	5.80	5.37	5.07	4.85	4.67	4.54	4.42	4.33	4.25	4.07	3.88	3.69	3.52	3.26
16	10.58	7.51	6.30	5.64	5.21	4.91	4.69	4.52	4.38	4.27	4.18	4.10	3.92	3.73	3.54	3.37	3.11
17	10.38	7.35	6.16	5.50	5.07	4.78	4.56	4.39	4.25	4.14	4.05	3.97	3.79	3.61	3.41	3.25	2.98
18	10.22	7.21	6.03	5.37	4.96	4.66	4.44	4.28	4.14	4.03	3.94	3.86	3.68	3.50	3.30	3.14	2.87
19	10.07	7.09	5.92	5.27	4.85	4.56	4.34	4.18	4.04	3.93	3.84	3.76	3.59	3.40	3.21	3.04	2.78
20	9.94	6.99	5.82	5.17	4.76	4.47	4.26	4.09	3.96	3.85	3.76	3.68	3.50	3.32	3.12	2.96	2.69
22	9.73	6.81	5.65	5.02	4.61	4.32	4.11	3.94	3.81	3.70	3.61	3.54	3.36	3.18	2.98	2.82	2.55
24	9.55	6.66	5.52	4.89	4.49	4.20	3.99	3.83	3.69	3.59	3.50	3.42	3.25	3.06	2.87	2.70	2.43
26	9.41	6.54	5.41	4.79	4.38	4.10	3.89	3.73	3.60	3.49	3.40	3.33	3.15	2.97	2.77	2.61	2.33
28	9.28	6.44	5.32	4.70	4.30	4.02	3.81	3.65	3.52	3.41	3.32	3.25	3.07	2.89	2.69	2.53	2.25
30	9.18	6.35	5.24	4.62	4.23	3.95	3.74	3.58	3.45	3.34	3.25	3.18	3.01	2.82	2.53	2.46	2.18
35	8.98	6.19	5.09	4.48	4.09	3.81	3.61	3.45	3.32	3.21	3.12	3.05	2.88	2.69	2.50	2.33	2.04
40	8.83	6.07	4.98	4.37	3.99	3.71	3.51	3.35	3.22	3.12	3.03	2.95	2.78	2.60	2.40	2.23	1.93
45	8.71	5.97	4.89	4.29	3.91	3.64	3.43	3.28	3.15	3.04	2.96	2.88	2.71	2.53	2.33	2.16	1.85
50	8.63	5.90	4.83	4.23	3.85	3.58	3.38	3.22	3.09	2.99	2.90	2.82	2.65	2.47	2.27	2.10	1.79
55	8.55	5.84	4.77	4.18	3.80	3.53	3.333	3.17	3.05	2.94	2.85	2.78	2.61	2.42	2.23	2.05	1.73
60	8.49	5.79	4.73	4.14	3.76	3.49	3.29	3.13	3.01	2.90	2.82	2.74	2.57	2.39	2.19	2.01	1.69
70	8.40	5.72	4.66	4.08	3.70	3.43	3.23	3.08	2.95	2.85	2.76	2.68	2.51	2.33	2.13	1.95	1.62
80	8.33	5.67	4.61	4.03	3.65	3.39	3.19	3.03	2.91	2.80	2.72	2.64	2.47	2.29	2.08	1.90	1.56
100	8.24	5.59	4.54	3.96	3.59	3.33	3.13	2.97	2.85	2.74	2.66	2.58	2.41	2.23	2.02	1.84	1.49
200	8.06	5.44	4.41	3.84	3.47	3.21	3.01	2.86	2.73	2.63	2.54	2.47	2.30	2.11	1.91	1.71	1.31
∞	7.88	5.30	4.28	3.72	3.35	3.09	2.90	2.74	2.62	2.52	2.43	2.36	2.19	2.00	1.79	1.59	1.00